珍藏本
纪念版

汉译世界学术名著丛书

精神分析引论

〔奥〕弗洛伊德 著

高觉敷 译

商务印书馆
SINCE 1897 The Commercial Press

2017年·北京

S. Freud

INTRODUCTORY LECTURES ON PSYCHO-ANALYSIS

Translated by Joan Riviere

George Allen & Unwin Ltd.

London, 1922

据英国伦敦乔治·艾伦和昂温公司1922年英文版译出

作 者 像

施温德的画作《囚犯的梦》

汉译世界学术名著丛书
（120年纪念版·珍藏本）
出 版 说 明

2017年2月11日，商务印书馆迎来120岁的生日。120年前，商务印书馆前贤怀揣文化救国的理想，抱持“昌明教育，开启民智”的使命，立足本土，放眼寰宇，以出版为津梁，沟通中西，为中国、为世界提供最富智慧的思想文化成果。无论世事白云苍狗，潮流左右激荡，甚至战火硝烟弥漫，始终践行学术报国之志，无改初心。

迻译世界各国学术名著，即其一端。早在20世纪初年便出版《原富》《天演论》等影响至今的代表性著作，1950年代后更致力于外国哲学和社会科学经典的译介，及至1980年代，辑为“汉译世界学术名著丛书”，汇涓为流，蔚为大观。丛书自1981年开始出版，历时三十余年，迄今已推出七百种，是我国现代出版史上规模最大、最为重要的学术翻译工程。

丛书所选之书，立场观点不囿于一派，学科领域不限于一门，皆为文明开启以来，各时代、各国家、各民族的思想与文化精粹，代表着人类已经到达过的精神境界。丛书系统译介世界学术经典，引领时代思想，为本土原创学术的发展提供丰富的文化滋养，为推动中国现代学术和现代化进程做出了突出的贡献。

为纪念商务印书馆成立120周年，我们整体推出“汉译世界学术名著丛书”120年纪念版的珍藏本，寄望既利于文化积累，又便于研读查考，同时向长期支持丛书出版的译者、编者和读者致以敬意。

两甲子后的今天，商务印书馆又站在了一个新的历史时间节点上。我们不仅要铭记先辈的身影和足迹，更须让我们的步伐充满新的时代精神。这是商务人代代相传的事业，更是与国家和民族的命运始终紧密相连的事业。我们责无旁贷，必须做好我们这代人的传承与创造，让我们的努力和成果不仅凝聚成民族文化的记忆，还能成为后来人可以接续的事业。唯此，才能不负前贤，无愧来者。

商务印书馆编辑部

2017年10月

译　　序

我在抗战前曾将弗洛伊德的《精神分析引论》的英译本译成中文，由上海商务印书馆于1930年出版。精神分析是一种治疗神经病的方法，也是一种研究心理功能的技术，以后形成一种心理学的理论，成为现代心理学的一个重要学派，对心理学、医学、人类学乃至史学、文学艺术和哲学都发生了不同程度的影响。

精神分析的创始人弗洛伊德是维也纳犹太籍的神经病医生。他于1856年5月6日生于摩拉维亚（现属捷克），四岁时随同父母移居维也纳，在维也纳度过了八十个年头。他幼时聪慧。1873年考入维也纳大学学医，从事他所感兴趣的科学研究。1876年，他在布吕克教授指导下当助理研究员，1881年获得医学博士学位。次年，他即和神经病医生布洛伊尔合作。布洛伊尔的年龄比弗洛伊德大十四岁，他也是布吕克的弟子。布吕克和路德维希、杜布瓦－莱蒙及赫尔姆霍茨志同道合，结成联盟，反对活力论，认为“有机体内除一般物理化学的力在起作用外别无其他的力”。弗洛伊德和布洛伊尔在布吕克门下，受了物理主义的生理学训练，承认“心理学是有关中枢神经系统的研究，心能就是由大脑细胞所供应的物理能”①。

①　波林，《实验心理学史》中译本，商务印书馆1981年版，第816页。

布洛伊尔曾用催眠法治疗一个癔病的女病人安娜。这个病人在许多症候之中,还有一个特殊症候,就是有长达六个星期的时间在干渴得无法忍受时,也不能喝水。在催眠状态中,她诉述自己童年时,如何走进她不喜欢的女家庭教师的房间,看见她的狗从玻璃杯内喝水,引起了她的厌恶,但由于受尊敬师长的传统影响,只好默不作声。她在催眠中,恢复了她对这个往事的回忆,尽量发泄了她的愤怒情绪,此后她不能喝水的怪病才消失。这种治疗主要是通过谈话或暗示进行的,所以弗洛伊德称之为谈疗法,是他后来发展的精神分析法的基础。

他对这个疗效的解释是以布吕克的物理主义为指导思想的,以为人的心理活动有赖于神经系统所供应的物理能。物理能的水平过高时,就需要释放或宣泄,从而促成了神经病的消失。所以弗洛伊德在行医的初期是支持神经病的物理或生理的病因说的。

但是弗洛伊德面对这个疗效,也感觉到身心关系的微妙。由于他受过布吕克的物理主义的教育,所以不立即转入心身交感论,而仅仅主张心身平行论。他说,"神经系统的生理过程的链条不会与心理过程造成因果的关系。""因此,心理是与生理平行的一种过程。"[①]他认为心物在本质上是不同类的,所以他认为把这一种过程译成他种过程乃是逻辑上的错误。但据弗洛伊德传记的作者琼斯的分析,弗洛伊德并没有彻底坚持平行论,有时也会说身体或性的变化产生了焦虑,或一种情绪导致了手脚的瘫痪。[②]

① 琼斯,《弗洛伊德传》第一卷(Sigmund Freud,I),1953 年版,第 368 页。

② 同上,第 369 页。

1885至1886年间，弗洛伊德就学于法国神经病医生沙可。沙可用催眠法，有时消除了这些症候，有时引起了癔病的症候，因此，弗洛伊德以为治疗身体的症候可以通过观念传递而奏效。他后来又赴南锡，观察了李厄保和伯恩海姆的催眠治疗术。这些法国医生与同时代的德国医生不同，他们不坚持大脑解剖的观点，承认心理病理学为心理学的一个分支。[①]

弗洛伊德由于受了法国的影响，同时根据他自己的临床经验，逐渐从生理的病因说走向心理的病因说或心理动力说（the psychodynamic hypothesis），以为神经病起源于心理内部动机的矛盾。

弗洛伊德在生理病因说的指导下，曾于1886年试用过电流疗法、水疗法、按摩法治疗神经病，但疗效并不显著。在心理病因说指导下，他于1887年采用从沙可那里学来的暗示疗法，认为这个方法很好，时间也较为经济，但疗效难以持久，常有反复。因此，他乃创制精神分析法，也就是自由联想法，于1892年开始运用。他由于坚持赫尔姆霍茨学派的准则，不相信自由意志说而坚持他的所谓决定论，以为任何联想都不是无因而至的，都是有一定的意义的；因此，通过病者的自由联想就可以挖掘出深埋在病者心里最底层的动机或欲望，也就是所谓潜意识的欲望。原来，弗洛伊德把人的心理历程分为三层，上层为意识，中层为前意识，底层为潜意识，构成了他的深度心理学（the depth psychology）。他以为一个观念的意识是转瞬即逝的，但是消逝了的观念有需要时可以再成为意

① 琼斯，《弗洛伊德传》第一卷，第370页。

识的，这便叫做前意识。至于潜意识的观念是遭受过压抑而被摒斥于意识领域之外的，现在如果要它重复进入意识，就为病者所拒绝了。所以弗洛伊德以为抵抗和压抑是同一历程的两面。精神分析的目的就在于克服这个抵抗，把潜意识的欲望化为意识，治疗就可以奏效了，然而这个抵抗是不容易制服的，需要精神分析家的高度技巧。

被压抑的欲望是什么性质的欲望呢？弗洛伊德以为主要是性的欲望；性的扰乱是神经病的根本原因。他于 1896 年出版了《癔病的病因学》，提出了诱引说（the seduction theory），以为儿童幼时天真，并无性的冲动，只因受了成人的诱引，导致了这种冲动的产生。到了 1896 年后期和 1897 年上半期，弗洛伊德开始对诱引说发生怀疑。1897 年夏季，他进行了艰苦的自我分析，发现了他自己幼时对母亲的里比多欲和对父亲的敌视，这就是所谓伊谛普斯情结。于是他放弃了诱引说，而承认儿童期的性生活，不过弗洛伊德的“性”不是专指生殖的或生殖器官的快感，而是指一切敏感区的快感。

由于布洛伊尔不同意弗洛伊德关于性的观点，弗洛伊德便改以弗利斯为志同道合的好友。他把自己放弃诱引说和发现伊谛普斯情结的秘密写信告诉弗利斯。弗利斯对性问题的研究有较浓厚的兴趣。他于 1897 年发表他的处女作，提出了一种新的并发症，叫做鼻反应神经症，包括头痛、神经痛及循环、呼吸、消化等内脏器官的扰乱。他的研究有两点特别引起了弗洛伊德的兴趣。“1. 他认为鼻粘膜与生殖器官活动有特殊的关系，因为在性兴奋中，鼻黏膜有时有充血现象。2. 他从妇女行经的事实揣测两性的生命活动都隐含有周期性。"[①]弗利斯于 1887 年来到了维也纳,通过布洛伊尔的介绍,听弗洛伊德的神经学课。他在此后六年,便经常与弗洛伊德通信。弗洛伊德给他的信函、卡片、摘记计共 284 件,其中有 168 件构成了题为《精神分析的起源》的论文。[②]

弗洛伊德在性的问题上,虽然得到了弗利斯的支持,但阿德勒和荣格继布洛伊尔之后都因反对性的病源学,背弃了弗洛伊德的教义。阿德勒于 1911 年从国际精神分析协会分裂出来,另创个体心理学;荣格于 1915 年,继阿德勒之后脱离国际精神分析协会,树立起分析心理学的旗帜。

但是弗洛伊德那时却已驰名国外了。1909 年,美国克拉克大学二十周年校庆,校长斯坦利·荷尔邀请他前往参加,并授予他名誉博士学位。他会见了美国著名心理学家如詹姆士、卡特尔、铁钦纳等人。他在该校的演讲分五次进行,题名《精神分析的起源和发展》,由蔡斯译成英文出版,后并译成几种文字,中译本于二十年代发表于上海商务印书馆的《教育杂志》。弗洛伊德是多产的学者,他的著作引起了广大读者的兴趣。新的精神分析学会在欧洲大城市中纷纷建立起来。荷兰精神病学家和神经学家协会以及英国心理学会都邀请他为名誉会员。总之,在 1919 至 1939 年间,他的名誉达到了最高峰。

但是他的晚年生活是苦难重重的。他于 1923 年发现患了口腔癌。希特勒当权时大肆反犹,1938 年侵占了奥地利,弗洛伊德

---

① 见《精神分析年鉴》(The Annual Survey of Psychoanalysis)第五卷,第 513 页。

② 弗洛伊德,《精神分析的起源》(S. Freud, Origin of Psychoanalysis, Letters to Wilhelm Fliess, Drafts and Notes, 1887—1902)。

被迫离开了维也纳,1939 年 9 月 21 日死于英国。

弗洛伊德的声誉之隆、影响之大,在心理学家中是罕见的。他对心理学的主要贡献是关于人类动机的研究,或者如波林所指出的,“动力心理学的重要来源当然是弗洛伊德”[①]。众所周知,冯特及其弟子的实验心理学,继承了联想心理学和生理心理学的传统,从事感知觉的研究,重视意识的内省分析,对于人的行为及其动力或动机的分析是比较忽视的。弗洛伊德的精神分析对传统的实验心理学起了补偏救弊的作用。因此,引起了人们的注意和欢迎。

美国心理学史专家舒尔茨在他的《现代心理学史》1981 年新版中,在强调了弗洛伊德的某些概念被纳入现代心理学的主流以后,并指出,“弗洛伊德对一般文化的影响是巨大的。在他访问克拉克大学以后,他的体系的冲击力立即为人所感受到了。巴亢说过,1910 年后,美国报刊载满了弗洛伊德的论文,1920 年后,美国出版了两百部以上的书籍,论述弗洛伊德的精神分析”[②]。所以弗洛伊德在美国是很出名的。

但是弗洛伊德究竟是治疗神经病的医生而不是受过严格训练的心理实验家。他所根据的材料不是通过实验控制的方法而取得的。他用精神分析法治疗神经病时,谁也不能保证病者的报告不是揣摩医生的要求、符合医生的愿望而做出的。所以弗洛伊德搜集材料的方法受到了心理学家的批评。[③]

弗洛伊德在理论上也不无困难。首先是潜意识问题。据定

---

① 波林,《实验心理学史》,中译本第 797 页。

② D. Schultz, A History of Modern Psychology, 3rd Ed., 1981, p. 339.

③ 舒尔茨,《现代心理学史》第二版中译本,第 341 页。

义，潜意识是有异于前意识的无意识。前意识有可能重新进入意识，至于潜意识则是不准侵入意识的。弗洛伊德重视潜意识，就相应地轻视意识。有人认为心理的就是意识的，意识的就是心理的。弗洛伊德说，不对，这个公式不能成立。因为“意识不是心理的实质，而只是心理的一个属性，一个不稳定的属性，因为它是旋即消失的，消失的时间远较长于存在的时间”。①

当然，对于心理等于意识这个公式，我们也是不同意的；我们也认为心理历程应包括意识和无意识。但是心理的实质却恰恰是意识而不是无意识，更不是潜意识。弗洛伊德也知道贬低意识的地位是不得人心的。所以他说，“但这绝不意味着，对我们说来，意识的属性已经失去了它的重要性。它仍然是唯一的光线，照亮了我们通向心理生活奥秘的道路。也就由于我们的发现的特殊性，我们在心理学内的科学研究就是要将潜意识历程译成意识历程，从而填补了意识知觉的空白……。”②弗洛伊德的这个自白表明意识只有一种功能，那就是用以发见潜意识奥秘的唯一探照灯，而潜意识心理学的研究则反过来给意识的知觉填补空白。这还不是贬低意识的价值吗？他可不知道“人的意识不仅反映客观世界，并且创造客观世界。”③人类之所以有今天光明灿烂的世界就因为有意识和社会实践，而弗洛伊德则是把潜意识“片面地、夸大地、过分地发展为脱离了物质、脱离了自然的、神化了的绝对”④，

① S. Freud, Collected Papers V, p. 379.

② 同上，第 382 页。

③ 列宁，《哲学笔记》，人民出版社 1956 年版，第 199 页。

④ 借用列宁对唯心主义的评语，《哲学笔记》，第 365 页。

并且他的决定论，尤其是认为人的一切行动都决定于潜意识的欲望，显然是陷入了反理性主义的错误。

第二是泛性论问题。如果说弗洛伊德的潜意识说贬低了意识的作用，他的泛性论便将人降级为一般动物，抹煞了人的本质特征。关于人的本质，马克思曾经指出，它“不是单个人所固有的抽象物。在其现实性上，它是一切社会关系的总和。”[①]而在这些关系之中，生产关系尤其对人的心理具有决定性的意义。而弗洛伊德则是反对唯物主义历史观的，甚至抹煞了社会文化或社会历史条件的重要性。他宁愿采取生物学的观点，仅仅将他的理论建立在生物学的事实的基础之上，以为生物有自存和存种两种目的，因此，“将本能分为两大类，使相当于人类两大需要——即饥和爱，”而他则尤其重视爱或性。他说，“根据这个观点，我们乃介入自我本能和性本能于精神分析之内。前者包举个体的生存、延续及发展，后者包括幼稚的及倒错的性生活。”[②]如果人类只有与饥及爱两大需要相应的自存和传种两种本能，那么人类和其他动物还有什么差别呢？所以弗洛伊德的出发点是十分错误的，无怪布洛伊尔、阿德勒和荣格都在性的问题上与弗洛伊德发生了分歧。

我们还可以焦虑神经病为例，进一步说明弗洛伊德的性的病因论的困难。弗洛伊德以为被阻抑的性欲和病态的焦虑有内在的联系。早在 1911 年，琼斯就已经自称“对生理的性的紧张状态转化为焦虑的学说在生物学上的确当性提出过疑问”，他以为应当

① 马克思，《关于费尔巴哈的提纲》，载《马克思恩格斯选集》第一卷，第 18 页。

② 弗洛伊德，《精神分析引论新编》旧译本，第 70—71 页；原著英译本第 131，132 页。

说焦虑是一个特殊本能的情绪,而这个本能则为防御本能,是由内部产生的压力的刺激所引起的。[①] 所以琼斯否定了焦虑神经病的性的病因论。

弗洛伊德对五岁男童汉斯惊悸病的性的解释,我在 1930 年《精神分析引论》旧译本的译序中也曾提出过批评的意见,以为汉斯对于其母进行性的窥探都是由于受了其父暗示的结果。《73—74 年心理学》的编著者也说,"汉斯同母亲一起,当驾马车的马失足跌伤时,他大吃一惊。依据弗洛伊德的解释,这个意外事件只是汉斯惊悸病的突发原因(或最近原因)。他以为真正的原因则是小汉斯在伊谛普斯时期中所显而易见的内心的矛盾。"可是"批评家指出(汉斯)父子之间的对话,父亲发问的暗示性的问题,显然是由于他研究精神分析的结果而带有(先入为主的)期望的意味。"[②]所以汉斯的惊悸不是由于伊谛普斯情结作祟,而是他的父亲的不良教育的结果。

第三是关于死本能问题。弗洛伊德的动力心理学开始时是以潜意识与意识之间的矛盾为支柱的。潜意识欲望企图侵入意识或前意识,而意识或前意识的检查员则严格把关,不准这些想入非非的欲望擅自进入。这个检查员就是自我或自我理想。

这个自我理想后来被弗洛伊德发展为超我,而性的欲望则归属于一个实体叫做伊底。因此,弗洛伊德乃于意识、前意识、潜意识的三分法之外,复有超我、自我和伊底的三分法。这后一种三分

① 琼斯,《弗洛伊德传》第一卷,第 261 页。

② Psychology,73/74,p. 265.

法是性与自我对立说的延续和发展。但是这个对立由于弗洛伊德提出死本能而被否定了。

弗洛伊德的死亡学(Thanatology),自1900年开始就在他的思想中萌了芽,到1920年,他发表了《超越唯乐原则以外》(Beyond the Pleasure Principle),提出了死本能的概念。他说,"死亡以死本能的形式,成为一种消灭生命的势力,而所有生命的目标都表现于死亡。"[1]后来他在《精神分析引论新编》中又以生物学观点,将本能区分为性本能及攻击本能。他说,"我们以为本能有不同的两类,即最广义的性本能(可称之为Eros'食色'本能)及以破坏为目的的攻击本能。"[2]弗洛伊德在提出攻击本能之后,便先发制人地以性恶论的理由堵塞性善论者之口。他指出,"历史的事实及我们的经验……都证明人性本善的信仰只是一种错觉……因为我们主张人有攻击破坏的特殊本能之说不是因受历史教训和我们自己的经验的影响,而是由于估计到虐待狂和被虐待狂现象的重要。"[3]而就被虐待狂现象看来,"就可见它有以自我破坏为目的的一种趋势。"[4]我们也许认为这个趋势尽管见于被虐待狂者,但绝不是正常人的心理。但是弗洛伊德则认为"本能的目标在欲恢复事物的较早期的状态"。这个目标被称为"复旧的强迫性"(repetition compulsion)。[5] 他说,"假定远在往古,生命以一种不可思议

---

① 转引自K. R. Eissler, The Psychiatrist and the Dying Patient,见The Annual Survey of Psychoanalysis, Vol. VI, p. 476。

② 弗洛伊德,《精神分析引论新编》中文旧译本第77页;原著英译本第141页。

③ 同上。

④ 同上,旧译本第78页;英译本第142页。

⑤ 同上,旧译本第79页;英译本第145页。

的方式起源于无生物，那么，据我们的假设，那时便有一种本能要以毁灭生命而重返于无机形态为目的。又假定我们所称的自我破坏的冲动起源于这个本能，那么这个冲动便可被视为任何生命历程所不能缺乏的一种死本能的表现。”①所以他相信本能可分两类：食色本能要将生命的物质合成较大的统一体，而死本能则要将生命的物质重复返于无机的状态。

这个生和死的关系问题也曾受到恩格斯的注意。恩格斯说，“今天，不把死亡看作生命的重要因素、不了解生命的否定实质上包含在生命自身之中的生理学，已经不被认为是科学的了，因此，生命总是和它的必然结果，即始终作为种子存在于生命中的死亡联系起来考虑的。”“生就意味着死。”②

但是恩格斯的生死观与弗洛伊德的生死观是无法相比的。恩格斯从辩证唯物主义观点对生命进行了分析，以为有机体的解体过程“必然一步一步地产生更加无生气、更加接近于无机界的产物，这些产物愈来愈不适于在有机界中加以利用了”，就是说，根据自然规律最后必然是整个走向死亡，所以“生就意味着死”。

至于弗洛伊德则不仅就事论事，更提出了死本能，似乎人有毁灭自己的生命的本能要求。他以为伊底是没有道德和价值观念的，一味追求快乐。它的生活原则是唯乐原则。自我尊重现实，遵照现实原则办事，限制或压抑了伊底的要求。弗洛伊德虽然主张唯乐原则应服从唯实原则，但仍主张人生以求乐为止，要达到无矛

① 弗洛伊德，《精神分析引论新编》，旧译本第80页；英译本第146—147页。

② 恩格斯，《自然辩证法》，载《马克思恩格斯全集》第二十卷，第639页。

盾境界,或者如赫克特所说的,“与母亲在性的方面合为一体,或安息于她的怀抱之内,或最终到达了死的城堡,子宫内的毫无紧张的涅槃境界。”[①]这是完全否定了生命的意义和价值,主张生不如死,为资本主义制度下的集体自杀提供了理论根据。

同时还必须指出,精神分析体系原来是以自我或超我与潜意识欲望的矛盾为基础的。弗洛伊德对过失和梦及神经病的解释都是建立在这个基础之上的。现在提出了生本能与死本能的矛盾将如何与他原来的体系协调呢?而且本来对立的性与自我,现在却合成了食色本能,包括了性和自我。纳克特用法文发表了“死本能或生本能呢?”一文认为“死本能概念可以取消,因为它与矛盾及攻击的两个重要概念发生了冲突。事实上,如果死本能存在,那么矛盾从头就是属于心理内部的,而不是主体与环境之间的矛盾的内化的表示。……所以死本能说是与伊底和以得到超我支持的自我之间的矛盾说不相协调的。死本能如果存在,那么唯乐原则与唯实原则的矛盾也会失去了意义,分析也不起作用,因为分析是不能解决生命内部的矛盾的。”[②]正因为死本能带来了不可避免的困难,所以弗洛伊德不得不修订他的学说,于是不仅被压抑的欲望是潜意识的,压抑的自我和超我也半属无意识的。早期的弗洛伊德与晚期的弗洛伊德发生了分歧。

第四是对文化的态度问题。弗洛伊德对文化的态度也是大可訾议的。他的《文化及对文化的不满》(Civilization and Its Discon-

① 《精神分析年鉴》第三卷,第537页。

② 《精神分析年鉴》,第七卷,第52页。

tents)的英文译本刊行于1930年。在这部著作里,他对唯乐原则的重视尤较胜于唯实原则。他问,人生有什么目的呢?他的答复是"寻求幸福:他们要得到幸福,而且要永保多福"。他以为这个追求的目的,一方面在消除痛苦和不适,另一方面在体验高度的快乐。[①] 很明显,这是继承了英国功利主义者的唯乐说(hedonism)的传统。

同时,弗洛伊德认为文化的成就要用人类幸福的程度予以测量。他曾列举现代文化辉煌成绩。例如他说,当我们看到一个国家为了人的福利开发土地,征服自然,我们就承认这个国家具有高度的文明。"在这样的国家内,凡是河流有倾覆河岸的危险都受到了限制,流水由运河导向需要的区域。土壤勤加耕耘,栽植适宜的植物;矿产资源深入挖掘,制成合用的器具。交通工具迅速可靠;毒虫野兽已被消灭;家畜驯化工作兴旺发达。"[②]此外如林园的布置、清洁卫生的设备、学术、科学、艺术、宗教、哲学的成就以及社会上人与人的关系的改善等都是高度文明的标志。但是弗洛伊德以为我们不可能因此"忽视文化的建立有赖于满足本能的牺牲的程度和文化的存在有赖于强烈的本能要求的不满足(克制、压抑或其他)为先决条件的程度"[③]。

依照弗洛伊德的这个逻辑,似乎文明的进步不能增进人的快乐,反而增进他的痛苦。他于晚期在性本能外,增加了死本能,而死本能的表现则为攻击。不论性或攻击的冲动,在正常的文明社

① S. Freud, Civilization and Its Discontents, p. 27, 1930.

② 弗洛伊德,《文化及对文化的不满》,第53—54页。

③ 同上,第63页。

会里都要受到克制或压抑,不能肆无忌惮地要求满足,特别像伊谛普斯情结尤其是大逆不道的。恩格斯说,“如果说家庭组织上的第一个进步在于排除了父母和子女之间相互的性交关系,那么,第二个进步就在于对于姊妹和兄弟也排除了这种关系。”[①]这个排除的范围随着文明的进展而日益扩大,结果形成了今天的一夫一妻制。但是弗洛伊德认为“爱与文化的利益相反,文化的严酷的限制威胁着爱”。他说,“就性已成熟的人们而言,对象选择限于异性,凡属生殖以外的满足多作为反常而被禁止的。……这些限制的措施可能把有正常的性能力者的性兴趣纳入合法的轨道而不受干扰。但是可以许可的异性爱情的唯一出路还要受法律和一夫一妻制的进一步的限制。”[②]很明显,弗洛伊德对文明的不满主要是由于他认为这种限制会给人带来不快乐的结果,不如复归于野蛮时期。他说,依照他所提出的观点,“我们的痛苦要由我们的所谓文明负责,如果我们背弃了它,复返于原始的情境,我们将远较幸福了”[③]。

弗洛伊德对文明的不满很容易使人误会他的为人,以为他是性生活的自由主义者,其实,他完全不是这样的人。舒尔茨说,“值得我们注意的是:弗洛伊德虽然这样热烈地强调性在我们情绪生活中的作用,但是他个人对于性坚持一种极端否定的态度。他一贯地道及性的危险,甚至对非神经病者来说也是这样,他劝告

---

① 恩格斯,《家庭、私有制和国家的起源》,载《马克思恩格斯选集》第四卷,第33页。

② 弗洛伊德,《文化及对文化的不满》,第72页。

③ 同上,第44页。

人们必须努力克服一般动物的需要。他说,性的行动是会使人堕落的;会污损精神和肉体的。1897 年,他四十一岁时,他本人自称已完全没有性的活动了。"①

弗洛伊德在《精神分析引论》第三编第二十七讲中也说,他希望病人"能在性的放纵和无条件的禁欲之间选取适中的解决"。他说,"你们就不能假定,要解释精神分析的疗效,一定是由于允许病人实行放纵的性生活了。"②

所以我们必须正确认识弗洛伊德。他"不是改良家,而只是观察家",或治疗神经病的医生。他在观察或治疗时,发现病人的本能欲望受了不适当的压抑而成病,因此,他认为人世间的道德律所要求于人的有关性的牺牲往往超出了必要的程度,因而他相应地把性强调到不适当的程度,以致造成理论上的乖谬。

这个译本的修订是与孙名之同志合作的。骆大森、宋月丽、张权五、项宗萍四同志助编边码,特于此敬致谢意。

高　觉　敷

1983 年 6 月 19 日

① D. Schultz, A History of Modern Psychology, 3rd Ed., 1981, p. 321.

② 弗洛伊德,《精神分析引论》中译本,本书第 353 页。

目　　录

序

那些想获得精神分析知识的人们所面临的困难很多,尤其是缺乏一本适用的教科书可用以开始他们的研究。这些人从前可在三类课本中进行选择,但由初学者看来,每一类都各有它的缺点。他们可通过弗洛伊德、布里尔、费伦齐和我自己所刊行的大量论文,寻找他们的前进道路,这些论文不是依照任何连贯性的计划来安排的,而且大部分是写给那些对这门学问已有所知的人阅读的。或者,他们也可力图钻研较系统的著作,如希契曼和巴巴拉·洛的书,这些书由于将那么多的内容压缩在短短的篇幅之内,以致病在简约难懂。再不然,最后,他们也许可以在许多书中找到一本,这些书不必点名,它们都给精神分析作了适当的论述,但是它们的作者对这门学问的正确知识的获得,没有提供必要的初步资料。精神分析文献的这个空白现在已经由一位最合适的作者弥补起来了,这就是弗洛伊德教授本人,他在百忙中费神写出这一本书,凡是临床心理学界都应当对他表示感谢。今后,我们对经常提出的问题可以毫不迟疑地回答说:这是开始研究精神分析的一本好书。

但就在这里,我也必须警告读者,对认为这部书是有关精神分析的完善的教科书这句话,也要有几点修正。它的开始写作的情况就不允许我们对它作出这样的估价。这部书是1915—1917年两个冬季在维也纳大学讲授的三部分讲稿。头两部分假定听讲者绝对没有这门学科的知识。演讲的风度表明是对这门学问的引论。但在第三期的演讲中,弗洛伊德教授无疑地认为听众已经通过他们的研究,扩大了阅读的范围,决定不再把他们仅仅当作初学,因而放手讨论更专门和更困难的课题——神经病的精神分析了。结果,此书的下半部比上半部远较高深,老实说,这是有好处的,作者可以在这里或那里,传授他的有关深奥问题的最后的结论。因此,精神分析的学者,无论他如何高明,都可以从此书中学到许多东西。

我们也必须注意此书对于精神分析与在这里没有讲到的其他人文科学的广泛关系,却没有做过充分的论述。除了分散在这页或那页上的若干提示以外,对于精神分析在社会学、种族发展研究,尤其是正常人心理学上的应用的范围,却很少讲到。此书基本上限于日常生活的心理病理学和梦及神经病的三项专题,他选取了这些专题用以为达到作者目的的最适宜的题材——给学生介绍精神分析。

此书的美国译本已早出版了,但除了笔调上的缺点以外,译文中还含有许多严重的错误,例如有一节说幻念不受影响,翻译成这样的句子,似乎意味着弗洛伊德认为强迫观念是不可治之症——因此,我们决定另出版一个译本。里维埃夫人慎重将事,得到了贝恩斯女士第二部分十一讲草稿的帮助,译成了全书。我把译文和原著进行了比较,同弗洛伊德教授和里维埃夫人讨论了疑难之点。里维埃夫人的英译本将会令读者满意:我敢保证它是忠实的。

欧内斯特·琼斯

1921年12月

第一编　过失心理学

第一讲　绪论 11

我不知道诸位从阅读或传闻中可能已经获得了有关精神分析的哪些知识。不过我的讲题是“精神分析引论”，顾名思义，我不得不假定诸位对于本题一无所知，要我来从头讲起。

至少，有一件事，我可以假定诸位是知道的——那就是：精神分析是神经错乱症的一种治疗法。这个方法和其他医药的方法不仅不同，而且常常相反。通常要使病人受一种新法的治疗时，医生往往夸张这种方法的轻便，好使病人相信它的效力。在我看来，这个办法很对，我们可以因此增加疗效。但是要用精神分析法治疗神经病患者的时候，我们的手续可就不同了。我们要告诉他这个方法如何困难，如何需要长久的时间，如何需要他本人的努力和牺牲；至于疗效如何，我们告诉他不敢预定，一切成功都靠他自己的努力、了解、适应和忍耐。我们所以要采用这种似乎反常的态度，当然有其充分的理由，这种理由诸位以后自然会了解的。

请原谅我在讲演一开始，就像对待神经病患者那样来对待诸位，我要劝诸位下一次不要再来听讲了。我要告诉诸位，我只能给你们以关于精神分析的一点不完全的知识，而且你们也很不容易

对于精神分析形成一种独立的判断。因为你们的教育、你们的思
想习惯，迫使你们反对精神分析，你们必须先在心内费很大的劲，
12 才可克服这种本能的抵抗力。我的演讲究竟能使你们对精神分析
有多少了解，那自然不能预言；但是我至少要告诉你们，你们在听
讲之后，不可能学会如何进行精神分析的研究，也不可能实施精神
分析的治疗。并且，你们如果有人不以肤浅的了解为满足，而却要
和精神分析法建立永久的关系，则我不仅不加以鼓励，而且实际上
还要予以警告。因为就现在来说，如果选择了这个职业，那么他在
学术上成功的机会将被剥夺，而且当他正式开业时，会发现全社会
都不能了解他的目的和意向，对他敌视，让一切隐藏的罪恶冲动都
向他发泄出来。你从目前欧洲战争的流毒，也许可以推知他要应
付的麻烦问题一定是无法计算的。

然而，一种新知识常常足以使有些人受到吸引，而不顾一切。你们如果有人虽然受到警告，而第二次仍来听讲，那当然不胜欢迎。但是你们都有权利知道我所要指出的精神分析的内在的困难。

第一是精神分析的教学和说明的问题。你们作医学研究时，惯于用眼睛，你们看见解剖的标本、化学反应的沉淀物、神经受刺激后所有肌肉的收缩。后来，你们和病人接触了，你们使用感官去了解病人的症状，观察病理作用的结果，有时还可以分析致病的原因。就外科方面说，你们可亲眼看见治病的手术，而且自己也可尝试。甚至就精神病疗法而言，病人的症象，异常的表现、语言和行为提供了一系列的现象，在你们心里留有深刻的印象。所以医学教授大半是做说明和指导工作，好像引导你们游览博物馆，而你们

则因此可以和所观察的对象发生直接的关系，从自己的亲身经历，可以确信新事实的存在。

但是不幸得很，精神分析就不同了，在精神分析的治疗时，除 13
医生同病人谈话之外，别无其他。病人说出他的以往的经验，目前的印象，诉苦，并表示他的愿望和情绪。医生则只有静听，设法引导病人的思路，迫使他注意某些方面，给他一些解释，观察他因此而引起的赞许或否认的反应。病人的亲戚朋友只对于他们所看见的、接触的，或如在电影中所看到的那种动作才会相信，现在听说“谈话可以治病”便无不表示怀疑了。他们的理由当然是矛盾的、不合逻辑的。因为他们同时也相信神经病患者的病痛，纯粹是由想象而来的。说话和巫术最初本来是同一码事，在今天，我们用话语可使人快乐，也可使人失望。教员用话语向学生传授知识，演说者用话语感动听众，左右他们的判断。话语可以引起情绪，我们常用以为互相感应的工具。所以我们不要看轻心理治疗的谈话。你们如果听到精神分析者和病人的通话，也应当感到满足了。

但是听到通话也难办到；因为分析时的对话是不许旁听的；它的进程也不能公之于众。当然，我们在讲精神病学时，可以向学生介绍神经衰弱的或癔病的患者，但病人只会叙述自己的病情和症状，而不会涉及其他。只有在对医生有特别感情的情况下，才肯畅谈，借以满足分析的需要。假若有一个与他无关的第三者在场，他就又沉默无言了。因为分析时所要说的，都是他们的秘密思想和情感，非但不愿告人，连对他自己也是要设法隐藏的。

所以精神分析的治疗，你们就不能参观了，你们如果要学精神分析，就只好凭借传闻。这种间接的知识使你们对于精神分析这

14 个问题要形成自己的判断极感困难。因此,你们要基本上相信报告人的可靠。

现在暂且假定你们正在听讲历史,而不是在听讲精神病学,又假定讲师是在讲亚历山大大帝的传略和成功。他所告诉你们的,你们有什么理由信以为真呢?就情形讲,其事迹之不可靠似乎更甚于精神病学,因为历史教授和你们一样,也未曾参加过亚历山大的战事;至于精神分析者至少可以告诉你们他自己所曾参与过的事实。但是历史家究竟有什么证据作基础呢?他可以叫你们参考迪奥多罗斯、普鲁塔克、阿利安等人的记载,他们都和亚历山大同时,或比他稍后。他又可请你们在庞贝看他所保存的亚历山大的石像和钱币,展示伊索斯战争的嵌画的照片。但是严格地说,这些证物仅足证明古人已相信亚历山大的存在和他的战功的真确。你们的批判可能又开始了。你们也许觉得关于亚历山大的记载不尽可信,有些细节是没有充分证据的。但是当你们离开教室的时候,我敢说你们绝不至于对亚历山大的存在有所怀疑。为什么呢?第一,教师绝不至于将自己所怀疑的史实硬要你们相信,因为这对于他是没有好处的;第二,古来史学家对于这些史实的记载,很少有抵触矛盾的地方。你们万一要怀疑他们的记载,你们便可用两种测验:第一,看他们是否有可能作伪的动机;第二,看他们的记载是否一致。这种测验的结果,便可知道亚历山大确是无可怀疑的,至于摩西和尼罗特则可能差一点。到后来,你们便可知道精神分析究竟有什么可以怀疑之处了。

你们现在有权利提出下面的问题:如果精神分析既没有客观的证据,又没有公开参观的可能,那么如何去研究它,并相信它的

真实呢？研究精神分析当然不是一件容易的工作，现在对它有深
入研究的人也寥寥可数；但是要学也仍是有门路可走的。自我的 15
人格的研究，可以成为精神分析的入门。所谓“自我研究”并不完全就是内省，不过因为没有较好的名词，才这样来描述它的。如果你们已经有了一些自我分析的知识，便有许多普通的心理现象可用来作为这种自我分析的材料。这样你们便可以相信精神分析所描写的绝不是欺人之谈，虽然这方面的进步也不无限制；如果你们想要学得更好，可以让自己亲自来接受精于此道者的分析，可以利用机会去观察分析者技艺的微妙之处。这个学习法虽然很好，但只能用之于个人，而不能用之于全班。

关于精神分析的第二种困难，并不是它本身固有的，而是你们受了医学研究的影响以后才有的。你们因受过医学训练而养成的一种心理态度，和精神分析的态度大不相同。你们常将机体的机能和失调，建立在解剖学的基础之上，用物理化学来加以说明，用生物学的观点作进一层的解释，而从来不稍稍注意于精神方面的生活，不知道精神生活是复杂的有机体最后发展的结晶。因此，你们对精神分析的观点是生疏的，你们常怀疑它，否认它有科学的价值，而把它留给诗人、哲学家、玄学家和一般人。你们的这种缺陷使你们不能成为良好的医生；因为治疗病人，最先接触到的就是病人的精神生活，你们本来轻视那些江湖术士和巫师，可是因为你们忽略了精神生活，你们便恐怕不得不让术士巫师们收到一部分治疗之效了。

你们以往教育的这一缺陷，我知道是情有可原的。你们在学校里没有一种附属的哲学科目可以作医学的帮助。无论是思辨哲

学或叙述性的心理学，或是和感官生理学连带研究的所谓实验心
16 理学，都不能帮助你们懂得心身的关系，或了解精神生活的失调。医学上固然有一种精神病学专讲各种精神失调，汇集为种种临床图书，但就是连精神病学者本人也怀疑他们的这些纯粹描述的公式是否够得上称为科学。这些图画所表现的症状究竟如何发生、如何组成、如何联系，都是个未知数：它们或者是与脑子里的变动联系不上，或者虽能联系，却无法解释。只是当这些精神失常已被断定为机体疾病的间接结果之后，才有治疗的可能。这个缺陷就是精神分析所要补填的。精神分析法要供给精神病学以心理的基础，要求得到一种共同的理由来解释身体和精神的病扰。要达到这个目的，便不得不放弃种种成见，无论它们是解剖方面的、化学的或是生理的，而彻底应用纯粹的心理学的概念。这在你们看来，开始时是会感到奇怪的。

其次还有一种困难，并不是由于你们的教育或你们的心理态度而引起的。精神分析有两个信条最足以触怒全人类：其一是它和他们的理性的成见相反；其二则是和他们的道德的或美育的成见相冲突。这些成见是不可轻视的，它们都是人类进化所应有的副产物，是极有势力的，它们有情绪的力量作基础，所以要打破它们，确是难事。

精神分析的第一个令人不快的命题是：心理过程主要是潜意识的，至于意识的心理过程则仅仅是整个心灵的分离的部分和动作。我们要记得我们从前常以为心理的就是意识的。意识好像正是心理生活的特征，而心理学则被认为是研究意识内容的科学。这种看法是如此明显，任何反对都会被认为是胡闹。然而精神分

析却不得不和这个成见相抵触，不得不否认“心理的即意识的”说法。精神分析以为心灵包含有感情、思想、欲望等等作用，而思想 17
和欲望都可以是潜意识的。但是精神分析因为有了这个主张，一开始便失去了那些清醒的有科学头脑者的同情，而被怀疑为荒谬捣鬼的巫术。我为什么指“心理的即意识的”之说为偏见呢，你们当然不易了解，而潜意识如果真正存在，人类进化过程究竟要到哪一个时期才能否认它，或者这种否认究竟有什么好处，那也是你们所不能揣测的。于是心理生活是否和意识同范围或超出于意识的范围之外，这种争辩也就像是文字之争而无关实际了；但是我要告诉你们，对于潜意识的心理过程的承认，乃是对人类和科学别开生面的新观点的一个决定性的步骤。

现在我要叙述精神分析的第二个命题了；你很难猜想第一个命题和第二个命题之间的关系是如何密切。第二个命题也是精神分析的创见之一，认为性的冲动，广义的和狭义的，都是神经病和精神病的重要起因，这是前人所没有意识到的。更有甚者，我们认为这些性的冲动，对人类心灵最高文化的、艺术的和社会的成就作出了最大的贡献。

由我看来，精神分析法所以引起大家的敌视，这个结论是主要的原因。你们一定是想要知道这个结论的理由的。我们相信人类在生存竞争的压力之下，曾经竭力放弃原始冲动的满足，将文化创造起来，而文化之所以不断地改造，也由于历代加入社会生活的各个人，继续地为公共利益而牺牲其本能的享乐。而其所利用的本能冲动，尤以性的本能为最重要。因此，性的精力被升华了，就是说，它舍却性的目标，而转向他种较高尚的社会的目标。但是由此

而造成的组织是不大稳固的，因为性的冲动不易控制；而参与文化
18 事业的各个人都不免有受性力反抗的危险。性力如果一旦放肆，回复到它原始的目标，社会文化就将遭受到最大的危机。所以社会不愿有人指出性和社会发展的关系；更不愿承认性本能的势力，或讨论各人性生活的重要；为了训练克制，关于性的问题，就完全避而不谈了。因此，精神分析的理论是要受到非难的，是要被视为丑恶的、不道德的，或是危险的。但是这种驳斥并不容易生效，因为精神分析的结论实可称为科学研究的客观结果；所以要驳斥得有力，就不得不有相当的理由。人类的本性喜欢把不合意的事实看作虚妄，然后毫无困难地找些理由来反对它。因此，社会宣布它所不能接受的东西为不真实的，用来源于感情冲动的一些逻辑的、具体的理由来诋毁精神分析的结果，并坚持偏见，借以抵抗我们强有力的反驳。

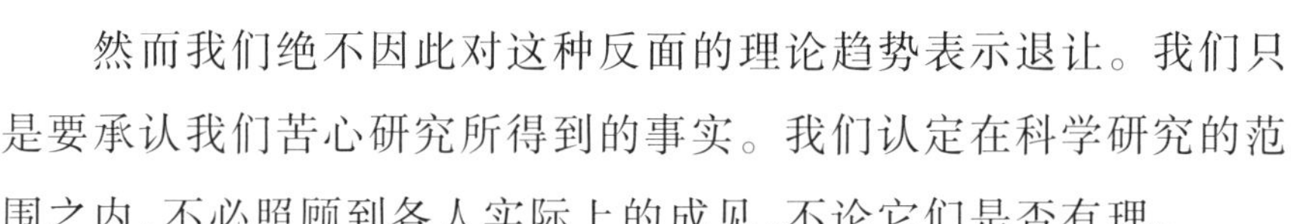

然而我们绝不因此对这种反面的理论趋势表示退让。我们只是要承认我们苦心研究所得到的事实。我们认定在科学研究的范围之内，不必照顾到各人实际上的成见，不论它们是否有理。

这些是你们开始对精神分析感到兴趣时所面临的一些困难。这对初学者来说也许讲得太多了。如果你们不因此失望，我们便继续讲下去。

19

第二讲　过失心理学

我们现在先从事实的观察入手，而不用假设。为要达到这个目的，我们可选取那些经常遇见而从来没有人注意的现象。这些

现象一般健康人也常有,与疾病完全无关。我所要说的就是大家所常犯的过失。譬如,你想要说一件事,却用错了词[这就叫做“舌误”[1](slip of the tongue)];又如写字也有类似的错误[这就叫做“笔误”[2](slip of the pen)],笔误可以看出,也可能被忽视;又如读书念错了字[这就叫做“读误”[3](misreading)];又如听官本没有病,可是听错[4]人家所说的话。还有一组过失是由于暂时的、虽不是永久的遗忘所致,[5]譬如一个人记不起他所熟悉的见面便认识的人的名字;又如一个人忘记去做一件他所要做的事,到后来可又记起来了,可见他只是暂时地遗忘。此外另有一种过失并没有这种暂时性,例如放错[6]了物件以致后来找不到了。这也是遗忘的一种,可是略异于普通的遗忘;因为我们对于这种遗忘,感到惊异懊恼而不能理解。还有某些过失,虽也有暂时性,却可与此同类,譬如有人始终知道某事不确,有时却信以为真。诸如此类的现象,还有许多。

这些过失的名词,在德文都以“ver”起首,由此可见它们相互
间的关系。它们指的大半是暂时的、不重要的,而在生活上没有重 20
大意义的动作。譬如遗失物件实际上没有什么重要。所以这些事实引不起多大的注意。也引不起多大的兴趣。

我现在却要请你们研究这些现象,你们也许会不耐烦地反对,

① 德文作 Versprechen。

② 德文作 Verschreiben。

③ 德文作 Verlesen。

④ 德文作 Verhören。

⑤ 德文作 Vergessen。

⑥ 德文作 Verlegen。

说:“在人世上及精神错乱等方面值得解释的神秘玄奥的事情多得不可胜数,对这些无关重要的过失多费气力,实在是太无聊了。假使你们能够解释一个耳聪目明的人在白天如何能看见或听到根本不存在的事物,或解释一个人如何能忽然相信自己正在受到他最亲爱的人的迫害,或者如何能用最巧妙的理由证明一种连任何儿童都会感到荒谬的幻想,那么,人们就会愿意重视精神分析了。但是如果分析仅只能说明一个演说家为什么用错了字,或一个主妇为什么遗失了钥匙等琐屑小事的原因,那么我们的时间和精力就应留以研究更为重大的事情了。”

我的答复是:别着急吧,你们的批评是文不对题的。精神分析当然不能夸口说从来不干琐屑的事情,相反,它所观察的材料常被旁的科学讥讽为琐碎的、平凡的、不重要的事件,甚至可以说是现象界里的废料。但是你们的批评似乎认为凡是重大的事件一定常有重要的表现。但在某种条件、某种时刻,难道很重要的事件便不能借琐屑的事件表现出来吗?这是很易举例说明的。譬如这里听众中的青年们,他们是怎样知道自己已博得了女人的欢心呢?难道一定要等她给你明白的宣示、热烈的拥抱吗?难道不是只要她等别人不注意时看你一眼,给你一个手势,或和你握手一秒钟,你便心满意足了吗?或者假使你是侦探,侦察一个谋杀案,你能期望
21 杀人犯在现场留给你一张有姓名地址的相片吗?难道你不会因为已经有了你所要找的蛛丝马迹便感到满足吗?所以微乎其微的符号也有它相当的价值,是不容我们轻视的;通过这些信号也许可能发现重大的事件。你们认为人世上及科学上的大问题有引起我们兴趣的优先权,我当然表示同意。然而你们如决定从事于大问题

的研究，那也是没有什么好处的。第二步如何着手，便不免茫然了。就科学工作而言，面前如果有一条可走的路，你便照着走去。假使你不带偏见或成见，勇往直前，你或可凭借各种事件彼此之间的联系（也有小事和大事之间的联系），通过一些微不足道的工作，而幸运地走上了研究大问题的轨道上去。

就是从这个观点出发，我希望你们对这些正常人的小过失产生研究的兴趣。我现在想先请问那些不懂精神分析的人究竟如何解释这些现象。

他的第一个回答肯定是："这些小事，是不值得解释的。"他这句话究竟是什么意思呢？难道他以为小事便可此可彼，而不能和其他事件发生因果联系吗？无论何人在任何方面，假若如此否认自然现象的因果律，就不免将科学的宇宙观抛到九霄云外去了。宗教观也不至于如此荒谬，因为据宗教的教义，若非上帝所愿，即"一雀之微也不至于无因落地"。我想我们的朋友一定不会坚持他的第一个答案；他一定会让步说自己如果去研究这些现象，一定可以立即求得相当的解释。那一定是由于轻微的机能错乱，或精神的松懈所致，这些情况是可以找到的。一个人平日说话本来不错，现在错了，那必定是由于（一）疲倦或不舒服，（二）兴奋，（三）注意集中于他事的结果。这是容易证实的。疲倦、头痛或周期性偏头痛常使人说错话。忘记了恰当的名词也常常发生于这种状况 22
之下；有许多人因不能记起专名，便预知偏头痛要发作了。一个人兴奋时，也常用错了字，或做错了事①；注意分散或注意集中于他

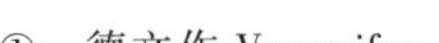

① 德文作 Vergreifen。

事时，常易忘记一些未曾计划的事以及许多他想要做的事。布拉特剧本里的教授可用以为例。他因为正在考虑第二卷书的问题，忘记了自己的雨伞而拿起了别人的帽子。我们由自己的经验，也知道一个人若专心注意于他事，便会忘记他的计划或信约。

这些话似乎是完全容易了解，无可辩驳的，但也许不能引起多大的兴趣，也不能满足我们的期望。让我们更细心研究这个解释过失的理论吧。这些人所说的过失发生的条件是不属于同一类的。循环系统的疾病和失调是常态机能所以错乱的生理根据；兴奋、疲倦及烦恼等，则可视为心理生理的原因，这些都容易化为理论。疲劳、烦恼和全面的兴奋可以引起注意的分散，以致不能专心从事于动作，使事情很易受到干扰而不能准确完成。神经中枢的血液循环如有毛病或变化也可有相同的结果，照样引起注意的分散。总之，由于机体的或心理的原因而引起的注意的扰乱就是各种过失的主因。

然而这种解释对精神分析的研究没有多少帮助，所以我们要抛弃它了。老实说，对于这个问题作更深入的研究以后，便可见这个“注意”说和事实不尽相符，或至少不能由此推论一切。我们知道有许多人虽不感觉到疲倦或兴奋，一切都属常态，但也可发生这种过失和遗忘；除非是因为有了这些过失，我们事后才将这些过失归因于他们自己所不肯承认的一种兴奋的状态。同时，这个问题
23 也不是这样简单的，因为注意加强，事情也不一定成功；注意减弱，
事情也不一定失败。有许多动作纯为自动，不必注意也可以成功。譬如走路，也许不知道往何处去，但能到达目的地而不至于走错了路。这至少是我们所常见的。善于弹钢琴的琴师不假思索也能成

调。他当然也许会犯些偶然的错误,但是假使自动弹琴可以增加错误的危险,那么琴师因不断地练习而使弹琴的动作完全变成自动,就会最容易陷入这种危险之中了。然而我们知道有许多动作在没有给予特殊的集中注意时,却非常有成绩,而有时渴望成功,不敢稍微分散注意力,反而导致错误。你们也许可以说那是由于兴奋的结果,但是兴奋为什么不能促进注意力集中于他所期求的目的之上,那就不是我们所能了解的了。所以一个人如果在重要的谈话中把自己所要说的话说反了,就很难用心理生理说或注意说来加以解释了。

关于这些过失还有许多旁的次要的特点,也不是这些理论所能解释明白的。譬如一个人暂时忘记了某人的姓名,非常懊恼,他情不自禁地努力回忆。为什么他虽感到懊恼,却总不能促使他捉住那个已经上了舌尖而有人提起便可立即记起的字呢?或者另举例子来说吧。有时错误增多,互相连锁,或互相替换。譬如有一人第一次忘记了一个约会;第二次,他特别努力记住了,却又发现自己记错了日期或钟点。又如有一个人想用种种方法记起一个已经遗忘的字,而思索时竟将那个可为第一个字线索的第二个字又完全忘掉了。他若因此追求第二个字,第三个字又被遗忘,如此等等。排字的错误也是这样。这种错误据说有一次见于某一“社会民主”报上。该报记载一次节宴,说:“到会者有呆子殿下”(His
Highness, the Clown Prince)。第二天更正时,该报道歉说:“错句应 24
更正为‘公鸡殿下’”(His Highness, the Crow Prince)。又如某将军颇以怯懦闻名于世。有一随军记者访问将军,在通信中称将军为this battle-scared veteran[意即临战而惧的军人]。次日,他道歉了,说昨日的话应更正为 the bottle-scarred veteran①[意即好酒成癖的军人]。这些过错,据说是由于排字机中怪物作祟的结果——这个比喻的涵义就不是心理生理说所能包括的了。

说错话也可因受暗示而引起。现在讲一个故事来加以说明。有一个新演员在《奥尔良市少女》一剧中充当一个重要的角色,他本应禀报国王说:“The Constable sends back his sword”[意即“警察局长将剑送回了”]。预演时,主角开玩笑,有好几次对胆怯的新演员,将本文改念为“The Komfortabel②sends back his steed”[意即“独马车将马送回了”]。公演时,这不幸的新演员虽屡经告诫不要说错,或者就因为受了告诫的缘故,竟照错本禀报了。

这些关于过失的特点,绝非分心说所可解释;然而我们也不必因此就证明这个学说是错误的,如果加上某一环节,也许便可使它完满无缺。然而有许多过失却可以从另一方面加以考虑。

我们选择舌误作为最合宜的代表。笔误、读误当然也可为例。但我们必须记得我们所曾讨论的只是究竟在何处及何种情况之下说错了话;而所已求得的答案也仅以此点为限。我们也可以问为什么只有这个特殊的错误而没有其他呢?这就要对过失的性质加以考虑了。须知只要这个问题还没有得到回答,过失的结果又未
25 经解释,那么虽然生理的理论已经提出,而在心理方面,却仍旧纯属偶然发生的现象。譬如我说错了一个字,我可以用无数种方式

① 这是英文的例子。——英译注

② Komfortabel 是维也纳的一个俗语,意即“独马车”。英文中也有一个例子如下:在某剧中,正当出殡时,演剧者说:“站开去,我的大人,让牧师咳嗽”(Let the parson cough),parson cough 盖即 coffin pass[棺材通过]之误。

来说错它,我可以用一千多个旁的字以代替那个对的,或对的也可有许多变式。在许多可能的错误之中,唯独发生这个特殊的错误,究竟是有没有原因呢?或仅靠偶然的机会呢?这个问题究竟能否有合理的答复呢?

梅林格和迈尔(一为语言学家,一为精神病学家)在1895年,曾设法从这方面研究舌误的问题。他们搜集了许多实例,纯用叙述的观点加以论列。这当然不是解释,但是可因此导向解释。他们将错乱分为:"倒置"(字及音节、字母的倒置)、"预现"、"语音持续"、"混合"、"替代"五种。现在试举例分类加以说明。譬如说"黄狗的主人",错为"主人的黄狗",这就是"倒置"(就字的位置说)的例子。又如一个旅馆的茶房,敲着大主教的门,主教问是谁敲门,茶房一慌,回答说:"我的奴仆,大人来了",也可视为倒置的好例。[①] 至于句中字母的"混合",则有如传教士所说:"How often do we feel a half-warmed fish within us"。又如有人想要说自己此番是被动的单恋(就是说情不自禁的单相思),却说错了,此番是被恋,这就是一个凝缩的例子[②]。至于语音持续是由于已经说出的音节干涉将要说出的音节而发生的。例如,"诸君,请大家干杯(auzustossen)以祝我们领袖的健康",误为:"诸君,请大家打嗝(aufzustossen),以祝领袖的健康"。

又如议会的一位议员称另一议员为"honourable member for Central Hell"(意即中央地狱里的荣誉会员,把Hall误说成Hell);

① 这是英文的例子。——英译注

② 这是编造出来的一个中文例子。——译者注

再如一个士兵对朋友说:“我愿我们有一千人战败在山上”,把 fortified(守卫)误为 mortified(战败);这些都是“语音持续”的例子。就第一例子说 ell 这个音是从前面的词“member for Central”持续下来的,第二例子中“men”一词里 m 音持续下来构成了 mortified。
26 这三个例子不很常见。较常见的是“混合”的例子。譬如一个男子问一位女士,可否一路“送辱”她(begleit-digen);“送辱”这个词是由“护送”(begleiten)和“侮辱”(beleidigen)这两个词混合而成。(但是年轻人要知道他若如此卤莽,便很难对女人有成功的希望。)又如一个可怜的女人说自己有一种无药可治的鬼怪病(incurable infernal disease[1])(译注:infernal 或许是 internal 之误,internal disease 意思是内病);又如某夫人说:“男子很少知道女子所有的‘无用的’性质(ineffectual qualities)的价值”(译注:ineffectual 或即 affectional 意即感情的);这些都可称为“代替”。

梅林格和迈尔对于这些实例的解释是很欠完满的,他们以为一个字的音和音节有不相等的音值,有较高音值的音可以干涉较低音值的音。这个结论显然是以“不常见的预现”和“语音持续”作根据的;就他种舌误而言,则音值的高下纵使存在,也不成问题。最常发生的舌误是用一个字代替另一个类似的字;有许多人认为这个类同之点便够作解释了。例如某教授在开讲时,说:“我不愿”(geneigt)估量前任教授的优点,——“不愿”是“不配”(geeignet)之误。

然而最普通而又最足以注意的舌误是把所要说的话说反了。

[1] 这是英文的例子。——英译注

这些例子可不是由于音的类同而混乱的结果，因此，有些人以为相反的词彼此之间有强固的联系，所以在心理上有很密切的联想。这种实例很多。譬如有一次国会议长在会议开始时说："诸君，今天已足法定人数，因此，我便宣告散会了。"

任何他种联想有时也同样可以作祟而引起不快的结果。有一次，赫尔姆霍茨的孩子和工业界领袖及发明家西门子的孩子结婚，宴会时，请著名生理学家杜布瓦－莱蒙演说。他的演说词当然是漂亮的，结束时举杯庆祝说"愿 Siemens and Halske 百年好合"，原 27
来 Siemens and Halsk 是一个旧公司的名称，柏林人全都熟悉的，正像伦敦人熟悉"Crosse and Blackwell"那样。

所以文字间的类同和音值（Sound-values，声音的价值）必须注意，字的联想也必须加以重视。但是这还不够，就某一类型的实例而言，我们要完满地解释错误，就不得不将前面所说过或想过的语句一并研究。据梅林格的主张，这些例子都属于"语音持续"，不过起源较远而已。——于是，我不得不承认我所得的印象是，舌误就更不可解了。

但是在研究前面所举各例时，我们还有一种值得注意的印象。我们所曾讨论过的，是引起舌误的普通的条件，但未曾研究舌误的结果。舌误的结果一经研究，便会发现有些舌误本身都有意义。这就是说舌误的结果本身可被看作是一种有目的的心理过程，是一种有内容和有意义的表示。以前我们只谈错误或过失，现在看来似乎这种过失有时也是一种正当的动作，只是它突然闯来，代替了那些更为人们所期待的动作而已。

就有些例子而言，过失的意义似乎是显而易见的。议长在会议开始时就宣告闭会，我们一知道引起过失的情形，便可揣测其意义之所在。他认为本届会期必定没有好结果，不如散会来得痛快；所以这个过失的涵义是不难揣知的。又如某女士赞美另一女士说：“我知道这顶可爱的帽子一定是你绞成（cufgepatzt）的。”误“绣成”（aufgeputzt）为“绞成”，她言外之意就是说这顶帽子是外行人的作品。又如某夫人本以刚愎著名，她说：“我丈夫请医生代定食
28 单。医生说他不必有特殊的食品，他只要吃喝我所选定的东西就行了。”这个过失的涵义也容易明白。

现在假定大多数的舌误和一般的过失都有意义，那么我们以前从未注意到的过失的意义，便不得不引起特殊的注意；而其他各点都不得不退处于次要的地位。生理的及心理生理的条件可以略而不谈，把注意力全部倾注于有关过失意义及意向的纯粹心理学的研究。我们现在可用这个观点，对于过失的材料作进一步的讨论。

但在未讨论之前，另有一个线索是要你们注意的，诗人常利用舌误及其他过失作为文艺表现的工具。这证明他认为过失或舌误是有意义的；因为这是他有意这么做的。他绝不至于偶有笔误，而让这笔误成为剧中人物的舌误。他是想用这笔误来表示一种深意，我们也可研究其用意何在——他是否想借此表示那剧中人正在分心，或过度疲劳，或头疼呢？当然，如果诗人确实想要借错误来表示他们的意义，我们也不必太加重视。错误也许实际上并没有深意，而只是精神上的一种偶发事件，或仅有偶然的意义，但是诗人却仍可用文艺的技巧予过失以意义，以达到文艺的目的。所以研究舌误，与其求之于语言学者及精神病学者，不如求之于

诗人。

席勒所著的《华伦斯坦》(比科洛米尼,第一幕第五场)有这种过失的一个实例。在前一幕中,少年比科洛米尼曾伴送华伦斯坦的美丽的女儿到营寨里,所以热心拥护华伦斯坦公爵而力主和平。他退出后,他的父亲奥克塔维奥和朝臣奎斯登贝格不禁大惊。第五场有下列一段对话:

> 奎斯登贝格:啊,难道就这样吗?朋友,我们就让他受骗吗?我们就让他离开我们,不叫他回来,不在此时此地打开他的眼睛吗?
>
> 奥克塔维奥:(**由沉思中振作起来**)。他已经打开**我的**眼睛了,我都看清楚了。 29
>
> 奎斯登贝格:看见什么呢?
>
> 奥斯塔维奥:这该死的旅行!
>
> 奎斯登贝格:为什么呢?你究竟何所指呢?
>
> 奥斯塔维奥:朋友,来吧!我得立即顺着这不幸的预兆,用我自己的眼睛来看一个究竟——跟我来吧!
>
> 奎斯登贝格:什么?到哪里去呢?
>
> 奥斯塔维奥:(匆忙地说)**到她那里去**。**到她本人那里去**。
>
> 奎斯登贝格:到……
>
> 奥斯塔维奥:(更正了自己的话)到公爵那里去。来,跟我去吧。

奥斯塔维奥本要说"到公爵他那里去",可是他说错了,由"到她那里去"这几个字,可知他对于公爵的女儿也不免有所恋恋。

兰克在莎士比亚的诗剧里,得到一个印象更深的实例。这个

实例见《威尼斯商人》一剧中,那幸运的求婚者巴萨尼奥选择那三个宝器箱的一场里。我现在最好读一读兰克的短评:

“莎士比亚的名剧《威尼斯商人》(第三幕第二场)中的舌误就其所表示的诗的情感及其技术的灵巧而言,都是最好的。这个舌误和弗洛伊德在他的《日常生活的心理病理学》中所引《华伦斯坦》剧中的舌误相类似,也足见诗人深知这种过失的结构和意义,而且假定一般观众都能领会。珀霞因受她父亲愿望的束缚,选择丈夫必须纯靠机会。她靠着好运气逃脱了所有那些她不喜欢的求婚者。巴萨尼奥是她所倾心的,他也来求婚了,她怕他也选错了箱子。她想告诉他纵使他选错了,仍可博得她的爱情,但因对父亲的誓约而不能说。莎士比亚使她在这个内心的冲突里,对巴萨尼奥作下面的谈话:

> 我请你稍等待一下!等过了一天或两天,再行冒险吧!因为选错了,我便失去了你的友伴;所以我请你等一下吧!我觉得似乎不愿失去你(但这可不是爱情。)……我或许可以告诉你如何选择才对,但是我受誓约的束缚而不能这样,因此你或许会选不到我。但是一想到你或许会选错,我便想打破誓约。别注视着我吧,你的眼睛征服了我了,将我分为两半;**一半是你的,另一半也是你的——但是我应该说是我自己的**,既是我的,那当然便是你的,所以一切都属于你了。

30 她想暗暗地告诉他,即在他选择箱子之前,她已属于他,对他非常倾爱,可是这一层按理是不应说出的。诗人因此便利用舌误以表示珀霞的情感,既可使巴萨尼奥稍微安心,又可使观众耐心等待选择箱子的结果。”

请注意，珀霞在结束的时候如何巧妙地将自己说错的话和辨正的话调和，并使它们互不抵触，又如何掩饰其错误。

“……既是我的，那当然便是你的，所以一切都属于你了。”

一些医学界之外的学者，因观察而揭开了过失的意义，似乎可以为我们学说的先驱。你们都知道，利克顿伯格（1742—1799）是一个滑稽的讽刺家，歌德说：“他若说笑话，笑话的背后就暗藏了一个问题。”有时，他还在笑话中隐示问题解决的方法。他有一次讽刺某人说：“他常将 angenommon（动词，有‘假定’之意）读为 Agamemnon，因为他读荷马读得太熟了。”这句话确可作读误的解释。

在下次演讲中，我们要考察诗人对于心理错误的见解是否可以同意。

第三讲　过失心理学（续） 31

在前次讲演时，我们曾单单讨论过失本身，而没有涉及它和被干涉的有意动作的关系；我们知道，就有些例子而言，过失似有意义。如果过失有意义这一结论能在更大范围上成立，则对意义的研究将会比对过失所由引起的条件的研究更为有趣了。

心理过程的意义究作何解，我们必须先有共同的观点。由我看来，意义就是它所借以表示的“意向”（intention），或是在心理程序中所占据的地位。就我们所观察的大多数实例而言，“意义”一词都可用“意向”和“倾向”（tendency）等词代替。究竟只是由于表现，还是由于对过失的诗意的夸大，才使我们相信过失之中有意向的存在呢？

现在请仍以舌误为例，并考察其更多的表现，我们便可知道这些实例全有显而易见的意义或意向，尤其是那些把自己所要说的话说反了的例子。譬如议会议长致开会词时，说："宣告散会。"那是很容易懂的，其意义和意向就是他想要闭会。你也可以说："他自己这么说的"；我们不过是抓住了他的要害。请你们不要打岔，表示反对，以为这是不可能的，以为我们知道他要的是开会，不是闭会，以为他的意向当然只有他自己最明白，他是要说开会的。你们这样说，是忘记了我们原意是要"单单讨论过失"；而要把过失和它所扰乱的意向的关系留待以后再讲的。所以你们犯了逻辑上"窃取论点"(begging the question)的谬误，而任意处理其所讨论的全问题了。

32 在另外的例子里，舌误虽不完全是所要说的话的反面，却仍表示出来一种矛盾的思想，譬如"我不愿(geneigt)估量前任教授的优点"。"不愿"虽然并不是"不配"(geaignet)的反面，然而这句话的意义已和说话者所应取的态度大相矛盾了。

还有些例子，舌误只是在所要表示的意义之外增加一个第二义。于是其错句仍像是好几句的凝缩。譬如那个刚愎的女人说："他只要吃点喝点我选择的东西就行了。"她的言外之意似乎是："他的饮食自然可受他自己的支配，但是他要什么，究竟有什么用呢？我才可以代他选择食品呢？"舌误常给人以这种凝缩的印象。例如一位解剖学教授讲演鼻腔的构造，结束时，问学生们是否能充分了解，等得到了肯定的答复之后，他继续说："这可很难相信，因为充分了解鼻腔的解剖的人，即在几百万人的城市里，也仅只一指可数……不，不，我的意思是屈指可数。”这个缩句自有意义：就是懂得这个问题的只有他一个人而已。

舌误除显而易见者外，还有一些例子，它们的意义是不易了解的，所以直接违反我们的期望。譬如错读专有名词，或乱发些无意义的语音等是很常见的事例，所以单单以此为根据，就可以解答“过失究竟是否全有意义？”的问题了。现在如果将这些例子加以更仔细的研究，也可以揭露这样一个事实，就是这种错误是不难领会其所以然的；老实说，这些似难了解的例子和前面比较容易懂得的例子之间确没有多大的差别。

有人问马主人马怎么样了，马主人说：“啊！它可‘惨过’(stad)——不，它可再过一个月。”“It may take another month”[①]。那人再问他什么意思，他说他想这是一件惨事(a sad business)，把sad(惨)和take(过)糅合到一起就成了“惨过”(stad)。(见梅林格和迈尔)

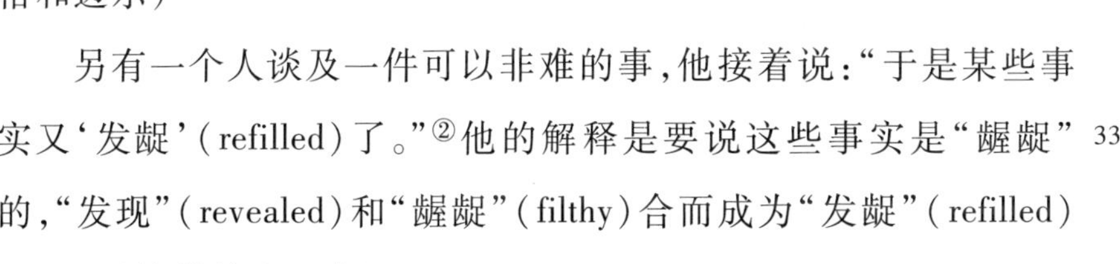

另有一个人谈及一件可以非难的事，他接着说：“于是某些事
实又‘发龊’(refilled)了。”[②]他的解释是要说这些事实是“龌龊” 33
的，“发现”(revealed)和“龌龊”(filthy)合而成为“发龊”(refilled)了。(见梅林格和迈尔)

你们可记得那少年要“送辱”一个不相识的女人。我们曾将此二字分析而成“侮辱”和“护送”，现在可不需要证据便知道这个

---

① Ja, das draut = das dauert... eine traurige Geschichte.(过了一段时间。)

② “Dann aber Sind Tatsachen Zum Vorschwein Gekommen = Vorschein... Schweinerei(龌龊).”

分析是可信的了①。由这些实例看来，可见它们即使不太明白，却也都可解释为两种不同说话的意向的混合或冲突。所不同者，在第一组的“舌误”中，一个意向完全排斥了其他意向，说话者完全把自己所要说的话说反了，在第二组中，一个意向仅只歪曲或更改了其他意向，因此，就造成一种有意义的或无意义的混合的字形。

我们相信现在已懂得大多数舌误的秘密了。这一层假若弄明白，那么从前不能理解的另一组舌误也可以领会了。譬如变换名词的形式虽不见得常常是由于两种相似的名词的竞争所致，然而那第二个意向是容易看出的。非舌误所致的名词的变式是常见的；这些变式的目的是要贬低某一人名；这是一种普通骂人的方式，有教养的人虽不想采用，却也不愿意放弃，它被伪装成笑话，虽然是很下流的一种笑话。举一个粗俗的例子吧，法国总统 Poincaré 曾被歪曲为“Schweinskarré”（“猪样的”）。我们还可以进一层，认为这种讥讽的意向也可隐匿于因舌误而造成的人名变式之后。如果这个假定是对的，则因舌误而造成的滑稽可笑的变名也可以有类似的解释。譬如议会议员称他人为“中央地狱里的名誉会员”（honourable member for Central Hell），会场里的安静气氛一下子就因为这个可以唤起一种可笑而不快的形象的字儿而被扰乱了。因为这些变式有讥讽的表示，所以我们不得不断定它背后还有这样一个意思：就是“你不要受骗吧。我这个字是无意义的，
34 有谁乱说，就让他下地狱”！其他像把完全无害的字变为粗俗污

① 德语 begleiten 和 begleidigen 合成 begleidigen 的意义比译文要明显些。——英译注

秽的字的舌误也可适用同样的解释[1]。

有些人为了开玩笑，故意将无害的字变成粗野的字，这个倾向可算是大家熟悉的。有人以此为滑稽，其实，你若听到这种例子，便不免立即要问这是有意的笑话还是无意的舌误。

我们似乎已经以很少的劳力解决了过失之谜了。过失不是无因而致的事件；乃是重要的心理活动；它们是两种意向同时引起——或互相干涉——的结果；它们是有意义的。我知道你们必定有许多疑问要向我质难，我们须先解决了这些疑难，才可使这种努力所得的结果引起大家的信仰。我当然不愿意以粗率的结论来欺骗你们，让我们冷静地依次来讨论每一事件吧。

你们将有什么疑问呢？第一，要问我是否以为这个解释可用以说明一切舌误的事例呢？或只能说明若干少数的事例呢？其次，这个概念是否可兼用于许多种类的过失，如读误、笔误、遗忘及做错事和失物等等呢？再其次，疲倦、兴奋、心不在焉及注意力不集中等因素在过失心理学中究竟占什么地位呢？此外过失中的两种互相竞争的意向，有一种常常是明显的，另一种则不一定。我们究竟如何可以揣知后一种的意义呢？你们除这些问题之外，有没有其他问题？如果没有，我可要提问了。我要提醒你们，我们讨论过失，不单为了要了解过失，而且要因此而了解精神分析的要义。所以我有下面的这个问题：干涉其他意向的究竟是哪种目的或倾向呢？而干涉的倾向和被干涉的倾向之间究竟有什么关系呢？所

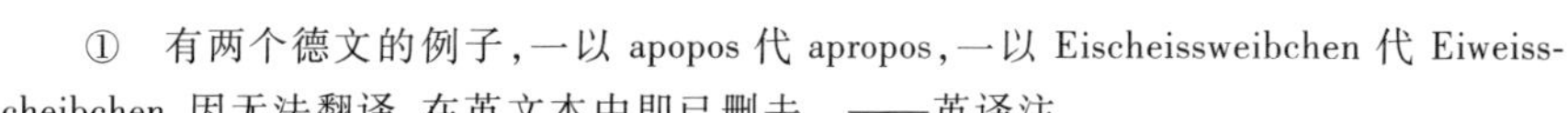

① 有两个德文的例子，一以 apopos 代 apropos，一以 Eischeissweibchen 代 Eiweissscheibchen，因无法翻译，在英文本中即已删去。——英译注

以过失的谜一经解决，进一步的努力便又开始了。

这就是一切舌误的解释吗？我想说是对的。为什么呢？因为
35 我们若研究一个舌误的例子，便可得到这个结论。但是我们可不能证明一切舌误都受这个法则的支配。虽然，却也没有妨碍；因为为了我们的目的，这一层在理论上是无足轻重的。然而即使我们所解释的舌误的例子仅是一小部分，我们所想要用来说明精神分析的结论却依然是有效的；何况我们所可解释的舌误还不仅是一小部分的事例呢？第二个问题：这个解释可否适用于他种过失呢？我们也可预先作肯定的答复。将来讨论笔误、做错事等例子时，你们也是可以信服的。然而为了叙述的便利，我想将这个工作暂时搁置一下，等我们更充分地研究了舌误之后再说。

有些学者视为重要的因素如循环系统的扰乱、疲倦、兴奋、分心及注意力不集中等，现在对我们说来，有什么意义呢？如果过失的心理机制适如上述，这个问题便须有更彻底的答复。你们要知道我绝不否认这些因素。老实说，精神分析对于其他各方面的主张大概是没有争论的；精神分析只是要将从前已经说过的话加入一些新鲜的材料。有时候，以前所忽视而现在为精神分析所补加的却正是那事件中最重要的部分。那些因小病、循环系统的紊乱及疲倦等而发生的生理的倾向，当然可以引起舌误；这是日常的经验也可以使你们相信的。但是承认了这些究竟可以解释什么呢？它们并不是过失所必需的条件。完全健康及正常的情形之下，也可以产生舌误。所以身体的因素只算是补充的；只能给产生舌误的特殊的精神机制以相当的便利。我从前曾用过一个比喻；现在一时找不到一个较好的，便仍用这个比喻了。譬如在黑夜里我正

在僻静的近处散步，流氓来了，把我的金钱、手表抢去，强盗的面孔当时看不清楚，我向公安局控诉说："僻静和黑暗抢去了我的钱物。"公安局长也许告诉我说："在事实上讲，你似乎太相信极端的机械观点了。你的控诉应该是有一个没看清的窃贼趁黑夜和僻静 36
而胆大妄为，才将你的钱物劫去。由我看来，最要紧的事是捉贼。捉贼之后或许还可取还赃物呢。"

心理生理的原因如兴奋、分心、注意力不集中等显然算不上解释。它们只是几个名词而已；换句话说：它们是帘子，我们须要看一看帘子后面才对。我们的问题应该是：兴奋或分心究竟是为什么事而引起的呢？音值、字的类同、某些字共有的联想等的影响固然是重要的，因为它们给过失指出一条可以发泄的道路；然而即使前面有一条路，就能担保我一定走这条路吗？我还需要有一个动机，逼得我循着这条路走去。所以这些音值和字的联想也正像身体状况一样，只是易于导致舌误的原因，不可能成为舌误的真正解释。我讲演时所用的无数词语中有许多字和别的字声音相似，或和其相反的意义或公用的表示有密切的联想，但我却很少因此用错。哲学家冯特以为原来的意向假若因身体的疲倦而受制于联想的倾向，便容易引起舌误。这似乎有些道理，然而却不免和经验相抵触，因为就多数例子而言，舌误并没有什么身体的或联想的原因。

特别使我感兴趣的是你们的下一个问题：两种互相干涉的倾向究竟用什么方法测定呢？你们或许不知道这个问题的重要。这两种倾向之一，即被干涉的倾向，是容易被认识的；犯错误的人知道它，也承认它。引起怀疑的只是另一种，即所谓干涉的倾向。你们一定记得,我们已说过这个倾向有时也是显而易见的,我们只要有认错的勇气,便可在错误的结果之中看出这个倾向的性质。议长把所要说的话说反了,他显然是要开会,但也显然在骨子里是要
37 闭会。明白极了,不需要再加以解释。但就其他实例而言,干涉的倾向仅只使原来的倾向变换面目,而没有将自己充分暴露出来——我们究竟用什么方法在这个变式中探得那干涉的倾向呢?

在某一组例子里,我们可以用很稳便而简单的方法,换句话说,你用什么方法测定被干涉的倾向,现在也可用这同样的方法测定干涉的倾向。说话者用了错字之后,我们加以查问,他便恢复他原来所要说的字。“啊! 它可惨过(stad)——不,它可再过一个月。”他也可以补充说明干涉的倾向。我们可问他何以先说“惨过”呢? 他说,“我本想说这是一件惨事。”就另一例而言,说话者用了“发龊”二字,他说他本想说这是一件龌龊的事,但是控制住了自己,而代以另一种表示。其干涉的倾向正像被干涉的倾向那样都昭然若揭。这些实例的起源和解释都不是我或帮助我的人编造出来的,我选用它们是有目的的。我们必须问那说话者为什么有此错误,问他能否予以解释。若没有这样问,他也许轻轻放过而不想寻求解释。但一经查问之后,他就将他所想到的第一个念头说出来。你们要知道这个小小的帮助和其结果,就是我们所要讨论的精神分析的雏形。

然而我怕你们才懂得精神分析的概念,不免立即对它产生一种抗拒力。你们不是竭力想要抗议,说犯错误者告诉我们的话不完全是可靠的证据吗? 你们认为他当然要满足你要求解释的希望,因此,便将他所想到的第一个念头告诉了你。至于这错误是否

确实因此而起，你我都没有相当的证据。它也许是这样的，也许不是。他也许还想得到一种旁的解释。

很明显，你们是太看不起心理事实了，你们想，假使有人将某一物质作化学分析，测定其中某一成分的重量为若干毫克。他可从这个求得的重量，得到某一结论。你认为一个化学家会因为怕 38
这一分离出来的物质也许有他种重量，而对这些结论有所怀疑吗？无论什么人都会知道，那物质只有这个重量，不会有其他的，因此，就在这一基础上毫不迟疑地建立进一步的结论。关于心理事实，一谈到某人受盘问时想到这个观念而不想到别的观念，你们便不信以为实，认为他也许还有别的念头。其实这都是你们不愿放弃你们心中的心理自由的幻觉。在这一点上，我要抱歉地说，我和你们的见解极端相反。

现在你们会有另一种抗议了，以为："我们知道精神分析有一种特长的技术，能使被分析者解决精神分析的问题。譬如那餐后的演说者请大家起来打嗝以祝客人健康。你说其干涉的倾向是想要取笑；这个倾向和敬客的倾向互相冲突。但是这仅是你的解释，是以和这个舌误无关的观察为根据的。假使你去征求那说错话者的意见，他不仅不同意他有污辱的意思，而且要激烈地否认这个意思。你为什么当别人坚决否认时，还不放弃你这个无法证明的解释呢？"

是的，这次你们的辩驳可来得有力了。我可以想象出来那位不相识的演说者；他也许是那位首席客人的助理员，也许是一位年轻的讲师，一个很有希望的青年。我问他是否知道自己有点不太尊敬他的领导的情感。于是一场吵闹发生了，他不耐烦起来，生气地对我说:"你也考问得够多了,如再多说,请不要怪我不客气了。你的怀疑足以破坏我一生的事业。我因为说了两次 auf,以致误把 anstossen 说成了 aufstossen。这就是梅林格所谓'语音持续'的例子,背后绝没有其他恶意。你知道吗?那便够了。"这是一种令人吃惊的反应,一个确实有力的抗议。我知道我们不必再怀疑他,但是我想他说他的错误没有恶意的时候,似乎不免太起劲了。他大
39 可不必因纯粹学理的研究而暴跳如雷,这一层你们或许也会同意,然而你们仍会认为他自己总该知道什么是他所要说的,什么是他所不要说的。

他该知道吗?怕仍是一个疑问吧。

你以为现在已将我驳倒了。我听你们说:"那就是你的技术了。犯错误者的解释如果和你的观点相合,你便宣告他是本问题的最后的证人,他自己是这么说的!但是假使他所说的和你的观点不相合,你便立即宣告他说的话不足为凭,要大家不必相信。"

那确是不错的。但是我可以举出一个相类似的例子。譬如在法庭上,被告认罪,法官便相信他;被告不认罪,法官便不相信。万一不是这样,法律便不能施行了;虽然也偶有过失,但你们总该承认,这个法律制度是行之有效的。

"嗯,难道你是法官吗?说错话的人难道就是你面前的被告吗?舌误难道就是罪过吗?"

这个比喻,你们可不必驳斥。你们知道关于过失的问题,我们的意见是互相分歧的,这些分歧我们现在还不知道如何才可以和解。因此,我提出法官和罪犯的比喻作为暂时和解的基础。你们应当承认,过失的意义如果被分析者所承认,就应当是无可怀疑

的。这在我，也承认被分析者如果不肯直说，或者竟不许见面，则直接的证据必不可得。我们于是不得不像法官审案那样，利用其他证据作为推断的帮助。在法庭中判罪，为了实际的理由，也可用间接的证据。精神分析虽没有这种需要，但也未尝不可以考虑这种证据。你若相信科学只会有确已证实的命题，那就不免误解了；你若对科学作这个要求，也未免太不公允。只是那些有权威欲的，甚至于要以科学教条代替宗教教条的人们才有这种要求。其实科学作为教条仅有极少数明白无疑的原则；它所包含的主要是有不同程度的几率的陈述。科学家有个特点就是能够满足于接近真理 40
的东西，虽还缺乏最后的证明，却也能进行创造性的工作。

但是假使被分析者不想解释过失的意义，我们究竟到哪里去求得解释的起点和作为证据的资料呢？我们可以有几种来源：第一，可根据那些非过失所产生的类似现象，譬如一个人若因错误而变式和因故意而变式一样，背后都会有取笑之意。其次，可根据引起过失的心理情境和过失者的性格及未犯错误以前的情感，过失或许就是这些情感的反映。一般说来，我们根据一般原则以求得过失的意义；这在当初只算是一种揣测、一种暂时的解决，到后来研究心理情境而求得证据。有时候还必须等研究了过失意义的进一步的表现之后，才能证实我们所揣想的是否正确。

现在如果以舌误为限，尽管我还有几个好的例子，恐怕也不容易给你们以这种证据。那位要“送辱”某女士的青年，其实是很害羞的；那位说自己的丈夫要吃喝她所喜欢的饮料和食品的夫人，我知道是治家很严的妇女，或者再举一个例子吧。俱乐部开会，一个青年会员演说时猛烈攻击他人，他称委员会的成员为“Lenders of the Committee"[意即委员会中的放债者],用 Lenders[放债者]代替了"members"[意即委员]。① 据我们揣想,一些与放债(lending)有关的干涉倾向正在他攻击别人时活跃着。其实有人告诉我说这位演说家常感有金钱上的困难,那时正想借债。所以其干涉的倾向确可译为下面的一个念头:就是"你在抗议时稍微慎重一点吧!这些人都是你想要向他们借钱的人哩。"

我如果讲到别种过失,我便可以给你们这种间接证据的许多实例。

一个人若忘记了一个熟悉的专名,即使非常努力也不能将它
41 保留于记忆之内,我们便可以揣想此人对他必无好感,所以不愿回忆。我们若记得这一层,便可讨论下面几个过失的心理情境了。

Y 先生和某女士发生恋爱,但某女士对他没有什么情感,不久后,她和 X 先生结婚了。Y 先生虽早已认识 X 先生,并和他有业务上的关系,但是现在他却一再忘记了 X 先生的名字,以至于每当需要写信给他的时候,便要向别人询问他的名字②。Y 先生显然是想将他幸运的情敌完全忘掉,永远不想到他。

又如某女士向医生打听一个他们所共同认识的女朋友。她用这位女友未出嫁以前的姓氏,忘记了她结婚以后的姓氏。她承认自己很反对这个婚事,而且很厌恶她女友的丈夫。③

关于专名的遗忘,我们到后来再详加讨论;现在所要注意的是引起遗忘的心理情境。

---

① 以 Vorschussmitglieder 代 Ausschussmitglieder。

② 取自 C. G. Jung。

③ 取自 A. A. Brill。

关于“决心”的遗忘大概是由于一种相反的情感，阻止了“决心”的实行。不仅是精神分析家有此见解；一般人日常事务中的态度也通常如此，只是在心理上不肯承认而已。一个施恩者如果忘记了求恩者的请求，则施恩者虽然道歉也不能使求恩者无所芥蒂。在求恩者想来，施恩者显然太忽视他了；他允其所请，可是并无实践之意。所以遗忘即使在日常生活中，有时也不免引起怨恨，可见精神分析家和一般人对于过失的概念似乎没有什么分歧。试设想有一女主人看见客来，便说：“你今天来了吗？我却已忘记了今天的约会了。”或者有一青年对他的恋人说自己已将他们前次所定的约会通通都忘记了。其实，他绝不会承认的；他会在一刹那间捏造出种种荒谬不可能的事实阻止他践约赴会，并使他一直到现在都没有可能给她消息。我们都知道在军队中，遗忘不能作为借口以求得宽恕而免于刑罚；这个制度是大家承认为公允的。这样一来，人人都立即会承认某种过失是有意义的，并且也知道那意
义是什么了。他们为什么不将这个认识推之于他种过失而公然承 42
认它呢？这个问题自然也有一个相当的答案。

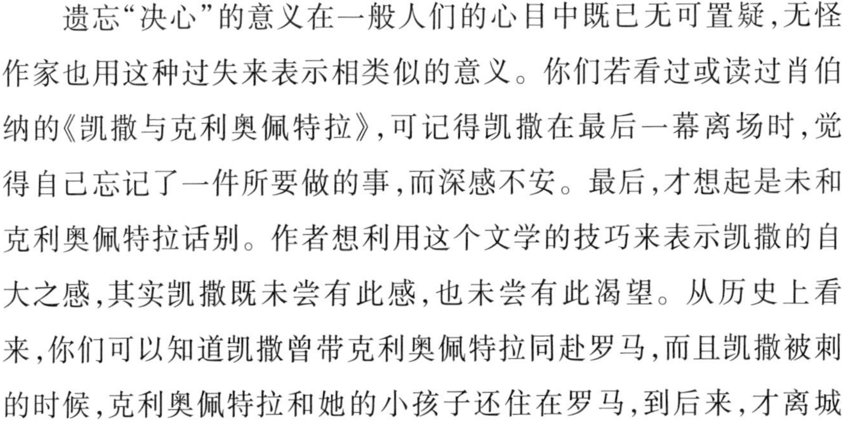

遗忘“决心”的意义在一般人们的心目中既已无可置疑，无怪作家也用这种过失来表示相类似的意义。你们若看过或读过肖伯纳的《凯撒与克利奥佩特拉》，可记得凯撒在最后一幕离场时，觉得自己忘记了一件所要做的事，而深感不安。最后，才想起是未和克利奥佩特拉话别。作者想利用这个文学的技巧来表示凯撒的自大之感，其实凯撒既未尝有此感，也未尝有此渴望。从历史上看来，你们可以知道凯撒曾带克利奥佩特拉同赴罗马，而且凯撒被刺的时候，克利奥佩特拉和她的小孩子还住在罗马，到后来，才离城

逃去。

这些遗忘“决心”的例子的意义都显而易见，所以对我们的目的没有多大用处。因为我们的目的是要从心理情境中求得过失意义的线索。所以现在请讨论一种不易了解的过失，即关于物件的遗失。你们以为遗失物件可以引起烦恼，所以也许不相信失物也有目的，然而这种例子却也很多。有一个青年遗失了一支他所喜爱的铅笔。几天前，他的姊夫寄给他一封信，信是以这几个字结束的：“我现在可没有时间和兴致鼓励你浮薄游荡。”①原来铅笔就是这位姊夫的赠品。如果预先没有这个事件，我们当然不能说他遗失物品背后有遗弃赠品之意。类似的例子多得不可胜数。一个人遗失物件，或者由于和赠物者吵嘴而不愿记起他，或由于厌恶旧物，希图找个借口获得较新较好的物品。又如将物件失落、损坏，或毁坏，也可用来达到相类似的目的。一个小孩在生日的前一天弄坏了自己的所有物如表和书包等，这能被看作是偶然发生的事件吗？

一个曾经因为丢失物件而感到不安的人，必不愿相信他这个
43 行为是有意的。然而有时我们也可由失物的情境看出一种暂时的或永远的遗弃之意。下面也许是一个最好的实例。

有一个青年告诉我这个故事：“几年前我和我的妻子颇多误会。我以为她太冷淡了，我虽然愿意承认她的美德，但是我们同居却缺乏感情。有一天她散步回来，买了一本书送给我，以为这本书也许可以使我高兴。我感谢她的关心，答应读它，把它放在杂物

① 取自 B. Dattner。

中,就再也找不到了。几个月过去了,有时偶然想起这本书,却遍寻不得。大约六个月后,我的母亲病了。她的住处和我家相隔颇远。我妻子到母亲那边去看护她。母亲病重,却使我妻子的美德有表现的机会。有一夜,我回到家里,怀着满腔感谢我妻子的热情。我走到书桌面前,将一抽屉打开,虽没有什么明确的用意,但颇有几分模糊的信心。我所失去虽屡寻而不可得的书现在竟出现在我的面前了。”

动机既已消失,失物便可寻得了。

这种例子,我或许可以逐一举出而至于无穷,但是我可不愿这么做了。你们在我的《日常生活心理病理学》(1901 年初版)一书内可以看见许多关于过失的实例[1]。这些实例都用以说明同一个事实。你们由这些实例可以看出错误是有用意的,还可知道如何从伴随的情境揣知或证实错误的意义。我今天不想多所征引,因为我们现在的目的是要用这些现象的研究作为精神分析的入门。我现在还要谈到的只剩有两点:(1)重复的和混合的过失,(2)我们的解释可为以后的事实所证明。

重复的和混合的过失确是过失中最好的代表。假使我们只要证明过失是有意义的,那就应以这些过失为限,因为它们的意义就是极愚笨的人也可以明白,吹毛求疵的人也可以信而不疑。错误 44
而至于重复,可见它必有用意,而不是事出无因。至于一种过失转变成为另一种过失,更可以看出过失的要素;这个要素不是过失的

① 并请参看 A. Maeder〔法〕,A. A. Brill,Ernest Jones〔英〕及 J. Stärcke〔荷兰〕诸人的著作。

样式，也不是它所用的方法，而是利用过失而能达到目的*倾向*。我给你们举个重复遗忘的例子吧。琼斯说他有一次不知道为什么把一封已写好的信摆在桌上放了好几天。后来他决心投邮了，可是信封上忘记填写收信人的姓名住址，以致无从投递而被退回。补填之后，再送到邮局去，可是这次又未贴邮票。他于是不得不承认自己隐隐有不愿将此信投邮之意了。

另一个例子是误取别人的物件之后又把物件遗失。某女士和她的姊夫名画家同游罗马。住在罗马的德国人设盛宴款待他，并于他物之外，送他一枚古雅的金质章。这位女士因为她的姊夫不大看重这精致的赠品而很不高兴。她的姐姐来后，她便回国了，打开行李一看，竟发现自己把金质章带回来了——如何带回的，她可不知道。她立即写信告诉姊夫说自己当于次日寄还她所误取的宝物。但是到了次日，徽章突然失落，遍寻不得，以致不能如约寄还。于是她才知道自己的疏忽是有用意的，其目的是要将这个艺术品留为己有。[①]

我已经给你们讲过一个遗忘和过失相结合的例子。你们该记得某人忘记一个约会，第二天，他决意不再忘记了，但是他到达的时间却又不是开会的时间。有一个朋友既爱好文艺，又爱好科学。他以自己的经验告诉我一个相类似的例子。他说："几年前，我被选为某一文学会的评议员，因为我想或者有可能利用该会使我的
45 剧本可以在 F 戏院里公演。自此而后，我便屡次*忘记*了到会。读到你的关于这个问题的著作以后，我深自谴责，认为这些人不复有

① 取自 R. Reitler。

助于我，我便不再到会，未免太卑鄙了。因此，决意在下星期五无论如何不要再忘记到会，我屡次提醒自己，后来实践了诺言。使我惊异的是，我到了会场门外，但是门是关着的，而且也已经散会了。原来我把日期记错了一天，那天已经是星期六了！”

我原想多搜集些这种例子，但是现在可要往下讨论了，要你们看一看那些解释还有待于将来证实的例子。

这些实例的要点正如我们所揣想的那样，其心理情境当时尚不可知，或者还无法测定。所以那时我们的解释只是一种假说，不能有多大的力量。但是后来另外的事件发生了，可以用来证实以往的解释。我有一次在一对新婚夫妇家里做客，那年轻的妻子笑着讲述她最近的经历，说她在度蜜月归来后的第一天，邀她的姐姐同去买东西，她的丈夫已上班去了。她忽然看见对街上一个男人，便用肘轻轻地碰她的姐姐说：“看吧，那是K先生。”原来她已经忘记了这人就是她结婚了几星期的丈夫。我听了这个故事颇为不安，但不敢加以演绎。几年以后，这个婚姻的不幸结局不禁又使我回想起了这个小小的故事。

梅特有一故事，说某女士在结婚的前一日，竟忘记了试穿新婚礼服，以致使缝衣匠大为焦灼；后来记起来时已是深夜了。结婚后不久，她就被她丈夫离弃了。梅特认为，忘记试衣和此事不无关系。我也知道一个已和丈夫离异的女人。她在金钱往来上，常用她未婚前的名姓签字。如此，多年之后，果然又被称为小姐了。我还知道有几个旁的女人，她们在蜜月中遗失了她们的结婚戒指，我并且知道她们的结婚经过就是造成失落戒指的原因。现在还举一个结果较好的怪例子。德国有一个著名的化学家，他结婚时忘记了婚礼，不到教堂里去，反而走进了实验室。后来，他便永远不再结婚了。

46 你们也许认为这些实例中的过失有点像古人之所谓预兆。其实，预兆的确就是过失，例如失足或者跌跤。他种预兆固然属于客观的事件而不属于主观的行动。但是你们也许不会相信，要决定某一特殊的例子究竟属于第一种或属于第二种，有时也是不容易的。因为主动的行动往往会伪装为一种被动的经验。

我们如果将以往的生活经验加以回顾，必定会说如果我们有勇气和决心把一些小过失看作预兆，并在它们还不明显时就把它们当作倾向的信号，我们一定可以避免不少失望和苦恼。其实，我们常没有这个勇气和决心，以免有迷信之讥。况且预兆也未必都成为现实；我们的学说将会告诉你它们如何不一定成为现实。

47

第四讲　过失心理学（续完）

过失之有意义，我们已努力证实，并可用为进一步研究的基础了。可是我要再声明一下：我们绝不主张——为我们的目的起见，也不必主张——每一过失都各有其意义，虽说我相信这也是可能的。我们只须证明各种过失比较普遍地有这种意义便够了。关于这一点，各种过失形式也略有差异。有些舌误、笔误等纯粹是生理变化的结果，虽然那些基于遗忘（如遗忘专名或“决心”及失物等）的过失不是如此。遗失了自己的所有物在某些实例中也被认为是没有用意的。总之，我们的理论只可用以解释日常生活中的一部分过失。当我们进而假定过失是由于两种“意向”互相牵制而发生的心理行动时,你们也必须记得上述的这个限制。

这便是我们的精神分析的第一个结果了。以前的心理学不知道有这种互相牵制的情形,更不知道这种牵制能产生这些过失。我们已经将心理现象的范围大加扩充,而使心理学有前所未经承认的现象了。

让我们先讨论一下“过失是心理的行动”这一句话。“过失是心理的行动”是否比“过失是有意义的”有更丰富的涵义呢?我认为不然。相反,前一句话反比后一句话更加模糊,而更易引起误会。凡是在心理生活中可以观察的一切,都可认为是心理现象。但也要看它是否为这样一种特殊的心理现象,它直接起源于身体的器官,或物质的变化,因而不属于心理学研究的范围;或者是另
一种现象,(它)直接起源于他种心理过程,而在这些过程背后在 48
某一点上发生一系列的机体的变动。我们之所谓心理过程,便指那后一种。所以我们不如说:过失是有意义的,反较为便利;所谓意义就是指重要性、意向、倾向及一系列心理过程中的一种。

还有一组现象虽和过失有很密切的关系,但不宜称为过失。我们可称为“偶然的”及症候性的动作。这些动作似乎是没有动机,没有意义,也没有用处,而且显然是多余的。它们一方面和过失不同,因为没有可以反抗或牵制的第二个意向;另一方面又和我们所视为表示情绪的姿势和运动没有什么区别。凡是属于这种偶发的行动的还有显然没有目的的动作,如戏动衣裳或身体的某些部分,或伸手可及的其他物品等。这些动作也有应做而不做的,以及哼哼哈哈聊以自娱等。我说这些动作都有意义,都可和过失作同样的解释,都可以被视为真正的心理动作,而成为其他较重要的

心理过程的表现。然而这些现象,我不想再详细讨论了,现在要回头来再谈过失;因为关于过失的讨论可以使许多研究精神分析的重要问题更为清楚。

讨论过失时最有趣而又未得到解答的问题当然是下面的几个:我们说,过失是两种不同意向互相牵制的结果,其一可称为被牵制的意向,另一个可称为牵制的意向。被牵制的意向不会引起其他问题,至于牵制的意向,我们第一要知道那些起来牵制他种意向的是些什么意向。第二,牵制的意向和被牵制的意向之间究竟有什么关系?

我们可再用舌误为同类的代表,先回答第二个问题,然后再回答第一个问题。

49 舌误里的牵制倾向,在意义上可能和被牵制的意向有关,在这类实例中,前一种意向乃是后一种的反面、更正,或补充。但在别的模糊而更有趣的例子里,牵制的倾向在意义上可能和被牵制的意向没有任何关系。

第一种的关系不难在已研究过的实例里求得证据。凡属把要说的话说反了的舌误,其牵制的意向几乎都和被牵制的意向有相反的意义,因此,其错误乃是两种相反的冲动互相冲突的结果。那位议长舌误的意义是:“我宣布开会了,但却宁愿闭会。”一个政治性的报纸被人说它腐败,它便撰文力自申辩,结束时想用下面这一句:“读者应深知本报向来以最不自私(disinterested)的态度力图为社会谋幸福。”但是受委托作此申辩的编辑不料竟将“最不自私的态度”误写为“最自私的态度”(in the most interested manner)。这就是说,他想,“我不得不做这篇文章,然而内幕如何,我是知道得很清楚的。”又如有一位代表主张某事要直告皇帝，但是他对自己的勇敢感到恐惧，于是因舌误而把直告误为婉告了。

前面所举给人以凝缩和简约印象的例子，也有更正、补充或引申之意，其中第二倾向与第一倾向密切相连。譬如“事件于是发觉了，然不如直说它们是龌龊的，所以——事件于是发龊(refilled)了。”“懂得这个问题的人屈指可数，然而不然，真正只有一个人懂，那么很好，——便算屈一指可数吧。”又如“我的丈夫可以吃喝他所喜欢的饮料和食品，但是你知道我可不允许他喜欢这喜欢那的，所以——他就吃喝我所喜欢的饮料和食品吧。”就这些例子而言，其过失都起源于被牵制的意向的内容或和这种意向有直接的关系。

互相牵制的倾向，若没有关系，便不免可怪了。假使牵制的倾向和被牵制的倾向的内容之间毫无关系，那么牵制的倾向究竟从哪里发生的呢？何以恰好在那时表现出来呢？要答复这个问题，
则只得由观察入手，而由观察的结果可以知道那牵制的倾向起源 50
于这人不久前所有的一个思路(a train of thought)，然后表示出来而为这个思路的尾声。至于这个思路已否表示为语言，那是无关紧要的。所以这也可视为“语音持续”的一种，不过不一定是言语的“持续”而已。这里牵制的和被牵制的倾向之间却也不无联想的关系，不过这种关系在内容上是求不到的，只算是勉强造成的关系罢了。

这里有一个简单的例子，是我自己观察得来的。我曾在秀丽的多洛米特山中，遇见两个维也纳的女人。她们出去散步，我陪伴她们走了一段路，在路上讨论游历生活的快乐和劳顿。有一位女

人承认这种生活是不舒服的。“整天在太阳底下走路直到外衣……和别的东西为汗湿透,确是一件很不愉快的事。”在这句话里,她已在某一点上略有迟疑了。她又接着说:“然而假若有 nach Hose 换一换……”,Hose 的意思是裤子:这位女士本想说 nach Hause[意思是我家里],我们不将这个舌误加以分析,我想你们是容易懂得的。这个女人的意思本要列举一些衣服的名目,如“外衣,衬衫,衬裤”等。因为要合乎礼仪,所以衬裤没有说出来;但是在第二句里(这句的内容是完全独立的)那未经说出的字因声音相似就变成 Hause 的近似音了。

现在可以谈到那个迟迟未答的主要问题了,那就是,用这种奇特的方式来牵制他种意向的究竟是些什么倾向呢?它们种类繁多,然而我们的目的是要求得到它们的共同成分。如果我们怀着这个目的将许多例子加以研究,就可以知道它们可分为三组。第一组是说话者知道他的牵制的倾向,并且在错误前也感觉到这种倾向。譬如“发龊”这个舌误,说话者不仅承认他所批判的事件是龌龊的,而且也承认自己有要将此意发表的倾向,只是后来加以阻止而已。第二组是,说话者承认自己有那个牵制的倾向,但不知道
51 这个倾向在讲错话之前曾有相当的活动。因此,他虽接受我们的解释,可不免稍稍有些惊异。这种态度的例子在他种过失中比在舌误中更易寻到。就第三组而言,说话者对于牵制倾向的解释大加驳斥;他不仅力辩这个倾向未在他说错之前有所活动,而且说自己对于这个倾向一无所知。譬如关于“打嗝”的例子,我说出他牵制的倾向,说话者力加驳斥。你们知道我和你们之间对于这些例子的态度也是相距很远的。我不相信那说话者的否认,仍然坚持

我原来的解释，而你们则深为他的热情所动，认为我是否应该放弃这种解释，而采用精神分析诞生以前的见解，把这些过失看作是纯粹生理的行动。你们为什么有此见地，那是我可以猜想得到的。我的解释含有这个假定：就是说话者所不知道的意向可以通过他表示出来，而我则可以由种种迹象推测其性质。这个结论又新奇，又关系重大，就不免使你们有所怀疑了。这我都知道，而且我也承认你们是对的。然而有一事要弄明白：这个已由许多例子证实的过失说，你们如果要使它引申出合乎逻辑的结论，你们必须作出大胆的假定；否则你们刚刚开始获得的过失说不免又被放弃了。

现在让我们暂停片刻来考虑这三组舌误的三种机制的共同成份吧。侥幸得很，这个共同成分是容易看得见的。就前两组而言，其牵制的倾向是说话者承认的；而且在第一组里，说话者刚在说错之前，便已觉得那倾向的活动。但无论是哪一组，其牵制的倾向都**被压制下去。**[①] **说话者决意不将观念发表而为语言，因此他便说**
错了话；换句话说，那不许发表的倾向乃起而反抗说话者的意志， 52
或者改变他所允许的意向的表示；或者与它混合起来，或意取而代之，而使自己得到发表。这就是舌误的机制。

由我看来，第三组的过失也可以与描述于此的机制完全协调起来。我只须假定这三组的区别在于压退一个意向的有效程度彼

① 德文 Zurückdrangen（压制）比 unterdrücken 英译 suppress（此字不是技术用语）的语气较强；德文 Zurückdrängen 已含有 verdrängen（推去）的 drängen（推）。弗洛伊德所用的那个术语表示最强有力的压制。在这里讨论的例子中，阻止意向表示的动力可以是意识的或潜意识的（三组是依据潜意识的程度划分的；弗洛伊德不采用 verdrägen = repression[压抑]，但与压抑的意义是很近似的）。——英译注

此不同。就第一组说，其意向是存在的，而且在说话前已被觉得；只是在说话时才被拒斥，因为被拒斥，所以在错误里得到了补偿。就第二组说，拒斥得更早。在说话之前，意向早已不复觉得，却仍显然是舌误的动因。但这样就使第三组的解释简单化了。一种意向纵使受了长时间或许是很长时间的阻止，得不到表示，说话者因此极力否认，但是，我敢说这种意向仍旧可以感觉得到。若丢开第三组的问题不谈，从其他两组，你们也必须作出这样一个结论：**对于说话的原来倾向的压制乃是舌误所不可缺的条件**。

我们现在可以说在过失的解释上已经有进步了。我们不但知道过失是有意义和有目的的心理现象，也不但知道它们是两种不同意向互相牵制的结果，而且知道这些意向中若有一个想要借牵制另一个而得到发表，其本身便不得不先受一些阻力禁止它的活动。简单地说，一个倾向必须先受牵制，然后才能牵制其他倾向。这自然不能给予过失的现象以一种完满的解释。我们立即可发生进一步的问题；大概地说，我们懂得越多，发生新问题的机会也越增加。譬如我们也许会有这样一个疑问：为什么事情不能进行得更加简单化呢？假使心内产生一种意向想要阻止另一倾向不使实现，那么阻止成功，这个倾向便完全没有表现的可能；阻止失败，被阻止的倾向便可以得到充分的表现。然而过失却是一种**调解**的办
53 法；那两种冲突的意向，在过失里，各有一部分成功和一部分失败。被胁迫的意向既没有全被阻抑，而除了少数例子以外，也不能照原来的目的直冲而出。据我们的想象，这种牵制（或调解）的发生必先有种种特殊的条件，只是这些条件究竟是什么，我们无从推测罢了。我也并不以为我们对过失作更深入的研究，便可以发现这些

未知的条件。首先我们必须对心理生活的他种模糊境界作彻底的研究，只是通过这些研究而得到的类比，才使我们敢于对有关过失的进一步说明，作出必要的假定。但是还有一点需要你们注意。用小小的迹象作研究的指导，像我们在这方面所常做的那样，也不无危险。有一种心理错乱叫做联合妄想狂（combinatory paranoia），就是利用这种小小的迹象超过一切限度。我自然不主张由此得到的结论是绝对不错的。我们若要避免这种危险，就只有扩大观察的范围，只有从各种方式的心理生活，积累许多类似的印象。

因此，现在我们要离开过失的分析了。但是还有一事要你们注意：我们所用以研究过失的方法，你们必须牢牢记住，拿来作为一种榜样。你们由这些例子可以知道，究竟我们的心理学的目的是什么。我们的目的不仅要描写心理现象并加以分类，而且要把这些现象看作是心力争衡的结果，是向着某一目标进行的意向的表示，这些意向有的互相结合，有的互相对抗。我们要对心理现象作一种动的解释（a dynamic conception）。根据这个解释，仅仅由我们推论的现象比我们看到的现象更为重要。

因此，我们将不再研究过失了；但是却仍然要将这整个问题作一次鸟瞰式的观察，在观察时，我们所遇到的事实有些是我们熟悉的，有些是陌生的。至于分类则仍根据前面所举出的三种：（一）舌误及笔误、读误、听误等；（二）遗忘（如忘记专名、忘记外文字、忘记决心和忘记印象等）；（三）误放、误取及失落物件等。总之，我们所研究的过失半属于遗忘，半属于动作的错误。

舌误已详细讨论过了，但是现在还要增加一点材料。有些带 54
感情的小错误和舌误有关，也是相当有趣的。人们总不愿意认为自己说过错话，自己说错了话往往不注意，听到人家说错了，却从来不会放过。舌误是有传染性的；谈到舌误时自己很容易跟着说错。我们对于极琐碎的错误，也不难发现它背后的动机，只是不能由此看出隐藏的心理过程的性质而已。譬如一个人在某一字上受了点干扰，以致把长音发成短音，则无论其动机如何，结果必将把后一个字的短音发成长音，造成一个新错来补偿他前面所犯的错误。又如将双元音 ew 或 oy 等误读为 i 时也可有相同的结果；后来的 i 音必将改为 ew 或 oy 以作补偿。这种行为的背后似乎有一种用意：不许听的人相信是说话者对于本国语习惯的疏忽。第二个补偿的错误实在是要引起听的人对于第一个错误的注意，并表明自己也已经知道。最常见、最简单，而最不重要的舌误是将语音凝缩或提前发出。譬如长句说错，必由于最后一个想要说的字影响前一个字的发音的结果。这使人看出说话者对于这一句子有些不耐烦，并且不愿说出它。从此，我们就进展到临界线，精神分析的过失论和一般生理学的过失论，就没有区分了。据我们的假定，在这些例子里，牵制的倾向抗拒其所要说的话；但我们仅可由此知道那牵制倾向的存在，而不能由此知道它的目的何在。它所引起的扰乱，或由于语音的影响，或由于联想的关系，都可以看成注意离开所要说的话的结果。然而这种舌误的要点却不在于注意的分散，也不在于其所引起的联想的倾向；而是在于牵制原来意向的他种意向的存在。至于性质如何，则这种例子和其他更显著的舌误不同，不可能由它的结果推想而知。

55 现在可要谈到笔误了。笔误的机制和舌误相同，所以对于笔误，我们没有什么新的观点，只要稍稍增加一些关于过失的知识便够了。那些最普遍的小错，如将后面一个字，尤其是最后一个字提前书写，便显示出写字者不喜欢写字或缺乏耐性；而更显著的笔误便可以显示出牵制的性质和意向。一般说来，我们若在信内看见笔误，便可知道写信者那时内心并不安宁，至于究竟为什么却不一定知道。笔误和舌误相同，自己都不容易发觉。下面这一观察是引人注目的，有些人在发信前常常重读一次。有些人则不然；假使这些人例外地重读一次他们所写的信，他们便常常会看见显著的笔误而加以更正。这应如何解释呢？表面一看，似乎他们知道了自己写信写错了字。我们能确信是这回事吗？

关于笔误的实际上的意义还有一个有趣的问题。你们也许记得杀人犯 H 的事。他冒充细菌专家，从科学研究院里取得很危险的病菌，来杀害那些与他有关的人。他有一次向某一学院的职员控诉他们所寄来的培养菌太无效力，却把字写错了，本应说，“在我实验老鼠和豚鼠（Mäusen und Meerschweinchen）时”，竟误为“在我实验人类（Menschen）时”。这个笔误虽曾引起院内医生的注意，但是他们却没有从而推断其结果。你们以为如何呢？假使那些医生们认定这个笔误为一口供而详加侦察，使杀人犯的企图得以及时破获，那岂不好吗？就这个例子说，不了解我们的过失论不是产生了一种严重的结果吗？我知道这种笔误将会大大引起我的怀疑；不过以它作为口供也确实不对。因为事情没有这么简单。笔误当然是一种迹象，但是只有笔误也不足为侦察的理由。由笔 56
误看来，可以知道这人有毒害人之意；但不能确实知道这究竟是一种毒害人的确定计划，或只是一种无关实际的幻想。有此笔误的人甚至还可能用强大的主观理由，来否认这种幻想的存在，驳斥这

种观念的无稽。等后来讨论心理的现实和物质的现实的区别时，你们便较易了解这种种的可能。但是这个例子又一次证明了过失有不容置疑的意义。

读误的心理情境显然有异于舌误和笔误。在读误时，两个相冲突的倾向有一个被感觉性的刺激所代替，所以或许较欠坚持性。一个人所读的材料不是他心理的产物，是不同于他要写的东西的。所以就大多数的例子而言，读误都是以此字代替彼字的；至于此字和彼字之间则不必有任何关系，只须字形相同便够了。利希滕贝格的“Agamemnon”代“Angenommen”的例子可算是读误的好例子。要发现其引起错误的牵制倾向，你们可以完全丢开全文，而用下面的两个问题作分析研究的出发点：（一）对错误的结果（即代替进去的字）作自由联想时，其所引起的第一个观念是什么？（二）在什么情形之下发生读误？有时候，关于后一问题的知识即够用以解释读误，例如某人在一个陌生的城市游览，尿急了，于是在一个房子的二层楼上看见有写着“Closethaus”（便所）字的牌子。他正怀疑着这个牌子为什么挂得如此之高，才发觉这个字原来是“Corsethaus”。就其他例子而言，如果原文和错误在内容上没有关系，就必须加以彻底的分析，但这却要对精神分析的技术有训练和信仰才能有成功的希望。然而对读误的解释也并不是如此困难的。就 Agamemnon 说，由它所代进的字不难推测扰乱所由引起的思路。又如在这次大战的时候，我们常听到市镇和将军的名姓以
57 及军事术语，所以一看到相类似的字样，便往往误读为某城市或某大将的名字或军事名词。心内所想的事物代替了那些尚未发生兴趣的事物。思想的影子遮蔽了新的知觉。

有时文章本身也会引起一种扰乱的倾向，而发生误读，将原文改为相反的字样。你若要某人读他所不喜欢读的文件，则分析研究将会证明他每有错误都起因于他对读物的厌恶。

就前述的较常见的读误而言，组成过失机制的两个要素似乎不大明显。什么是这两个要素呢？就是：（一）倾向和倾向的冲突，（二）有一倾向被逐而产生过失以求补偿。并不是所有这类矛盾都会发展成为误读，然而和错误有关的思路的纠缠确实比他前所承受的抑制要显著得多。至于因遗忘而致错误的种种情境，则此二要素都是极易观察到的。

关于“决心”的遗忘，显然只有一种意义；甚至它的解释也为一般人所承认，这都是上文已经说过的。将“决心”加以牵制的倾向通常是一种反抗的倾向、一种不愿意的情感。这个反抗倾向的存在既无可疑，所以我们只须研究它为什么不以另一种较欠隐蔽的方式表示出来。有时候，这种倾向之所以不得不保密的动机，我们也可推想得出；他知道如果明白宣示，必将受人谴责，如果巧妙地用过失这一方式，便常可达到目的。如果在决心之后和实行之前，心理情境有了重要的变化，以至不再有实行决心的必要时，虽然忘记了决心，却不属于过失的范畴。因为既然用不到记忆，忘记就不足为怪了；它就被永久地或暂时地一笔勾销了。只有决心未经如此打消的时候，忘记实行才算是一种过失。

忘记实现决心的例子通常是千篇一律，明白易懂的，不会引起 58
研究的兴趣。但是研究这种过失有两点也可以助长知识。我们已说过遗忘决心的实践必先有一种相反抗的倾向。这是对的，然而据我们自己研究的结果，这“相反之意”（counter-will）可有两种：

即直接的和间接的。什么叫做间接的,最好用一两个例子来说明。譬如施恩者不替求恩者在第三者面前推荐,也许是因为他对于这个求恩者没有什么好感,所以不愿为他引荐。这当然可解释为施恩者不想提拔求恩者。然而事情也可能更为复杂些。施恩者不愿介绍也许是另有隐情。这可能与求恩者无关,而是对于他所要请托的第三者没有好感。由此,你们便可知我们的解释在实际上不得乱用。求恩者虽已正确地解释了那个过失,但是他仍可能多疑而冤枉了施恩者。又如一个人忘记了一个约会的决心,最普通的原因,当然是由于他不愿和有关的人相见。但是据分析的结果,那牵制的倾向也可能和这个人无关而却和约会的地点有关;他因为这地方会引起他痛苦的回忆,所以特地回避。又如忘记了寄信,其相反的倾向也许和信的内容有关;但也许是信的本身并无妨害;其所以被搁置,只是因此可以想到另一封以往的信,而这封以往的信直接引起了厌恶之感。因此,我们可以说前一封可恨的信致使现在本无妨害的一封信也变为厌恶的目的物了。所以应用很有根据的解释,也不得不慎重考虑提防,须知道心理学上相等的事件,在实际上可以有许多不同的意义。

事果如此,似乎会使你们感到奇怪了。你们或许以为间接的"相反之意",就可用以证实其行为是病态的。但是我可以告诉你们,这种行为即在健康和常态的范围之内也可遇到。还有一层,你
59 们绝不要错误地认为我在此承认分析解释的不可靠。我曾说忘记了实现一个计划可以有多种意义,但这是就未加分析而仅只根据普通原则加以解释的例子而说的。假使对有关的人进行分析,则其厌恶究竟是直接的或另有原因,便常可测定了。

下面是第二点：假使大多数的例子已证实“决心”的遗忘必出自“相反之意”的牵制，则被分析者纵然否认我们所测定的“相反之意”的存在，我们却也敢于坚持自己的解释了。试举最平常的遗忘，如忘记还书、忘记还债等为例吧。忘记了还书或还债的人，我敢说，一定有不愿还书或不愿还债的意图。他虽对此否认，但不能对自己的行为作另一种解释。因此，我们可以告诉他有此意向，不过自己不会觉得；而是借着遗忘的结果暴露他自己便够了。那时他也许力辩自己仅只是遗忘而已。你们知道这个情境是我们以前遇到过的。我们对于过失的解释已为许多实例所证明，现在若要作逻辑的引申，则不得不假定人们有种种为自己所不知道的倾向能够产生重大的结果。但是因此，我们便不免和普通心理学及一般人的见解大相冲突了。

忘记专名、外国人名及外文字等，也同样是由于和这些名词直接的或间接的不相融洽的倾向。我已经举了几个例子说明这种直接的嫌恶。但是间接的原因这里却特别常见，要解释它，便须有细心的分析。譬如在第一次世界大战期间，我们不得不放弃许多以前的娱乐，于是我们关于专名的记忆力，都因风马牛不相及的关系而大受妨害了。近来我曾记不起比森茨（Bisenz）镇；据分析的结果，我对这个镇并没有直接的嫌恶，只是因为我曾在奥维多的比森支大厦（the Palazzo Bisenzi）度过了许多愉快的日子，而比森茨和比森支发音相似，所以被连带淡忘了。在遗忘这个名称的动机上，60
我们初次遇到了一个原则；这个原则后来在神经病症候的产生上占很重要的地位：简单地说，就是，和痛苦情感有关的事物，回忆便将引起痛苦，所以记忆方面便反对这种事物的回忆。这个**避免痛**

苦的倾向,实际上就是忘记名词及其他多种过失,遗漏和错误的最后的目的。

然而名词的遗忘,似乎特别适用心理生理的解释,所以有时它的发生不必有一种避免痛苦的动机。一个人若有忘记名词的倾向,据分析研究,便可看出其遗忘不仅因为他嫌恶这些名词,也不仅因为这些名词可以引起某种不愉快的回忆,而且也可因为这一特殊的名词属于某种更为亲密的联想系列。这个名词被固定在这儿了,不愿和其他事物造成联想,有时为了要记得某些名词,故意使它们造成联想,可是因此造成的联想反而促进遗忘。你们若记得记忆系统的组织,对这一点一定会感到奇怪。人们的专名可作为最明显的例子,因为他们对于不同的人有不同的价值。譬如提奥多(Theodore)这个名字对你们有些人说来不引起特殊的意义;然而对有些人却是他父亲、兄弟、朋友或自己的名字。据分析的经验,你们中前一部分人必不至于忘记以此为名的客人;而后一部分人却似乎认为应当留以称呼其亲密的戚友,对于以此为名的客人却不免有些遗憾了。现在我们假定这个由联想而引起的阻抑,与苦痛原则的作用,以及间接的机制正相符合;你们便可知道对于名词的暂忘,在原因上也是非常复杂的。但是我们如果对于事实作充分的分析,则这些复杂的原因也是可以完全揭露的。

对于印象和经验的遗忘,比对于名词的遗忘更能明显地表现出一种避免不愉快的倾向。当然并不是所有这类遗忘都属于过失
61 的范畴,只有根据一般经验的标准,那些被认为是异乎寻常的、不合理的遗忘,譬如忘记了新近或重要的印象,或忘记某一记得清楚的事件中的一段,才属于过失的范畴之列。我们究竟如何或何以

有一般遗忘的能力，尤其是如何能忘记了那些印象很深的经验如孩提时的事件，那是另一问题。就这种遗忘而言，对于痛苦联想的避免虽然也是原因之一，但不能用以解释一切。至于不愉快的印象之易于遗忘，那是无可怀疑的事实。许多心理学家都曾注意及此；达尔文也深知这个道理，所以凡是和他的学说相冲突的事实，他都慎重记载，因为他怕忘记了这些事实。

第一次听到这个以遗忘抵制不愉快记忆的原则的人都不免抗议，认为根据他们自己的经验，恰恰是痛苦的记忆难于遗忘，因为痛苦的回忆往往不受意志的支配——例如悲哀和羞辱的回忆。这个事实是对的，但这一抗议却是很少理由的。要知道心灵就是相反冲动决斗竞争的场所，或者用非动力论的名词来表达，是由相反的倾向组织而成的。一个特殊倾向的出现，一点也不会排除其相反倾向的存在；两者是可以并存的。重要的问题是：这些相反的倾向究竟有何种关系？

毕竟失落和错放物件既可有许多意义，也可有许多要借这些过失以表示出来的倾向，所以讨论起来，有特殊的兴趣。这些例子的共同点是失物的愿望，所不同的是这个愿望的理由和目的。一个人失物，也许是由于此物已破损，也许是他要想借此换一个好的，也许是他对于此物不很喜爱；也许是他对赠送此物的人有了不快之感；也许是他不愿再回忆取得此物时的情境。失落物件，或损坏物件，都可用以表示相同的意向。传说在社会生活中，不受欢迎
的私生子常远较正常怀孕的孩子为虚弱些。这并不意味着幼儿园 62
教养员用粗糙的方法才造成这个结果，管理儿童时的某种程度的不关心就很够解释了。物品的保存与否也正与此一样。

有时一个物件虽没有失去价值,但也可被失落,似乎由于有一种牺牲了它就可以逃避其他更可怕的损失的冲动。据分析的结果,这种消灾解难的方法仍很通行,所以我们的损失也屡出于自愿的牺牲。失物也可用以泄愤或自惩。总之,失物背后所有较远的动机,是不胜枚举的。

和其他过失一样,误取物件,或动作错误,也常被用来满足一种应当禁止的愿望;其意向借口于偶然的机会。譬如像我的一个友人所曾做过的,他很不情愿搭火车到乡下去访友,后来在某站换车时,竟误上了回城的火车。又如有人在旅行时想要在某处歇一歇,可是因和他处已经有约而不能做到,于是他弄错或延误了时间,以致不得不如愿以偿地耽搁了下来。或者像我所治疗的某一病人,我禁止他和他爱人通电话。他本想和我通话,可是报错了号码,以致又和她通话了。下面是一个工程师的自述,颇足以说明损坏物件及动作错误的意义。

“我曾在一个中学的实验室里和几个同事做关于弹力的实验;这是我们自告奋勇的工作,但是它所耗费的时间却超出了我们的预算。有一天,我和我的朋友 F. 同入实验室,他说自己家里很忙,不愿在此耽搁太久。我对此不禁表示同情,并半开玩笑地谈到一星期前的事件说:‘我希望这个机器再坏一次,好使我们暂时停工,早点回家。’布置工作的时候,F. 的职务是管理压力机的阀门;
63 换句话说,他必须慎重地打开阀门,好使储藏器内的压力慢慢地进入水压机的气缸内。领导实验的人站在水压计旁边,到了压力适中的时候,大声喊道‘停止!’F. 听到这个命令,便将阀门用死力向左旋转。(凡关阀门须向右转,这是没有例外的。)于是储藏器内的全部压力立即侵入压力机内，致使连接管不胜负荷，有一个立即破裂——这是一个完全无害的事件，但却使我们不得不停工回家了。不久以后，当我们讨论这个事件时，友人F.已记不起我在先前所说的话，而我却记得毫厘不爽，这确实是很能说明问题的。"

记住这一点，你可能开始会怀疑仆人们失手损坏家内的器物是否完全出于偶然了。甚至一个人自己伤害了自己，或使自己陷于危险，究竟是否偶然，也都可发生疑问了——你们若有机会，这是可以用分析试验的。

关于过失，所能说的远不止于此；还有许多要研究和讨论的问题。但是假使你们听了我的演讲，已稍微改变了以往的信仰而预备接受这些新的见解，那也可以使我满足了。其他问题尚未解决就随它去吧。因为单靠过失的研究，绝不能证明一切原则。为了我们的目的，过失之所以有价值，就在于它们是普通的现象，既为大家自身所易于观察，又和病态不发生关系。在结束之前，我想再指出一个未曾答复你们的问题："假使由这许多例子看来，人们已对过失有所了解，而且他们的行动也似乎表示他们认识了过失的意义，那么他们究竟为什么还如此普遍地把过失看作是偶然的、无意义的现象，而如此强烈地反对精神分析的解释呢？"

对的，这个问题确有解释的必要。然而我并不立即给你们解释；我宁愿慢慢地使你们领会种种关系，然后不必借助于我的帮助，自然会得出这个解释。

第二编　梦

67 第五讲　初步的研究及其困难

有一天，我们发觉了某些神经病患者的症候是有意义的。[①]精神分析的治疗法，即以这个发现为基础。病人受这种治疗时，谈到症候，有时并提起梦。因此，我们就怀疑梦也有它的意义了。

然而我们的演讲并不想跟着这个历史的顺序，却要将这个顺序倒过来讲，先说明梦的意义。因为梦的研究不但是研究神经病的最好的预备，而且梦的本身也就是一种神经病的症候；又因为健康的人都有这种现象，所以更给予我们以研究的便利。老实讲，如果人们都健康而且都做梦，我们也就差不多可以从他们的梦里得到神经病研究所能给我们的一切知识了。

因此，梦就成了精神分析的研究对象。梦和过失相同，既为健康人所同有，也为一般人所忽视，认为它显然没有实际的价值。然而梦的研究更可以引起讥笑。过失只是为一般人及科学所忽视而已，但要加以研究，也不会有失身份。有人说，除过失外还有些更

---

① 发明者为 Joseph Breuer，时间为 1880 年至 1882 年。参看我 1909 年在美国关于精神分析的讲演。

重要的事实，那当然是对的，但是研究过失也不无所得。至于研究梦则不但徒劳无益，而且被认为绝对可耻：既不合于科学，又有倾向于神秘主义的嫌疑。而且在神经病理学和精神病学内，有许多 68
更重要的问题——例如心理的肿疡症，出血慢性炎症等——难道医生可分心于梦的研究吗？梦实在是太琐屑、太无价值，不足以作科学研究的对象。

梦还有一个因素简直不宜于作切实的研究。研究梦的时候，其对象是不易确定的。譬如妄想，它的轮廓还比较明确，病人明白地自称：“我是中国的皇帝。”然而梦呢？却大部分没有叙述的可能。一个人说梦，能担保自己说得都对吗？没有删改过吗？或者没有因为记忆模糊，而不得不加以增补吗？大多数的梦，除了些细小片段之外，是记不起来的。一个科学的心理学或治疗的方法难道可以用这种材料为根据吗？

批判而不公允，便可能引起怀疑。否认梦为科学研究的对象，其论点显然是太趋极端了。我们在讨论过失时，也有人嫌它过于琐屑，我们却以“由小可以见大”自解。你若说梦模糊，这也是梦的特色——某物有某种特色，那是不受我们支配的；况且也有明白确定的梦呢。就精神病学的研究而言，有些旁的对象也和梦一样，都有模糊的弊病，例如许多强迫观念的症候，却有许多有名誉有地位的精神病学家也曾加以研究。我还记得我所治疗过的一个实例。病人是一位妇人，她叙述自己的病如下：“我有一种感觉，好像是曾经伤害过，或曾想杀害一个生物——也许是一个小孩——不，不，可能是一条狗，好像我曾从桥上将它推下——或类似于此的事。”至于说梦不易有确切的回忆，那是可以补救的，你只要把

说梦者说出来的一切定为其梦的内容便行了，至于他在回忆中所忘记的或改编的，一概不理。进一层说，一个人不应该如此武断地
69 说梦是不重要的事实。我们从自己的经验知道，梦所遗留的情绪可以终日不变，并且据医生的观察，精神错乱及妄想都可以起源于梦，而且历史上的人物间或也有因梦而引起了做大事业的冲动的。试问科学家们看不起梦究竟有什么真正的原因呢？由我看来，那是对于古时太重视梦的反动。大家知道描述古代的情形原不是一件容易的事，但是我们可以推定（请恕我说一句笑话吧）三千多年以前，我们的祖先便已像我们一样做梦了。就我们所知，古人都以为梦有重大的意义和实际的价值；他们都从梦里寻求将来的预兆。古代希腊人和其他东方民族出兵时必带一详梦者，好像今日出兵必定要带侦察员来刺探敌情一样。亚历山大大帝出征时，最著名的详梦者都在营里。泰尔城那时还在岛上，防御得很牢固，以致大帝有放弃攻城的意思。有一夜，他梦见一个半人半羊的神得意洋洋地跳舞，他将此梦告诉详梦者，详梦者以为这是破城的胜利预兆；大帝因此发出攻击令，以暴力取得了泰尔城。伊特拉斯坎人和古罗马人虽然也用其他方法卜知未来，但是在希腊、罗马时期，详梦术实际很流行，也为世所推重。达尔狄斯的阿耳特弥多鲁斯，据说是生在哈德里安帝的时代，曾著有一详梦书流传后世。后来这详梦的技术究竟如何退化，梦又如何为世人所忽视，那是我无法奉告的。学术的进步必不能使详梦术退化，因为在中世纪的黑暗时期，比详梦术更荒唐的事物都慎重地被保存着。事实是：对于梦的兴趣逐渐降级而至于与迷信相等，又仅被保留于那些未受教育的人之中。到了今天，详梦术愈趋愈下，沦于只想从梦中求得彩券中

签的数字了。但另一方面,今日精密的科学却又常常以梦作为研究的对象,但是它唯一的目的在于阐明生理学的理论。由医生看 70
来,梦自然不是一种心理历程,而是物理刺激在心理上的表示。宾兹在1876年说梦是“一种无用的,病态的物理历程,这个历程和灵魂不朽等概念简直是风马牛不相及,毫无关系”。莫里把梦比作一种舞蹈狂的乱跳,和正常人的协调的运动相反;古人对梦也有一种比喻,认为假使“有一个不懂音乐的人让他的十个指头在钢琴的键盘上乱动”,则他所产生的声音便有些像梦的内容。

所谓“解释”就是揭示其隐藏的意义,但是前人释梦,向来不谈隐藏的意义。请看冯特、乔德耳及其他近代哲学家的著作;他们满足于列举梦的生活和醒时思想的不同之处,以贬低梦的价值,他们着重谈到联想的缺乏联络,批判能力的停止作用,一切知识的消灭,以及他种机能减弱的特征等等。精密科学对于我们有关梦的知识的贡献只有一点,那就是关于睡眠时所有物理刺激对于梦的内容的影响。一个最近去世的挪威作家伏耳德著了两大卷书以讨论梦的实验的研究(1910年和1912年译成德文)。但他所写的几乎全是有关手足位置变换所得的结果。这些研究,算是我们对于梦的实验的模范。你们能否想象的到,纯正的科学若知道我们想探求梦的意义,将会怎样地评头品足?批判是已经领教过的;但是我们可不会因此而退缩。假使过失可以有潜在的意义,则梦也可以有这种意义:过失的意义在许多情况下,纯正科学已经来不及研究了。所以让我们来采取古人和一般群众的见解,并进而步古时详梦者的后尘吧。

第一,我们要确定自己这一事业的方向,对梦的范围作一概 71

观。究竟梦是什么？的确不容易用一句话为梦下定义。然而梦是大家所熟悉的，不必追究定义。只是梦的要点仍有指出的必要。这些特点将如何去发现呢？梦的范围既大，这个梦和那个梦的差异又多。所以我们若能指出一切梦的共同成分，或许便是梦的要点了。

那么好了，一切梦的共同特性第一就是睡眠。梦显然是睡眠中的心理生活，这个生活虽有些类似于醒的生活，而同时却又大有区别。那就是亚里士多德的梦的定义了。梦和睡眠或许有更密切的关系。我们可以被梦惊醒，我们自然而然地醒过来，或勉强地由睡眠中醒来，都常有梦。梦似乎是介乎睡眠和苏醒之间的一种情境。因此，我们的注意可集中于睡眠；那么什么是睡眠呢？

那是一个生理学或生物学的问题，现在还有许多争论。我们还不能有什么明确的答案，但是我以为我们可以指出睡眠的一个心理特点。睡眠的情境是：我不愿和外界有所交涉，也不愿对外界发生兴趣。我去睡眠以脱离外界而躲避那些来自外界的刺激。同样，我若对外界厌倦，也可以去睡眠。我临睡时，可向外界说，“让我安静吧，我要睡了”。小孩子的话恰好和此相反：“我还不愿睡；因为我还不疲倦，还想多看看”。所以睡眠的生物学目的似即蛰伏，而其心理学的目的似乎是停止对于外界的兴趣。我们本不愿入世，因而和人世的关系，只好有时隔断，才可忍受。因此，我们按时回复到未入世以前或“子宫以内”的生活，想重复引起类似这个生活的特点，如温暖、黑暗及刺激的退隐。我们当中有些人还像一个球似的蜷曲着身体，和在子宫内的位置相似。所以我们成人似乎仅有三分之二属于现世，三分之一尚未诞生。每天早晨醒来时

便好像重新降生。其实我们说到醒觉,也常用这一句话:“我们似 72
乎是重新诞生了”,——在这一点上,我们对于新生儿的一般感觉的见解或许完全错误了;或许婴孩的感觉是很不舒服的。在说到出生的时候,我们便说“初见天日”。

假使这就是睡眠的特性,那么梦必不属于睡眠,反而好像是睡眠所不欢迎的补充物;其实我们确信,没有梦的睡眠才算是最好的、最安适的睡眠。睡眠的时候,心理的活动须绝对消灭;假使这种活动仍然存在,则真确的睡前的安静情境即无从达到;我们仍不免有一点心理活动的残余,梦的活动就是这些残余的代表。因此,梦就似乎不必有意义了。至于过失则不同,因为过失至少是醒时表现的活动;但是假使我睡了,除了一些我们所不能抑制的残余之外,心理活动已完全停止,所以梦不必有意义。其实,心灵的其他部分既已安睡,则梦纵有意义,我也一定不能利用。因此,梦只是不规则的反应的产物或物理刺激所引起的心理现象。梦必定是醒时心理活动的剩余,使睡眠受到干扰。这个问题本不足以促进精神分析的目的,我们或许可以从此下定决心将它抛弃了。

梦固然是无用的,但毫无疑问,它们存在着,我们不妨对它们的存在加以解释。心理活动为什么不绝对停止呢?或许是因为有些意念不愿使心灵安静;有些刺激仍对心灵起作用,心灵对于这些刺激,不得不予以反应。所以梦就是对于睡眠中的刺激的反应方式。由此入手,我们或有释梦的可能。我们可在各种不同的梦里研究它们究竟有何种刺激扰乱睡眠,而形成梦的反应。如此,我们或可求得所有各梦的第一种共同特性。

还有其他的共同特性吗?是的,还有一种毫无可疑的特性,但

73 是较难掌握和描述。睡眠时心理历程的性质大大不同于醒时的心理历程。在梦里我们经历许多事情,我们梦中都绝对相信,其实我们所经历的或许只是一个干扰的刺激。梦中大部分的经历为视象;虽然也混有感情、思想及他种感觉,但总以视象为主要成分。述梦的困难半在于要把这些意象译成语言。做梦的人常对我们说,“我能把它画出来,就是不知道如何把它讲出来。”梦的生活和醒的生活的区别不在于精神能力的降低,好像低能之不同于天才;其实只是一种质的区别,然而区别究竟在哪里,却不易精确指出。费希纳曾说过梦(在心内)表演的舞台和醒时的观念生活不同。这句话的意义何在,我们并不能理解,但却可以表示出多数梦给我们造成奇妙的印象。把梦的动作和不懂音乐者的演奏技巧相比拟,也不容易成立。因为钢琴总以同样的音调反映乐键上的乱动,只是不能造成曲调罢了。这个关于梦的第二个共同特性,尽管未能了解,却也必须留心记着。

还有没有别的共同特性呢?无论从哪里着眼,我再也想不出一个,却只能看出种种方面的不同——如梦的久暂、明确的程度、感情的成分、记忆的时限等。这一切是我们绝不能在一种无意义的乱动中所期望得到的。就梦的久暂而言,有些很短,只含有一个或很少的意象,一个单独的思想,也许只有一个字;有些内容特别丰富,把故事从头演变到尾,经过的时间似乎很长。有些梦条理分明一如实际的经历,以致醒来之后,还不知道是梦,有些则异常模糊,不能追述;即就同一个梦而言,也许有些部分非常清楚,而夹杂着一些不很明了而稍纵即逝的部分。有些梦前后连贯不相抵触,
74 甚至机智或奇妙,有些则混乱、愚蠢、荒谬、怪诞。有些梦使我们冷

静如常，有些梦可以引起各种情感——或痛苦到下泪，或恐惧得使人惊醒，或喜或惧，不能尽述。大多数的梦醒后便忘；有些印象可以竟日不忘，然后记忆逐渐模糊而不完全；有些梦的印象是如此生动（例如儿童时的梦），以致三十年后还可以记得清楚，好像是新近经历的事情。梦和人们相同，也许见面一次，永不复返；也许是重复呈现，有时稍微有所改变，有时甚至完全不改变其形式。总而言之，夜间心理活动的片段所可支配的材料很多，可将白天所经历的事情一一创造出来——只是永不完全相同罢了。

为了解释梦中的这些差异，我们也许可以假定它们与醒睡之间的过渡状态或不熟睡时的不同水平相应。然而如果这个解释可以成立，那么当心灵越接近醒觉状态时，不仅梦的价值、内容和明了的程度随而增高，而且做梦的人也会更逐渐明确这是在做梦，绝不至于梦里既有一个明了合理的成分，同时又有一个不合理不明了的成分，接着又会梦到许多其他的事情。心灵绝不能如此迅速地变化睡眠的深浅程度。所以这个解释是没有补益的；其实，我们绝没有解释这个问题的捷径。

现在我们暂时丢开梦的“意义”不谈，而试从梦的共同元素出发，以期对于梦的性质有较深切的了解。我们曾由梦和睡眠的关系，断定对扰乱睡眠的刺激的反应。在这一点上，我们已知道精密的实验心理学可给我们以帮助，实验心理学曾证明睡眠时受到的刺激可以在梦里表现。在这些方面曾有过许多实验，尤以我们所说过的伏耳德的实验首屈一指。我们也可以偶然以自己的观察证实他们所得的结果。我想把一些较早的实验同你们谈一谈。莫里
曾对他自己做过这种实验。他在入梦时，使自己嗅着科隆香水，于 75

是他梦见他到了开罗，在法林娜店内，接着是一些荒唐的冒险活动。又有某一个人将他的颈项轻轻一捻，他便梦到在颈上敷药，还梦见儿时替他诊病的一个医生。又有一个人滴一点水在他的额上，他立即梦见在意大利，正在饮奥维托的白酒，流很多汗。

有一组所谓刺激梦也许更可以用来说明那些因实验而产生的梦的特点。下面三个梦是一个敏锐的观察者希尔布朗特的记载，都是对于闹钟声音的反应：

"这是一个春天的早晨，我正在散步，穿过几处绿色渐浓的田野，一直走到邻村，看见大队村民穿得干干净净，手持赞美诗向教堂走去。这当然是礼拜日，正将举行晨祷。我也决心参加，但因热得发昏，就在教堂的空地上纳凉。我正在读坟墓上的碑志，忽听见那击钟者走入阁楼，阁楼很高，我那时看见楼内有一口小小的钟，钟响就是开始祈祷的信号。钟有一会儿未动，后来才开始摆动，钟声明亮而尖锐，我乃从睡眠中醒来。却原来是闹钟的声音。"

另一个意象的组合如下："这是一个晴朗的冬天，路上积雪很深。我已约定乘雪车探险，但是必须等很久，才有人告诉雪车放在门外。于是我准备上车，先将皮毡打开，将暖脚包取来，然后坐在车内。但是马正等着发车的信号，又略有耽搁。随后乃将钟索拉起，小钟动摇得很厉害，开始发出一种熟悉的乐音，因为声音太高了，惊醒了我的清梦。原来是闹钟的尖锐的声音。"

现在可举第三个例："我看见一个厨房的女仆手捧几打高摞起来的盘子，往餐室走去。我看她那捧着的金字塔般的瓷盘似乎有失去平衡的危险。我警告她说：'当心！你的瓷盘会全部摔在地
76 上。'她的答复自然是：她们已习惯于这样拿盘碗了；同时，我却在

她的后面跟着,大为焦虑。我是这样想的——接着是进门时撞着了门槛,瓷器落地摔成碎片。但是——我立即知道那不断的声音并不是由于盘子碎了,却原来是有规律的钟声——醒时才知道这个钟声只是来自闹钟。”

这些都是很巧妙而易于了解的梦,前后连贯,和寻常的梦不同。在这方面,我们当然没有什么疑问。这些梦的共同特点是,每一实例情境都由一种声音唤起,梦者醒来,认识这声音来自闹钟。我们在这里知道梦是如何产生的,然而我们所知道的还不止此。做梦时本没有对闹钟的认识,闹钟也没有在梦中呈现,却另有一种声音代闹钟而起。侵扰睡眠的刺激,在各个例子中,都有不同的解释。这究竟是什么原因呢?可是说不出;似乎是任意的。然而要对梦有所理解,我们便须解释在多种声音之中,为什么单独选取这一种以代表闹钟所发出来的刺激。据此,我们可以反对莫里的实验,因为侵扰睡者的刺激虽然在梦里呈现,但是他的实验不能解释为什么恰巧以这种方式呈现,这似乎不是干扰睡眠的刺激的性质所能说明的。而且在莫里的实验里,还有许多旁的梦景,也依附于那个刺激直接引起的结果,例如那个科隆香水梦里的荒唐冒险,我们也还不知道如何解释哩。

你们或者以为那些梦只要唤醒睡者,便可帮助我们了解外界干扰的刺激的影响了。但就许多旁的实例而言,却没有这么容易。我们绝不是每梦即醒,假使到了早晨回忆昨夜的梦,我们怎么知道它是起于哪一个干扰的刺激呢?我曾于某次梦后成功地推定一种声音的刺激,但这自然只是因为受了某种特殊情形的暗示。这是一个早晨,在蒂洛勒西山中某处,醒后才知道自己曾梦见教皇逝

世。我自己不能解释何以有这个梦,后来我妻问我:“你在天快亮
77 时听见各教堂发出的可怕的钟声吗?”我睡得太熟,没有听见什么,但是幸亏她告诉了我,我已懂得我的梦了。有时睡者因受某种刺激而引起梦,可是后来就再也不知道刺激是什么,这种情形究竟多不多呢?也许很多,也许不多。要是没有人以刺激相告,我们是不会相信的。除此以外,我们也不去估计外界侵扰睡眠的刺激了,因为我们知道这些刺激只能解释梦的片段,而不能解释整个梦的反应。

我们不必因此就完全放弃这个学说:我们还可以从另一方面加以推论。究竟是什么刺激侵扰睡眠,引人入梦,那是无关重要的。假使这不总是外界的刺激侵入一个感官,那也可能是起自体内器官的刺激——即所谓躯体的刺激。这个假说和一般关于梦的起源的见解相近,或竟相一致,因为“梦起源于胃”乃是一个普通的传说。不幸得很,夜里干扰睡眠的躯体刺激,醒后并不出现,所以也没有证明的可能。然而梦起源于躯体刺激,有许多可以信赖的经验足以证明,这是我们不能忽视的。总而言之,体内器官的情况可影响到梦境,那是毫无疑问的。梦的内容,有许多和膀胱的膨胀或生殖器的兴奋有关,这也是人人皆知的事情。除了这些明显的例子之外,还有些例子,由梦的内容看来,至少可以揣想它必有些类似的躯体刺激起过作用,因为在梦的内容里,我们可以看出这些刺激的类化,代表或替身。施尔纳曾研究梦(1861 年),也力主梦起源于躯体刺激之说,并举出几个好例子以为说明。例如,他梦见“两排清秀的孩子,发美肤洁,怒目相对而斗,起初,这一排和那一排互相拉着,又放开手,然后又相持如前”。他解释这两排小孩

为牙齿似乎说得过去，梦者醒后“从牙床上拔出一个大牙”，似更 78
可证实其解释的可靠。又如将“狭长的曲径”解释为起源于小肠的刺激也似很妥切，施尔纳主张梦总是用类似的物体来代替其刺激所由引起的器官，似乎也可以互相印证。

因此，我们乃准备承认体内刺激和体外刺激在梦里占同样的地位。遗憾的是，关于这个因素的估价也有相同的缺点。就大多数的例子而言，梦是否可归之于躯体的刺激，没有证明的可能；只有少数的梦，才使我们怀疑其起源与体内的刺激有关，其他大多数的梦未必尽然；最后体内刺激和体外的感官刺激相同，都只能说明梦对它的直接反应。所以梦中大部分内容的起源仍然搞不清楚。

但是研究这些刺激的作用时，还可注意到梦的生活另有一个特点。梦不仅使刺激重现，而且将刺激化简为繁，义外生义，使适合于梦景，并以他物为代替。这是“梦的工作”的一个方面，不能不使我们产生兴趣，因为我们或者由此而更了解梦的真实性质。一个人做梦的范围不必以梦的近因为限。英王统一三岛，莎士比亚写《麦克佩斯》一剧以资庆祝，但是这个历史事实能说明这全剧的内容吗？能解释全剧的伟大和奥秘吗？同样，睡者所受的内部刺激和外部刺激仅为梦的缘起，也不足以解释梦的真实性质。

梦的第二个共同因素，即其心理生活的特性，一方面既很难领会，他方面又不足以作为进一步研究的线索。我们梦中的经验大部分属于视象，能用刺激加以解释吗？我们所经验的真的就是那些刺激吗？假使确实是刺激，那么作用于视官之上的刺激少而又少，为什么梦的经验又多是视象呢？又如梦中演说，难道真有会话或类似会话的声音在我们睡眠时侵入耳内吗？我敢毫不迟疑地否认有这种可能。

79 假使用梦的共同因素为出发点不能促进我们对于梦的了解，就让我们来讨论它们的差异吧。梦常为无意义的、混乱的、荒唐的，但有些梦也颇合理而易于了解。我要告诉你们最近听到的一个年轻人的合理的梦，情节如下："我在康特纳斯劳斯散步，遇见某君；和他同行一些时候之后，我走进一家餐馆。有两位女人和一位男人同来，坐在我的桌旁。我起初颇厌烦，不去看她们，后来看她们一眼，却觉得她们十分秀丽。"梦者说自己前晚确在康特纳斯劳斯散步，这本是他所常去的路，路上也确和某君相遇。至于梦里其他部分则不是直接的回忆，只是和先前某次的事件类似而已。又如某一女士的梦，也不难了解。"她的丈夫问她：'你不以为我们的钢琴要调音吗？'她回答说：'怕不值得吧，琴槌要配新皮咧'。"这个梦以同样的字句重述了她和丈夫在白天所讲过的话。我们由这两个不费解的梦得到了什么呢？所得到的不过是这一事实：日常的生活和其他有关的事件都可见于梦。假使凡梦都是如此，毫无例外，那么这一点也不无价值。但这是不可能的；有这种特点的梦只是少数而已。大多数的梦和前一日的事件都没有关系，所以我们不能由此来了解无意义的或荒唐的梦。换句话说，我们已遇到一个新问题了。我们不仅要知道梦是些什么；假使像刚所举过的例子，内容已很明白，那就还要知道梦中重复出现的新近事实，究竟还有什么原因和什么目的。

我若继续如此企求梦的了解，不但我自己厌倦，你们怕也厌倦了。可见我们对于一个问题，如未找到解决的办法，虽引起全世界的兴趣，也不能对我们有所帮助。这个解决办法现在仍未求得。

实验心理学在用刺激引起梦的知识上仅有微薄贡献（虽算是很有价值的）。哲学只能讥笑我们课题的无关宏旨，此外便无所贡献。80
至于玄妙的科学，我们又不愿去领教。历史和一般人的见解以为梦富有意义可为预兆；但是那又不尽可信，且也无实证的可能。所以我们的初步努力完全无效。

然而我们从一个以前从未注意的方面，不期而然地得到了一个研究的线索。那就是一般人的俗语。俗语确不是偶然的产品，而是古代知识的沉淀物——我们自然不能太加重视——在俗语中，奇怪得很，有所谓“昼梦”（day-dreams）。昼梦是幻想的产物，是很普通的现象，在健康的或病人的身上都可看到，做昼梦的人自己也容易加以研究。这些幻想没有梦的共同特性，但也被称为昼梦，那就非常奇怪了。昼梦既和睡眠不发生关系，就第二个共同特性而言，又缺乏经验或幻觉，只是一些想象而已；昼梦者自己也承认其为幻想，目无所见，而心有所思。这些昼梦发现于青春期之前，有时竟在儿童期之末，到成年时，或者不再有昼梦，或者保持到老。这些幻想的内容很明显受动机的指挥。昼梦中的情景和事件，或用来满足昼梦者的野心或权位欲，或用来满足他的情欲。青年男子多作野心的幻想；青年女人的野心则集中于恋爱的胜利，所以多作情欲的幻想；但是情欲的需要也常潜伏在男子幻想的背后，他们的一切伟大事业和胜利，都不过只想博得女子的赞美和爱慕。在其他方面，这些昼梦各不相同，其命运也互异。有些昼梦经过短时间后，即代之以一种新的幻想，有些昼梦编成长篇故事，与时并进，随生活的情形而变。文学的作品即以这种昼梦为题材；文学家将自己的昼梦加以改造、化装，或删削写成小说和戏剧中的情景。81

但昼梦的主角常为昼梦者本人，或直接出面，或暗以他人为自己写照。

昼梦所以为梦，或许是因为它和现实的关系与梦相似，而其内容也与梦一样地不现实。然而昼梦之所以叫做梦，也许因为具有与梦相同的心理特征；至于这个特征，我们尚无所知，只是仍在研究而已。反过来说，我们以为名同则实同，也许是完全错误的。究竟如何，只好等以后再作答复。

82

第六讲　初步的假说与释梦的技术

因此，我们知道要研究梦而有成绩，则不得不采用一种新的方法。我要明白地对你们说：我们要承认下面的一个假说，作为进一步研究的根据：——梦不是一种躯体的现象，乃是一种心理的现象。你们总懂得这是什么意义；但是这个假定究竟有什么理由呢？我们没有理由，但另一方面也没有理由阻止我们作出这种假定。我们的看法是：假使梦是一种躯体的现象，那便与我们无关；若要我们产生兴趣，那就只好假定它是一种心理的现象。因此，我们宁愿认定这个假说是对的，再看有什么结果。有了结果，便可决定这个假说是否可以拥护，而确认为一种稳妥的结论。现在要明确的是我们这个研究究竟有什么目的，或者我们究竟要向哪个方向努力？我们的目的和一切科学的研究目的相同——就是说，求得对这些现象的了解，确立各个现象之间的关系，最后，设法对它们加以控制。

因此，我们仍继续以“梦是一种心理现象”的假说为基础。而且梦是梦者方面的行动和语言，只是我们不懂罢了。现在假使我们有所表示，而你们不懂，你们会怎么办呢？你们不是会要我解释吗？那么我们为什么不可以向梦者询问梦的意义呢？

你们要记得研究过失的意义时，我们也曾采用这个办法。那时所讨论的是舌误的例子。有人说："于是某事又发齪了，"我们便问——不，我讲错了，发问的幸亏不是我们而是与精神分析无关 83
的旁人——他们便问，这句莫名其妙的话究作何解。那个人立即回答说他自己本想说"那是一件齷齪的事"，但是他制止了自己，用了较温和的字眼说："那边又有些事情发生了。"那时我已经说过这个询问就是精神分析研究的模型。你们现在当可懂得，精神分析的技术就是想要在可能的范围内，让那些被分析者答复他们自己的问题。因此梦者也应当为我们解释他自己的梦。

但是梦的手续就不如此简单了，这是我们大家知道的。就过失说，(一)有许多实例可以应用这个方法；(二)有许多例子，受质问者不愿答复，而且听到人家代为答复时，便愤怒地加以驳斥。至于梦，则第一类例子完全缺乏；梦者常说自己对于此事一无所知。我们不能代为解释，他也没有表示驳斥。那么我们便不必努力求解吗？他既无所知，我们也无所知，第三个人当然也无所知，所以解决是没有希望的。你们如果高兴，那就算了吧。但是如果你们不以为然，那便跟着我来吧。我可以告诉你，梦者确实明白自己的梦的意义；只是他不知道自己明白，就以为自己一无所知罢了。

在这一点上，你们或许要我注意这个事实：我刚说了几句话，却已作出了两个假定，因此，恐怕就很难说自己方法的可靠了。既说梦是一种心理的现象，又说某些事件原也明白，可不知道自己是明白的——诸如此类的假定！你们只要记得这两个假说不可能并存，就会对于由此演绎而得的结论，漠然不生兴趣了。

是的，我来此讲演，不是要欺瞒你们的。我曾自称要讲演“精神分析引论”，但是我可不愿宣传神的指示，对你们讲许多易于联贯的事实，而将一切困难隐藏起来，使你们轻易相信自己学到了新
84 东西。不，正因为你们都是初学者，我才急于想把这个科学的本来面目，包括它的累赘和不成熟之处，以及它所提出的要求和可能引起的批判，赤裸裸地告诉你们。我知道无论何种科学，尤其对于初学者就不能不如此。我也知道在讲授旁的科学时，开头总竭力将那些困难和缺点向学生隐瞒起来。但精神分析可不能这样做。所以我提出两个假说，一个包含在另一个之中。若有人觉得这都太勉强或太不肯定，或有人习惯于应用更可靠的事实或更精密的演绎，那么他们就不必再跟我走了。只是我要劝告他们完全丢开心理学问题，因为在心理学范围内，怕很难找到像他们所要走的那样切实可靠的路了。而且一种科学要对人类的知识有所贡献，也不必勉强人家信服。相信不相信，要看成绩，它可以耐心等待用自己的研究成果来引起大家的注意。

但是对于那些不因此而泄气的人，我也要警告他们说我这两个假说的重要性实不相同。第一个假说“梦是一种心理现象”将可因我们的研究而得到证实。第二个假说已在别的地方取得证据，我只是将它移用到这里罢了。

我们究竟在哪里和因有什么关系可以假定一个梦者具有他不知道自己具有的知识呢？这个事实似可令人惊异，它既改变我们有关精神生活的概念，却也没有予以隐瞒的需要。还可以顺便指

出，这个事实一说出来，就会引人误会，却又是真实不虚的——总之是词义矛盾的。但是梦者可绝没有隐瞒的任何企图。我们也不能将这个事实归罪于人们的无知或缺乏兴趣，我们也不归罪于我们自己，因为这些心理学问题是有决定性的观察和实验所忽视的。

这第二个假说的证据究竟在哪里得到的呢？原来得自催眠现象的研究。1889 年，我在南锡看李厄保和伯恩海姆做下面一个实验。他们使某人进入睡眠状态之中，使他有种种幻觉的经验。醒 85
后，他似乎对于催眠时所经过的事件，一无所知。伯恩海姆屡次请他将催眠时的经过说出。那人则自称全不记得。但是伯恩海姆再三申请，说他总应该知道，总应该记得。那人迟疑不决，开始回忆，先模糊地记起催眠者所暗示的某事，接着又记得一事，其记忆也逐渐明了而完满，到后来竟不再有所遗漏。那时并没人告诉他，都是他自己想起的，可见这些回忆开头便在心里，只是拿取不到而已；他不知道自己知道，只相信自己不知道。他的情形和我们所揣想的梦者的情形是完全相似的。

这个事实如果成立，我想你们必将惊奇地问我："你讨论过失时，说错误的话后面隐有用意，只是自己不知道，所以极力否认，那时你为什么不提出这个证据呢？假使一个人可以有某种记忆，而自己又相信毫不知道，那么他有自己所不知道的他种心理历程在他的心里不断进行，也就是可能的了。这个论据如果老早提出，当已使我们信服，而我们对于过失也就较易了解了。"是的，那时我也本想提出，但是我却要将这个论据留待将来更需要时再用。有些过失本身自易解释，还有些过失，我们若要懂得它们的意义，便须假定有为本人所不知道的心理历程的存在。至于就梦而言，我

们便不得不在他处寻求解释，而且这里若在催眠方面拿证据，你们
86 也较易接受。过失的情况是常态的，和催眠的状态不同。梦的主要条件是睡眠，而睡眠和催眠之间则有明显的关系。催眠或可称为不自然的睡眠；我们对被催眠者说：“睡吧”，这个暗示便可和自然睡眠时的梦相比拟。二者的心理情境也互相类似。在自然的睡眠中，我们和外界完全停止交涉；催眠时也是如此，只是和施术者互相感通（in rapport）而已。保姆的睡眠可视为常态的催眠，保姆虽睡，却仍和孩子互相感通，只可为孩子所唤醒。所以现在若以催眠来比拟自然的睡眠，似乎就不算大胆了。而“梦者对梦本有所知，只是接触不到这个知识，所以不相信自己知道”的假定也就不能算是荒唐的捏造了。我们对于梦的研究，曾从干扰睡眠的刺激和昼梦入手，现在已看见了第三条通路，那就是催眠时为暗示所引起的梦。

现在如果回头再来讲梦，或者就较有把握了。我们知道梦者对梦确有所知；问题就是如何使他有可能拿出这个知识来告诉我们。我们不希望他立即说出梦的意义，然而我们却认为他能推知梦的起源，和梦所由起的思想和情感。就过失说，你会记得有人错说了“发龊”，你问他如何产生这个错误的，他的第一个联想便给我们作出了解释。释梦的技术很简单，可用这个例子作范型。我们也问梦者如何会做这个梦，他的回答也可视为对梦的解释。至于他是否以为自己有所知或无所知，那是无关重要的，我们都给以同等的对待。

这个技术原很简单，然而我怕你们不免要反对得更厉害了。你们会说：“又来一个假定了，这是第三个了！更不可靠了！你问

梦者对于梦有什么意见，你以为他的第一个联想真的就是我们所需要的解释吗？然而他也许根本没有什么联想，或者只有上帝才 87
知道他的联想是什么。你这个期望根据什么理由，是我们想象不出的。其实，你太相信机会，然而这里却需要用更多的批判力才可对付。况且梦不像一个单独的舌误，而是许多元素组合成的。我们究竟信赖哪一个联想呢？”

在一切不重要的方面，你们的话都是中肯的。你们说梦和舌误不同，是由许多元素组成的，这都不错。我们的技术当然要顾到这一点。我们将梦分析为各个元素，逐一研究；于是梦和舌误相似之处便可成立了。你又说，我们若问到梦者的梦中所有单独的元素，他也许说自己引不起什么意念，那也是对的。就有些例子而言，这个答复可以接受，这些例子是什么，将来再告诉你们；奇怪得很，关于这些例子，我们自己却有明确的见解。但是，大概地说，梦者若说自己没有意念，我们将反驳他，竭力求他作答，告诉他总应当有一些意念——结果，我们可没有错。他会引起一个联想，至于联想究竟是什么，那便不关我们的事了。以往的经验尤其容易想起。他会说：“那是昨天的事”（例如前面所举出的两个不费解的梦），或者：“那使我记起新近发生的事”，由此可见梦与前一天的印象常易发生联系，而非我们的初料所及。而且他以梦为起点，就会记起早先的事，最后竟可忆及遥远的往事了。

但是就主要之点说，你们可错了。我假定梦者的第一个联想必定正是我们所需要的，或者至少也可为解释的线索，你们以为这个假定是荒谬的，又以为联想可随心所欲，而不与我们所想寻求的事情发生关系，更以为我若期望别的事，有别的可能，就是盲目地

信托机会以求侥幸——这都不免大错了。我已经大胆地说过，你们对于精神的自由和选择，有一种根深蒂固的信仰，我也已经指出这个信仰是不科学的，而应当让位于支配心理生活的决定论的要
88 求。梦者受查问时恰巧发生这一联想，而不发生另一联想——这个**事实**我却要你们尊重。我也不是举出一个信仰以反抗另一信仰。由此而得的联想本不是选择的结果，也不是无定的，也不是和我们所想求得的毫无关系，这都是可以证明的。我最近知道，即在实验心理学内，也可以得到相类似的证据。

这很重要，请你们加以特殊的注意。我若问某人对于梦中的某一成分有什么联想，我便要他**将原来的观念留在心头，任意想去**，这便叫做**自由联想**。自由联想需要一种特殊的不同于反省的注意，反省是我们要排除的。有许多人不难采取这个态度，有些人要作这种联想便觉得异常困难。假使我不用任何特殊的刺激字，或只限定我所需要的联想的种类，例如要某人记起一个专名或一个数目，那么因此呈现的联想必将有较高度的自由。你们以为这种联想比精神分析所用的甚至更有选择的余地。然而就每一实例说，其联想都受重要的心绪的严格控制，而这个心绪在发生作用时并不为我们所知晓，这正与那些引起过失和所谓“偶然”动作的倾向是一样的。

我自己，还有许多人跟着我，对于那些无因而至的姓名和数目，做过多次的实验；有些实验且已刊布。其方法如下：用一个专名引起一系列联想，而这些联想互相连锁，已不再是完全自由的了。正与梦中各成分所引起的联想是一样的。这个联想系列前后持续，直至由此冲动而引起的思想竭尽所能不再有所遗漏为止。

但在那时，你或已可解释一个专名的自由联想的动机和意义了。这些实验屡次产生同样的结果；因此而得到的材料也非常丰富，使我们不得不进而作细节的研究。因数目而引起的联想或更可以用
为说明。这些联想彼此衔接得如此地迅速，而趋向一个隐藏的目 89
的又如此地有把握，真不能不使我们感到惊奇。我将举一个人名的分析为例，因为这个分析用不着包括大堆的材料。

我曾在治疗一个青年人的时候，偶然谈到这个问题，说我们在这些方面看起来好像有选取的自由，事实上所想到的专名，无一不决定于当时的形势和受试验者的特癖及地位。因为他表示怀疑，我就请他当场实验。我知道他有许多女朋友，其亲密的程度各不相同，所以我告诉他，如果他要随意记起一个女人的姓名，便有许多姓名可供他自由取舍。他同意了。可是不仅我感到惊奇，连他自己也觉得诧异了，因为他并未顺口举出大量女人的姓名，而是先静默片刻，然后承认自己所想到的只有 Albine（译按：其意为"白"）。"这就怪了！"我对他说，"你和这个姓名有什么关系呢？你所知道的有多少 Albines 呢？"更奇怪的是，他并不认得什么人叫 Albine，这个姓名也引不起他的什么联想。你们也许认为分析是失败了；其实分析是完满的，不需要其他联想的补充。原来这个人的肤色非常洁白；我对他作分析的谈话时，常戏称之为 Albino（意即"天老儿"）；而且那时我们正是在研究他的性格中的女性的成分。所以他那时候最感兴趣的女人或女"天老儿"就是他自己。

一个人偶然想到的曲调也可因某些意念而起，不过这些意念的存在，本人一无所知而已。至于曲调之所以引起，则（一）可由于曲中的歌词，（二）可由于曲调的来源，这都是容易证明的。（但

是这句话须有下面的限制:真正的音乐家忽然想起一个曲调,则可因这个曲调有音乐的价值。我对于音乐家没有分析的经验,所以不敢将他们包括在上面的结论之内。)第一种原因确较为普遍。
90 我知道一个年轻人在某一时期内酷嗜"特洛伊的海伦"(Helen of Troy)中的巴黎歌的曲调(我也承认这个曲调很吸引人),后来受分析时,他才注意到自己那时正同时恋着两个少女,一个叫伊达("Ida"),一个叫海伦("Helen")。

这些原很自由发生的联想,若都受此种限制,并附属于某种确定的背景,那么依附于单独的刺激观念而引起的联想,也必受同样严格的约束。实验证明,这些联想不仅依附于我们所给予的刺激观念,而且有赖于潜意识的活动,意即有赖于当时没有意识到的含有强烈的情感价值的思想和兴趣(也就是我们所称的情结)。

这种联想曾经是很有价值的实验材料,而这些实验在精神分析史上也占一重要的地位。冯特学派首创一种所谓"联想实验",受实验者对于一个指定的"刺激字"须尽可能地答出他所想到的"反应字"。那时,要注意下列各点:刺激字和反应字之间的时距,反应字的性质,重复实验时所可产生的错误,等等。布洛伊勒和荣格所领导的苏黎世学派,有时请被实验者说明为什么有奇异的联想,有时用持续的实验,以求解释联想实验的反应,结果才逐渐知道这些非常态的反应都严格地决定于一个人的情结。布洛伊勒和荣格的这个发现,在实验心理学和精神分析之间架起了第一座桥梁。

你们听到这些,也许会说:"我们现在都承认自由联想是受约束的,不是可以自由选择的,像我们原初所想象的那样;我们承认梦的成分的联想也是如此。然而我们争执的并不在此。你主张梦里每一元素的联想都为这个元素的心理背景所制约，至于这个背景是什么，则不得而知，我们看不出这有什么证据。要说梦的元素的联想决定于梦者的情结，但这对我们有什么用处呢？这对于梦 91
的了解毫无帮助；最多像联想实验那样，只是导致对所谓情结的一些了解；然而情结和梦又有什么关系呢?”

不错，然而你们却忽略了一个要点，也就是这个要点才使我不用联想实验作为这个讨论的起点。就联想实验说，决定着反应的刺激字是我们任意选取的，反应则介于刺激字和被试验者的情结之间。至就梦而言，刺激字则代以梦者的心理成分，而其起源则非梦者所知，因此，这个心理成分本身即可视为一个情结的派生物。所以我们若假定梦的各成分的联想即为产生这一特殊成分的情结所决定，从而由这些成分便可发现这个情结，就不算是异想天开的了。

现在请另举一例为证。专名的遗忘实可用以说明梦的分析，所不同的，前者只关系到一个人，而释梦则关系到两个人。我如果暂时忘记了一个专名，我断定自己仍然是知道的，而由伯恩海姆的实验转一个弯，便可对于梦者也有同样的断定。现在这个虽已忘记但却确实知道的专名，已经使我捉摸不到了。经验告诉我，努力思索是无用的。但是我往往可以想到一个或几个旁的专名。如果我只是自然地想起一个代名，则这时的情境和梦的分析的情境显然是互相类似的。梦的元素也不是我真正想追求的，它只是用来代替我所不知道而想借梦的分析来追求的那一件事。所不同的是：我若忘记了一个专名，我完全明白那代名并不就是原名，而就

梦的元素而言，只有经过苦心研究之后，才可有此见解。我若忘了
92 专名，则可用那代名为起点，去求得那时逃出意识之外的原物，如已忘之名。假使我注意这些代名，让它们在我心内引起一层一层的联想，迟早便可唤回那已经遗忘的原名，因此，我知道自然引起的那些代名，不仅和遗忘的名字有明确的关系，而且是为它所限制的。

我想用下面的例子来说明这种分析：有一天，我记不起在里维埃拉河上以蒙特卡洛为首都的那一个小国的国名。关于这个国家的事，我所知道的，什么都想过了；想起鲁锡南王室的艾伯特王子、想起他的结婚、他的深海探险的热情——总之，一切都回忆到了，但都归于无效。因此，我就不再去想了；只让种种代名涌上心头。它们来得迅速：最先是蒙特卡洛，其次便有 Piedmont，Albania，Montevideo，Colico。阿尔巴尼亚（Albania）第一个引起我的注意；其次是蒙特尼哥罗（Montenegro），或许因为黑和白的对比。（译按：Albania 之意为白，而 Montenegro 之意为黑。）再次，我便注意到那些代名有四个同有“Mon”一个音节，就立即记起那已经遗忘的国名而叫出摩纳哥（“Monaco”），可见代名实起源于已忘的原名；四个代名来自原名的第一音节，而最后一个代名恰依原名各音节的次序，而且包括了末尾的音节，使原名的音节都齐全了。至于这个专名之所以暂时健忘的原因，也不难发现。摩纳哥是意大利用来称呼慕尼黑的，由于慕尼黑有关的思想就使我抑制了摩纳哥的回忆。

这是一个好例，可是太简单了。就其他例子而言，你也许要对代名作较长的联想，那时与梦的分析就会更相类似了。这个经验我也有过。某人曾请我和他同饮意大利酒。他对于某种酒有愉快

的回忆,在饭店里要这种酒,可是忘掉了酒名。有许多不同的代名相继引起,我从而推知他因一个名叫赫德维(Hedwig)的女子而使他遗忘这种酒名。果真如此,他不仅说自己曾经在初尝此酒时遇见一位赫德维,而且因我这个推测,而记起了酒名。那时他已愉快地结婚了,赫德维这个名字则属于不愿回首的往事。 93

专名的遗忘若如上述,则释梦也有可能了。由代替物出发,利用一系列联想,总可以得到原来的对象;而且由遗忘的名字推论起来,我们或可假定一个梦的元素的联想不仅因那元素而定,而且决定于不在意识内的原来的念头。这个假定如能成立,那么释梦的技术便具有相当的根据了。

第七讲　显意和隐意 94

我们对于过失的研究是不无效果的。因为顺着研究过失的方向,由你们已知的假说加以推理,已得到两种结果:(一)关于梦的元素的见解。(二)释梦的技术。梦的元素本身并不是主要物或原有的思想,而是梦者所不知道的某事某物的代替,正像过失背后的潜伏意向,梦者虽确知某事或某物,可是已经想不起来了。梦由许多这一类元素组合而成,所以梦的某一元素果然如此,则整个的梦也应当如此。我们的方法就是利用关于这些元素的自由联想使他种代替的观念能进入意识之内,再由这些观念,推知那隐伏在背后的原念。

我现在要将名词加以修订以求更合于科学之用了。所谓"隐藏的"、"不可及的"或"原来的"统统应改为"非梦者的意识所可及的”或“潜意识的”，以期在叙述上更为精确。所谓潜意识，它的意义和已忘的字及过失背后的意向的涵义相同；意即当时属于潜意识的（unconscious at the moment）。反过来说，梦的元素本身及由联想而得的代替观念，都可称为意识的（conscious），这些名词并不含有任何理论上的成见；谁说“潜意识的”一词不是一个合用而易于了解的名词呢？

95 现在如果将我们的见解由一个单独的元素推广到整个的梦，则梦也为潜意识的某事某物所代替，而释梦的目的便在于发现这些潜意识的思想。因此，在释梦时，就有三个重要的规律，不得不一一遵守：

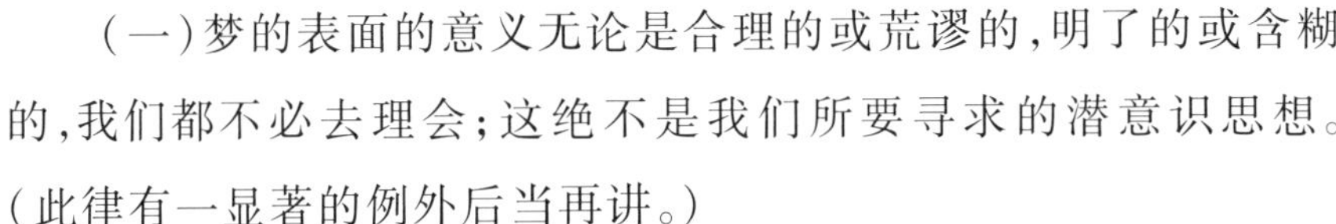

（一）梦的表面的意义无论是合理的或荒谬的，明了的或含糊的，我们都不必去理会；这绝不是我们所要寻求的潜意识思想。（此律有一显著的例外后当再讲。）

（二）我们的工作应以随时唤起代替的观念为限，至于这些观念是否合适，可不必加以思量；而它们和梦的元素是否相离太远，也不必有所顾虑。

（三）必须耐心地等着我们所要寻求的那些隐藏的潜意识思想自然而然地出现，正如前述实验里的遗忘的摩纳哥一词那样。

由此可见我们的梦究竟能记得多少，或是否记得正确，那全是无关重要的。记得的梦并不是真事，只是一个化装的代替物，这个代替物因唤起其他代替的观念就提供了一种线索，使我们得知原来的思想，而将隐藏在梦内的潜意识的思想带入意识之内。我们的记忆尽管有错误，也不过是将那代替物再度加以化装而已，而且这种化装本身也不是没有动机的。

我们可以解释自己的梦,也可以解释旁人的梦;但由自己的梦所得较多,更可使自己信服。但若做这一方面的实验,也不无阻力。联想虽源源而来,然而我们对它们并不完全承认;而是有所批判和选择的。这一联想是不合适的、无关的,那一联想是太荒谬的,第三个联想又文不对题;结果我们发现这些反对意见使联想在未十分明了之前,即已被压抑而终至于销声匿迹。由于我们一方面容易执着于原初的观念,即梦的元素,他方面又允许自己利用批判选择,从而破坏了自由联想所得的结果。假使不由自己解释这 96
些联想,而由他人代为解释,则所作的批判选择又另有一种动机,虽力加制止也属徒然。我们有时以为某一联想太不愉快,所以不愿告诉他人。

这些反对的理由显然妨碍研究的进行。我们解释自己的梦,须下决心不受它们的影响;若代他人释梦,则须严格订立规则,使他虽遇有上述的太琐碎、太荒谬、太无关系或太不愉快等四种理由,也不许制止任何联想。他虽允许遵守这个规则,然而到后来仍不免犯规,而使我们感到烦恼。起初我们以为,他虽经我们一再解说,但仍不相信自由联想的功效;其次,我们也许以为给他几本书读读,或送他去听演讲,就会使他相信我们的观点。然而这种种麻烦都非必要,因为就连深信这个学说的我们,也不免反对某种联想,只是三思之后,才能克服。

梦者虽颇倔强,然而我们可不必因此感到懊恼,反而可以利用这个经验去求得某些新鲜的事实。这些事实越出人意外,则越加重要。我们知道释梦的工作正为一种**抗力**(a resistance)所阻,这个抗力的表现形式就是批判的反对。这种抗力和梦者在理论上的信仰是无关的。而且由经验看来，我们还知道这种批判的反对是永远没有根据的。人们所要抑制的联想反而毫无例外地是最重要的线索，可以用来发现潜意识的思想。所以一个联想若有这种反对相伴而起，就必须加以特别注意。

这个抗力是新发现的事实；是由我们的假说演绎出来的一个
97 现象。这个要我们对付的新成分使我们大为惊奇而不快，因为研究可能因此而更难进行了，早知如此，不如算了反而痛快。何必为了研究一种无关宏旨的问题，引起这么多麻烦而妨碍顺利地应用技术呢？然而反过来说，这些困难也有可以迷恋之处，我们或可因此推知这种研究也有麻烦的价值。我们若要由梦的元素或代替物出发而探索隐藏的潜意识思想，必不免为抗力所阻。因此，可以假定代替物的背后，必有一种很重要的念头，否则求源索隐何以有这些困难呢？一个孩子如果不肯伸直手给别人看手中的东西，我们便可决定那个东西一定不是他所应有的。

我们如果对抗力作一种动的解释，便须记住抗力是有量的变化的。有时抗力较大，有时抗力较小，这些差异，我们在研究时，常可看见。释梦时还有一种经验，可附述于此。就是说，有时只有几个联想——也许只有一个——便足以使我们由梦的元素达到它背后的潜意识思想，有时却必须作冗长的联想，而且必须克服许多批判的抗力。我们或许以为联想的数目必将随抗力的大小而异，这个揣想确也不错。抗力若很微弱，则其代替物必离潜意识思想不远；反过来说，强大的抗力可使潜意识思想大起变化，于是要由代替物达到潜意识思想本身便不得不转一大圈了。

此时或可选取一梦，试用我们的技术，看我们所期望的是否可靠。然而我们将选择什么梦呢？你们不知道选梦为例的困难，我也不容易使你们了解这些困难究竟是什么。有些梦，就整体说，很少化装，有人也许以为最好用这些梦作出发点。然而所谓最少化装的梦究何所指呢？是指那些意义明白、有条不紊、像我们前面举过的两个实例吗？我们要这样假定，就不免大错了，因为据研究的 98
结果，这些梦偏偏有很多化装之处。假使我不先规定特殊的条件，任取一梦为例，或许又会使你们大失所望。我们所须观察记载关于一个梦的元素的联想也许非常繁琐，以致不能对整个研究有明确的见解。我们若将梦写出，而与这个梦所引起的一切联想互相比较，则可见记载联想的篇幅数倍于原来的梦。所以最切实的方法似乎是选取几个简短的梦以为分析之用，而每个梦至少要传达一点意见或证实我们的某个假定。我们决定采用的就是这个办法，除非是经验告诉我们，非采用化装不多的梦不可。

然而化繁为简，还有一个方法，是唾手可得的。我们暂时不必解释整个的梦，先以梦的单独的元素为限，举几个梦为例，看如何运用我们的技术去解释它们。

（一）一个女人说自己在童年时屡次梦见**上帝头上戴一顶尖顶的纸帽**。你若没有梦者的帮助如何解释此梦呢？就表面说，这话在童年毫无意义；但是那女人说自己是小女孩时，常在进餐时戴上这么一顶帽子，因为她想要偷看兄弟姐妹盘子内的食物是否比她的多，于是梦的意义便有线索可寻了。帽子显然有遮盖的效用；这段往事不难探悉。这个元素和整个梦的解释还因梦者的又一联想变得更容易了。她说：“我听说上帝无所不知而无所不见，这个梦的意义只能是他们虽想瞒我，可是我也和上帝那样无所不知，无所不见。”这个例子或许太简单了。

（二）一个多疑的病人曾做一较长的梦，梦中有人告诉她关于我的论《诙谐》那本书，而且大加赞美。其次便是关于水道(canal)的事，水道这个字或与这个字有关的字也许见于另一书内……她不知道……这都太模糊了。

99 你们必定会以为梦中提到的水道因为本身模糊，就难于解释了。你们认为困难，这是对的，但困难的原因不是模糊；相反，此梦解释的困难是另有原因的，也就是造成这个元素模糊的同一个原因。梦者对于“水道”一词没有联想；我自然也不知道说什么才对。不多时后，或者说得精确些，次日，她告诉我有一联想或许与此有关。她记起某人的一句笑话：在多佛尔和加来之间的渡船上，有一个英国人在讨论某问题时说：“高尚的和可笑的之间仅隔一沟”(Du sublime ou ridicule, il n'y a qu'un pas)。一个著名的作家回答他说：“是的，那就是 le Pas-de-Calais 了”，意即以法兰西为高尚的，而以英格兰为可笑的。这个 Pas-de-Calais 是一条水道——也就是英吉利海峡。你们要问我以为这个联想和梦有关吗？我认为当然有关：这个令人不解的梦的元素的真意即在于此。或者你们不相信这个笑话存在于做梦之前，就成为“水道”这个元素背后的潜意识思想；你们或许以为它们是后来捏造出来的。由联想看来，可见她的怀疑为过分的赞美所掩饰，而联想的迟缓和梦的元素的模糊，无疑都以抗力为其原因。你们要注意此例所有梦的元素及其背后的潜意识思想的关系：它好像是思想的片段，取他物以为比喻；梦的元素因为与潜意识思想隔离太远，所以变得不可理解了。

(三)一个病人做了一个长梦,梦中有一片段如下:**他家里的几个人围着一只特殊形状的桌子坐着**……。此桌使梦者想起在某一家庭内也曾见过同样的一张,于是他的联想持续如下:在这个家庭内,父子的关系很特别,梦者马上接着便说自己与父亲的关系也是如此。所以此桌入梦即用以指示这个类似之点。

这个梦者久已熟知释梦的要求;否则必不至于研究这样琐碎的事——桌子的形状。梦中所有事物确非无因而起,我们若要得 100
到结论,便须研究这种琐碎的,(似乎)没有动机的细节。你们也许仍感到惊疑,梦的工作为什么选取桌子来表示"我们的关系与他们的相同"这个思想。但是你们若知道那一家姓"Tischler"这一点也就可以解释了(Tisch 意即桌子)。梦者梦见亲属们围此桌而坐,意思是指他们也都是一些"Tischler"。还有一件事也须注意:这种释梦的叙述难免有轻率之讥。选梦的困难很多,这也是其中之一。我或许可举另一个例子以为说明,然而轻率之弊虽可避免,但另一种缺陷又将代之而起了。

有两个新名词,本来早可引用,最好此时加以注释。说出来的梦可称为**梦的显意**(the manifest dream-content),其背后隐含的意义,由联想而得的,可称为**梦的隐意**(the latent dream-thought)。于是上面各例所有显意和隐意的关系,我们就必须加以讨论了。这些关系的种类不少。在例(一)和例(二)中,梦的显意也就是隐意的一部分,不过是一片段罢了。梦的潜意识思想,有一小部分闯入梦里,成为片段,或暗喻,有如电报码中的缩写。释梦须将此片段或暗喻凑成全义,如例(二)则很完满。所以梦的化装作用之一就在于用一个片段或一个暗喻来代替他物,在例(三)则显意和隐意

之间又另有一种关系,这种关系在下面各例中更可明白看出:

(四)梦者将他所认识的某女子由沟渠中拉出来。梦者由第一个联想即明白梦的意义如下:他“选取了她”,看中了她。

101 (五)又有一人梦见他的兄弟手持竹节。第一个联想是中秋节到了,第二个联想才说出梦的隐意。他的兄弟现正在节省开支。[①]

(六)梦登高山以望远。此梦听来似乎很为合理;或可不必加以解释,只须研究梦者对此有何回忆,是什么引起这个梦便尽够了。然而这是错的;此梦之需要解释和较欠条理的梦不相上下。因为梦者记不起登山的事;反而记起某友人正刊行一种 Rundschau[评论],以讨论人类和地球上最远部分的关系:所以梦者自以为是一个评论者“reviewer。”,才是梦的隐意(reviewer 实即为“测量者”)。

这里你们可以看到了梦的显意和隐意的新型的关系。显意与其说是隐意的化装,不如说是它的代表——一种由字音引起的可塑性的具体意像。然而就结果说,也可称为化装的一种,因为这个字起源于何种具体意像,我们早已记不得了;所以现在当这个字为意像所代替,我们便不能认识了。你们若知道梦的显意大多数为视像,较少数为思想和文字,便可知显意和隐意之间的这种关系在梦的构造上有特殊的重要性;而且因此更可知一长列的抽象思想可在显梦里造成代替的意像,以达到隐藏的目的。这也就是绘制谜画的方法。至于这种意像和诙谐心理学的关系,那是另一个问题,我们不必在此讨论了。

① 这是译者改译的例子。——译者注

显意和隐意之间还有第四种关系，现在不谈，等将来有需要时再说。甚至在那时我也不会将这些可能的关系尽量举出，只要满足要求就够了。

现在你们能有解释整个梦的勇气吗？那么让我们看是否有充分的准备。我自然不去选取一个最难解释的梦，但是所选的梦也 102
必须具有梦的特点。

一个年轻的妇女已于多年前结婚。某夜得梦如下：她和丈夫在剧院内，正厅前排座位有一边还完全空着。她的丈夫对她说爱丽丝和她的未婚夫也要来看戏，可只能以一个半弗罗林（钱币名）买到三个坏座位；他们当然不要了。她说，由她看来，他们并不因此有所损失。

梦者所陈述的第一件事就是梦所由起的事件在显意中已暗暗指出：她的丈夫的确曾对她说，与她年龄差不多的友人爱丽丝已订婚了，此梦就是对这个消息的反应。我们已知道这个在前一天发生的事件，在许多梦里都容易指出，梦者也不难追根究底。就此梦而言，显意里的其他一些同样的元素也经梦者道破了。“有一边座位还完全空着”这一细节指的是什么呢？这指的是前一星期的事，她想去看戏，位子定得太早了，以致不得不多付票价。到了入场的时候，她的担忧显然是多余的，因为有一边座位几乎完全空着。假使她到演戏的那一天来买票，也不至于无票可买，因此她的丈夫讥讽她太匆忙了。其次，一个半弗罗林又指什么呢？那和看戏的事全无关系，指的是前一天听到的一个新闻。她的嫂嫂接到丈夫寄给她的一百五十个弗罗林，便匆匆地到珠宝店里去，像一个傻瓜似地，全部用来买了一件珠宝。何以数目是三呢？她对此一无所知,除非下面这个观念也算一个联想:她已结婚十年,而这个订婚的女子爱丽丝的年纪比她只少三个月。那么两个人何以买三张票呢?她无话可说,而且不愿有所联想。

然而这少数联想所提供给我们的材料,已够用来发现梦的隐
103 意了。最可怪的,她有好几次讲到时间,这便是这个梦的共同基础。她买戏票太早,太匆忙了,以致不得不多付票价;她的嫂嫂匆匆地拿钱到珠宝店里买首饰,好像是迟了就买不到似的。假使这些特别看重的各点,如"太早"、"太匆忙"等和梦所由起的事件(即年纪比她小三个月的朋友现在也已订婚了)以及她对于嫂嫂的严厉批评,以为如此匆忙,未免太傻等事合起来看,则梦的隐意自然可如下述,显梦当然是一个巧妙化装的代替物!

"我急于结婚未免太傻,由爱丽丝的例子看来,可见我迟一些也还能和人订婚"。(她自己的急于买票,她的嫂嫂的急于买珠宝都用以表示此意。看戏代表结婚。)这便是梦的隐意:我们或可再分析下去,不过较欠明确,因为分析所得的结论必须与梦者的话不相冲突:如,"我用此款或可得到百倍于此的利益"。(一百五十个弗罗林恰恰百倍于一个半弗罗林。)假使此款代替嫁妆,则意思就是说丈夫可为嫁妆所购得:那么珠宝和坏座位也就是丈夫的代替物了。假使把"三张票"和一个丈夫联系起来,那就更好解释了;但是我们的知识却还做不到这一点。我们只知道此梦只用来表示梦者看不起丈夫,而深悔结婚太早而已。

由我看来,我们第一次释梦所得的结果非但没有使我们满意,反而使我们感到奇怪。观念太多了,以至未能一一了解。此梦的解释尚未到达终点,这是我们所已知道的。现在将可以明白的各

点列举如下：

第一，我们要知道这个梦的隐意着重在“匆忙”；而“匆忙”一层在显梦中则无所表现。若未经过分析，则必不知道有这个隐意的存在。所以潜意识思想的中心点似乎不在显梦中呈现。这一事 104
实必将使整个梦所给予我们的印象有根本的改变。第二，梦里的观念作无意义的结合（如一个半弗罗林买三个）；在梦的思想内我们便从而发现下面一个隐意：“（结婚太早）未免太傻。”这个“未免太傻”的隐意难道不是由显梦中的**无意义**的成分而表示出来的吗？第三，由比较的结果可以看出，显意和隐意的关系不是一个简单的关系，一个明显的元素不一定总是代替一个潜在的元素。二者的关系是两个不同的组的交叉关系，所以一个明显的元素可代表几个潜伏的思想；而一个潜伏的思想也可为几个明显的元素所代替。

至于就梦的意义和梦者对意义的态度而言，我们可以发现更多令人惊奇的事实。那位太太固然承认我们的解释，但仍不免感到惊异；她不知道自己竟如此地轻视丈夫；更不知道为什么轻视他。所以关于这个梦还有许多细节未能完全了解，我以为我们对于释梦还没有充分的准备，所以先要受进一步的训练。

第八讲　儿童的梦 105

我觉得我们进行得太快了，所以让我们退回几步再说吧。我们在应用分析法解释梦的化装之前，已说过我们最好暂时将注意的范围缩小，以那些未曾化装或很少化装的梦为限，以避免由化装而引起的困难。其实照这个办法，未免又和精神分析的发展过程背道而驰；因为事实上，只有在一贯地应用我们的释梦法，并对曾经化装的梦彻底地分析之后，才知道有未经化装的梦的存在。

这种梦在儿童的梦中可以找到：儿童的梦简短、明白、易于了解，其意义虽不含糊，但究竟不失为梦。然而儿童的梦也不都属于这个类型。儿童期的初年开始出现化装的梦，五岁和八岁之间的儿童的梦，据记载，已具有成人的梦的一切特点。但是假使你以初具精神活动或四五岁这一时期为限，便可发现一系列的所谓幼稚的梦，到了儿童后期还可以有这同一类型的梦；甚至成人的梦，在某种情形下也可与婴孩的梦同样幼稚。

根据这些儿童的梦，便不难对于梦的主要属性，有确实可靠的了解。

（一）要了解这些梦，可不必进行分析，也不必应用任何技术。对于述梦的儿童也不必加以询问。然而关于他的生活，我们却要
106 略有所知；每一个梦都可释以前一日的经验。因为梦就是心灵在睡眠中对于前一日经验的反映。

现在举几个例子如下，作为进一步结论的根据。

（1）一个一岁又十个月的小孩要送别的孩子一篮樱桃作为他生日的礼物。他显然不愿意，虽然他自己也可得一些樱桃；第二天早晨，他说自己梦见赫尔曼已将樱桃吃完了。

（2）一个三岁又三个月的小女孩第一次游湖。返回时不愿上岸，放声大哭；在她看来，湖上时间过得太快了。第二天早晨，她说自己昨晚又梦见游湖。我们可揣想她梦中游湖的时间必较长于白天。

(3)一个五岁又三个月的男孩和他人同游哈尔斯塔特附近的厄斯彻恩塔尔。他以前曾听说哈尔斯塔特在德克斯坦山的山脚下，他对此山很感兴趣。从奥西地方的房子内，可以看见德克斯坦山，从望远镜中可能看见山顶上的西蒙尼小屋。这个孩子曾一再用望远镜去看这个山顶上的小屋，但没有人知道他是否看见。这次旅游，开头便带有一个愉快的期望。每有新山在望，他便问那是否就是德克斯坦山。可是每次得到的都是否定的答复，于是他渐觉扫兴，立即默不作声，也不愿和他人再走上几步去看瀑布。人家以为他太疲劳了，但是第二天早晨，他很高兴地说："昨夜我已梦见在西蒙尼小屋之内了。"所以他加入这次旅游，就是怀着这个期望的。关于路程，他仅重复以前听到的话："你必须在山上走六个小时，才到山顶。"

由这三个梦看来已足见一斑了。

(二)这些儿童期的梦是不无意义的；它们都是完全的、可以了解的心理动作。前面讲过你们要记得医学上梦的见解，还要记得有人把梦比喻为不谙音乐者在钢琴键盘上的乱弹。上面征引的儿童的梦便绝对和这种说法互相抵触了。最可怪的是，一个儿童 107 能在睡眠时做成完全的心理动作，而在同一情境之内的成人仅仅满足于间断的反应。况且我们可以有各种理由断定儿童的睡眠是要比成人的睡眠更熟更深的。

(三)这些梦既未经过化装，所以不必解释：其显意和隐意互相一致。我们因此可以断定化装不是梦的主要属性。我想这句话你们必定是相信的。但是经过仔细的研究，不得不承认这些梦也不无化装，虽然是程度很浅，但梦的显意和隐意之间总多少有些区别。

（四）儿童若对日前的经历感到遗憾，抱有希望或有不曾满足的愿望，便以做梦为反应。**儿童借梦以直接满足这个愿望，毫无掩饰**。至于体外或体内的刺激在扰乱睡眠和产生幻梦上所占的地位，现在也可以讨论一下。在这一点上，我们已知道一些明确的事实，但是这些事实只可用以解释极少数的梦。在儿童的梦中，则难以看出这种身体刺激的影响；因为儿童的梦是完全易于了解的。然而我们也不必因此而放弃这个刺激生梦的观念。我们只要问扰乱睡眠的刺激除身体的刺激之外为什么一开始就忘记了还有**心理的**刺激？我们知道扰乱成人睡眠的大半是这些心理的刺激；因为这些刺激往往使成人们不能引起睡眠所需要的心理情境，——即和外界脱离关系的情境。他们不愿意打断生活；他们宁愿继续正在做的工作，这就是他们不睡眠的原因。所以侵扰儿童睡眠的心理刺激是不曾满足的愿望，他对此的反应就是梦。

（五）我们就是从这个捷径而知道梦的功能的。假使梦是对于心理刺激的反应，则梦的价值就在于使兴奋求得相当的发泄，以消除其刺激而使睡眠继续下去。这个发泄如何在动力上因梦而得以实现，尚无所知，然而我们已知道梦不是睡眠的捣乱分子（以此
108 责备梦的颇不乏人），却是睡眠的保护人，使不受扰乱的影响。我们原易以为没有梦则睡眠较深，然而这个见解是错的；其实没有梦的帮助，则睡眠将不可能，我们所以睡得好，都是因为有梦。梦也不免使我们稍受干扰，然而这正好像巡警在驱逐扰乱治安者时不免要发出枪声一样。

（六）梦因愿望而起，梦的内容即在于表示这个愿望，这就是

梦的主要特性之一。此外还有一个不变的特性，就是梦不仅使一个思想有表示的机会，而且借幻觉经验的方式，以表示愿望的满足。“我很想游湖”是引起梦的愿望；至于梦的内容则为：“我正在游湖”。所以即就这些儿童期的简单的梦而言，梦的隐意和显意之间仍略有区别，隐意经过化装将**愿望译为经验**。释梦的时候，须先将这种化装作用设法还原。假使这是一切梦的最普遍的特性之一，我们便可知解释前述各梦的方法了：“我看见兄弟手持竹节”的意思并不是“我的兄弟**正在**节省开支”，而是“我希望我的兄弟要节省开支”，这两个普遍特性之中，第二个比第一个更容易为大家所公认。只是经过广泛的研究之后，我们才相信引起幻梦的常常是一个愿望，而不能是一种成见、目的或者谴责；但是其他特性并不因此而变，就是说梦不仅重复引起这个刺激，而且因为译成一个经验，就使刺激消灭而安静了。

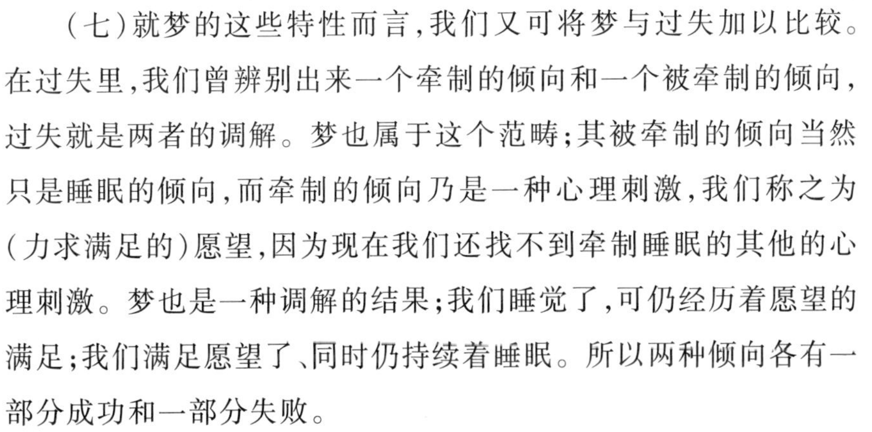

（七）就梦的这些特性而言，我们又可将梦与过失加以比较。在过失里，我们曾辨别出来一个牵制的倾向和一个被牵制的倾向，过失就是两者的调解。梦也属于这个范畴；其被牵制的倾向当然只是睡眠的倾向，而牵制的倾向乃是一种心理刺激，我们称之为（力求满足的）愿望，因为现在我们还找不到牵制睡眠的其他的心理刺激。梦也是一种调解的结果；我们睡觉了，可仍经历着愿望的满足；我们满足愿望了、同时仍持续着睡眠。所以两种倾向各有一 109
部分成功和一部分失败。

（八）你们要记得我曾想借“昼梦”来解决梦的问题。我们认为这些“昼梦”确实是满足愿望、满足野心或情欲，然而采取的方式为思想或想象，虽很生动，但绝不同于幻觉的经验。因此，梦的两个特性虽较欠确定，但仍为“昼梦”所同有，然而为睡眠所特有而为醒时所不能有的那一属性则完全缺乏。在语言中，我们也同样发现满足愿望是梦的一个主要特性。而且假使梦中的经历不过是想象重现的一个方式，这个方式只在睡眠的特殊状况下才有可能——我们或可称之为“夜中昼梦”（“a nocturnal day-dream”）——那么我们便可知道做梦如何可以消除刺激而导致满足；因为昼梦也是满足愿望的一种心理活动，这也就是人们为什么有昼梦的唯一原因。

此外还有一些其他俗语也具有相同的意义。俗话说：“猪梦橡实，鹅梦玉米。”“小鸡梦什么呢？梦见谷粒。”这些谚语所说的已由儿童降至动物，其所主张的梦的内容也是愿望的满足。还有许多成语也是指的同一件事，譬如“美妙如梦”；“此事为梦想所不及”；“就连最荒唐的梦也不能有此想象。”可见俗语的含义也和我们的见解相呼应。当然，也有所谓“焦虑的梦”（anxiety dreams），痛苦的梦，或无关痛痒的梦，然而这些都没有相当的成语。我们固然也有“噩梦”这个名词，但是据普通的用法，“梦”总是带有一些满足愿望的涵义。无论何种谚语绝不至于说猪鹅梦见被宰杀的。

梦的这个满足愿望的特性竟为一般谈梦者所疏忽，自然是令人费解的。其实，他们也常看得见这一层；但是从来没有人承认它
110 是梦的特性，而用来作为释梦的引线。他们究竟为什么这样做，一加揣想，便可知道，这留待以后再讨论吧。

现在来看看由儿童的梦的研究，几乎不费力气而得的究竟有多少知识！我们已经知道（1）梦的功用在于保护睡眠；（2）梦由两种互相冲突的倾向而起，一要睡眠，而一要满足某种心理刺激；

(3)梦为富有意义的心理动作;(4)梦有两个主要的特性,即愿望的满足和幻觉的经验。然而与此同时,我们几乎已忘掉我们是在研究精神分析了。除了前面曾举出的梦和过失的关系之外,我们这个研究还没有什么特别的标志。任何一个对于精神分析的假定一无所知的心理学家,对于儿童的梦都可能作同一解释。但是为什么没有一个人作这样的解释呢?

假使一切的梦都幼稚如此,那么梦的问题早已解决,我们的研究也早已完成,就不必去询问梦者,也不必去谈什么潜意识或引用自由联想的方法了。这显然是我们所应继续努力的方向。我们已一再发现,有些特性据说是普遍有效的,到后来证明只以某种少数的梦为限。所以现在要解决的问题,就是儿童的梦所表现的特性是否较为稳定,或意识不明显而愿望不易看出的梦是否也具有这些属性?我们的意见以为这些梦已经过多次化装,所以不能立即加以判断。我们更以为要分解这种化装,必须求助于精神分析法,研究儿童的梦的意义则没有这个需要。

至少还有一类梦和儿童的梦相同,也未经过化装,并容易认出是愿望的满足。这些梦都由迫切的生理需要——如饥、渴、性欲等——所引起,作为愿望的满足即在于对这些体内刺激的反应。111
譬如我所记载的,有个一岁又七个月的小女孩,梦见一种菜单,上面有她自己的姓名(F. 安娜,……),草莓,覆盆子,鸡蛋,奶油面包,她因吃了水果,积食不化,不得不挨饿一天,此梦就是这个情境的反映。同时,她的祖母,六十八岁又五个月,因为浮动肾脏(floating kidney)不得不断食一天,当夜就梦见有人请她聚餐,面前尽是山珍海味。其他如饥饿的囚犯和粮绝的游历家及探险家都常

梦见得食充饥。譬如诺顿斯柯尔德在他讨论南极的书(1904 年)内,叙述他自己和探险队过冬的生活如下(见卷一,336 页):“我们的梦明显地表示出我们当时的思想方向。我们做梦从来没有像那时那么多,那么鲜明。就是那些很少做梦的朋友,当我们在早晨交换梦景的时候,也常有长梦可作谈料。我们所有的梦都有关那遥远的乡土,但有时也梦见我们当时所处的情境,——饮食是梦的主要对象。有一位朋友往往夜梦大嚼,早晨说自己已吃了三道菜而深感愉快。还有一位梦见满山都是烟叶;又有一位梦见扬帆而来的船只,最后不再看见有冰块了。还有一梦也值得一提:邮递员手持信件而来,反复解释他迟来的原因;他说信先送错,然后费了许多周折才将信件取回。睡梦中尽管有许多更奇突的事情,但是最足以令人惊异的,就是我自己几乎所有的梦或我听他人所说的梦都缺乏想象。假使我将这些梦都记载下来,一定会大大引起心理学的兴趣。梦既能使大家心满意足,则我们如何思慕睡乡,你们便可想而知了。”此外我想再引一段,这次是杜普里尔的话:“派克旅行非洲,在几乎渴死时,常梦见家乡的水源丰富的山谷。特伦克在马格德波格的城堡内挨饿时,曾梦见为美食所围绕;
112 乔治·巴克曾参加富兰克林的第一次探险,当粮绝将死时,常梦饱食。”

无论何人若因晚餐多进美食,入夜大渴,便不免梦见喝水。大饥大渴可不能因梦而止,于是口渴醒来时不得不真喝水。此时梦确无实际的功用,但显然可见梦的引起的目的是在于保护睡眠,不使刺激惊醒梦者而采取行动。如果愿望的强度较弱,则“满足愿望的梦”往往能达到满足的目的。

同样，性欲的刺激也可因梦而得到满足，但是这种满足自有特点，值得我们注意。因为性欲的冲动不像饥渴那样地依赖外物，所以梦遗也可使梦者得到真实的满足；不过对外物的关系也颇重要（这一层等后来再讲），所以这真实的满足仍不免与梦的对象有联系，只是化装不明显罢了。像兰克所说过的，梦遗这一特点可用来作为研究梦的化装的适当对象。至就成人而言，愿望的梦常于满足之外，兼有其他纯由心造的事物，我们要懂得这种梦，仍须加以解释。

然而成人若有这种幼稚型的满足愿望的梦，也未必仅只是对于机体的迫切需要的反应。我们也知道这一类简短明白的梦有些是由于某种强有力的情境而引起的，显然也是心理刺激的结果。例如，有些“焦急”的梦（“impatience”dream），梦者或预备旅行，或预备看戏，或预备演讲，或预备访友，都将他的期望预先在梦中实现，在前一夜或梦见到达目的地，或梦见在戏院内，或梦见已和所想要访问的朋友互诉阔别。又如所谓“偷懒”的梦（“comfort” dreams），梦者为了要继续酣睡，乃梦见已经起床、洗脸或在校内，其实却仍在睡乡，这个梦的意思是想在梦内起床，而不愿真正起床。我们前已承认睡眠的愿望常在梦的构成上占一地位，就这些梦而言，这个愿望明显地表现出来，而为梦的起因。所以梦的需要 113
和其他重大的机体需要有同等的重要性。

我想在这里请你们参考慕尼黑的沙克画廊中施温德绘画的复制品，[①]并请你们注意画家很明确地知道梦可因强有力的情境而

① 见卷首插图。

引起。画名《囚犯的梦》,梦的主题当然就是囚徒的越狱。囚犯想从窗口逃出,因为阳光由窗口入室,将他从睡眠中唤醒。重叠而立的妖神无疑代表着他攀缘上窗所应继续站立的位置;假使我未误解或附会,则站在顶端而靠近窗口的妖神(即囚犯希望取得的位置)的面貌恰好和梦者的面貌相似。

我曾说过除了儿童的梦和幼稚型的梦之外,其他各梦都不免经过多次化装,不易解释。我们虽揣想这些梦也都是满足愿望的梦,但一时可不敢说是否如此,也不能由梦的显意推定这些梦由什么心理刺激所引起,或证明它们也和旁的梦相似,是要解除或减轻其刺激。但是它们仍然需要解释或翻译;对于化装的历程要作溯源的研究,显意要代之以隐意,然后,才可以明确地断定因研究儿童的梦而求得的种种结论可否用以解释一切的梦。

114 # 第九讲　梦的检查作用

由儿童的梦的研究,我们已知道梦的起因、主要特性和功能。梦乃是用幻觉的满足来消除侵扰睡眠的心理刺激的方法。关于成人的梦,我们所可解释的,确仅有一类,即所谓幼稚型的梦。至于其他种类的梦,则既没有讨论,也没有了解。但是我们所已求得的结果未可轻视。一个梦若完全可以了解,总能表明是愿望的满足;这绝不是偶然的巧合,所以一定是很重要的。

其他种类的梦,我以为是对一种未知内容的化装代替物,而这种未知内容必须加以追究;我们的假定除了别种理由之外,还因为梦和过失有相似之处。因此,我们便须研究以求了解这所谓梦的

化装作用了。

梦之所以奇异而不可理解，就是由于梦的化装作用。我们所要知道的是：(1)化装的起因（即动因），(2)化装的功用，(3)化装的方法。我们还可以说化装是“**梦的工作**”(dream-work)的产物。现在可描述梦的工作并描述其中所有的力量。

请先述一梦，此梦为精神分析界中一位知名的夫人所记录。①她说梦者是一位深受教育、年高望重的妇人。此梦未被分析，录梦者以为由精神分析家看来，可不言而喻，无须解释。梦者也未加以解释，只是大加批判和申斥，好像自己深知梦的隐意，她说，“你看一个五十来岁日夜只替孩子操心的老妇人，竟有这么一个荒唐的梦！”

现在可以叙述梦境了，梦是关于大战时的“爱役”。“她到第一军医院去，对门警说要进院服务，须和院长一谈。她说话时，非 115
常着重‘服务’二字，以致警官立即察觉她所指的是‘爱役’。因为她是一个老妇人，所以警官有些迟疑，后来，才许她进院，但是她没有去见院长，却走进一个大暗室内，室内有许多军官、军医或站或坐于一大餐桌之旁。她对一个军医说明自己的来意；他也立即理会了她的意思。她在梦里所说的话仿佛是：‘我和维也纳的无数妇女准备供给士兵、军官或其他人等……’最后变为喃喃之声。然而她一看军官们的半感困惑和半怀恶意的表情，便知道他们都已领会她的意思了。她又继续说：‘我知道我们的决定是很古怪的，但是我们都十分热诚。战场上的士兵，绝没有人问他是否愿意

① 指胡格·赫尔穆斯医生的夫人（Frau Dr. von Hug-Hellmuth）。

战死的。'然后是一分钟的难堪的静默;军医就将两臂抱住她的腰说:'太太,假如真的这样,那……(又继以喃喃之音)。'她脱身而退,想道:'他们大概都是一样的,'于是回答说:'天啊,我是一个老妇人,或许不至于有这回事吧。有一个条件是不得不遵守的:年龄总得加以注意,一个老妇人和一个小孩子或许不……(喃喃)这简直太可怕了。'军医说:'我很明白';但是有几个军官,还有一个曾向她表示爱情的少年,都高声大笑,那老妇人就请见院长,要求把事情弄清楚;院长是她所认识的。可是她大吃一惊,因为她竟不知道院长的姓名。军医对她表示十二分敬意,告诉她上三层楼的路,有一条很狭的螺旋形的铁梯,由这个暗室直至楼上。上梯时,她听见一个军官说:'不管她年纪大小,这个决定够惊人的了;向她致敬吧!'她觉得她只是在尽自己的义务,走上了一个无穷尽的铁梯。"

这个梦在几星期内做过两次,虽略有变动,但据这位太太说,变动之处都是全无意义或全不重要的。

116 此梦的进行和一个昼梦很相似,不连贯处很少,有许多地方只须一加询问便可明白:但是你们知道却没有这样做过。最可惊奇而最饶有兴趣的是许多语气忽断的地方:有三个地方内容似乎变得模糊不清了,语气一断,便代以喃喃之声。因为此梦我们尚未加以分析,严格地说,我们绝没有揣测其意义的权利;但是也有若干蛛丝马迹可寻,例如"爱役"二字,可用作下结论的材料;而在喃喃声之前的断续的话,也都可根据意义来补足它。补足之后,结果便形成一种梦幻,意思就是说梦者随时准备献身尽职,以满足军队中各色人员的性的需要。这确是一种无耻可怕的性欲幻想,然而——梦却完全没有谈起此事，每当前后关系中应当有所表露的时候，便在显梦内出现模糊不清喃喃之声；那些秘密意义已受压抑或消灭了。

这些细节所以引起压抑，就是因为本身的性质太令人骇异了，我想你们对于这一层必不难推想而知。近来类似的事比比皆是。试取任何一种有政治色彩的报纸，你们会发现删削之处触目皆是，于是纸上屡有空白。这些空白所占据的地方，原来一定有新闻检查员所不赞许之事，因此便被删除得一字不留。你们大概以为这太可惜了，因为被删的新闻一定是新闻中最有趣的材料。

有时被检查的不是全句；著者预料某段大概要受到检查员的指摘，所以将这些句子化硬为软，或略加修改，或仅暗示影射。于是新闻中不再有空白，但是由那些转了弯而欠明了的表示，便可知著者在执笔的时候，内心已做过一番检查工作了。

根据这个比喻，我们可以说梦里删去的或装成喃喃之声的话
也必定是检查作用的牺牲品。我们确实也用了**梦的检查作用**这个 117
名词，并用来作为梦的化装的原因之一。每当显梦中有断续之处，我们就知道它是由于检查作用；进一步说，凡是在其他较明确的成分之中，出现一种在记忆里较模糊、较欠明确，而较可怀疑的成分，我们认为这就是检查作用的证据。然而无论如何，检查作用很少像在“爱役”梦里的那么爽直而痛快；较常见的是检查作用常用的上述第二个方法：即用修饰、暗示和影射来代表真正的意义。

梦的检查作用还有第三种行使职权的方法，是新闻检查条例无法比拟的；我可引上面分析过的一个梦来说明梦的检查作用的这一特殊活动方式。你们可记得“以一个半弗罗林买三个坏座位”的梦。就此梦背后的隐意说，“太匆忙了，太早了”占重要的地位；意思是说“结婚那么早是傻的，买戏票那么早也是傻的，嫂嫂那么匆忙花钱买珠宝也傻得可笑”。这个中心思想在显梦中没有流露，显梦着重在看戏买票。因为梦的元素有这样一个重心的移植和改组，于是梦的显意乃大大不同于梦的隐意，以至不再有人怀疑隐意的存在了。这个重心的移植就是化装所用的主要方法之一；而梦之所以如此奇异，使梦者不愿承认是自己心内的产物，也是由于这个原因。

材料的省略、更动和改组——这些就是梦的检查活动的方式和化装所用的方法。我们现在所要研究的是化装作用，而检查作用则为化装的主因，或主因之一。移置（“displacement”）一词往往兼括排列的变动和更替。

梦的检查活动既略如上述，我们现在可将注意转而集中于其
118 动力学。我希望你们不要用拟人说的意义看待“检查作用”，把检查描绘为一个严肃的小鬼，寓居于脑中小房间内行使职权；也不要硬性地确定它的位置，以为有一个“脑中枢”产生检查的力量，那个中枢一旦受伤，这个力量便随即停止。我们现在可仅把它作为一个有用的名词，以表示一种动的关系。我们可也不必因此便不问这个力量的实施者和接受者各为何种倾向；而且我们假使发现自己已遇见检查作用而竟熟视无睹，也不必感到惊奇。

然而这确是事实。须记得我们应用自由联想法时，就曾有一种奇怪的经验：我们知道要由梦的元素努力企求其背后的潜意识思想，便不免遇有一种反抗。我们曾说过，这个抗力有时很大，有时很小。抗力小，释梦的工作只需要几个联想便成；抗力大，则不得不有一种冗长的联想，使我们远远地离开出发的观念，一路上还须抵御因联想而引起的种种批驳。释梦时所遇到的这种反抗，现在就是“梦的工作”中的检查作用；反抗只不过是客观化的检查作用；由此可以证明，检查的力量并不因促进梦的化装而枯竭，它仍然保留作为一个永久的机关，目的在于维持已造成的化装。而且正好像释梦时的抗力大小随每一元素而不同那样，由检查作用所引起的化装程度也跟着整个梦中的各元素而不同。由显梦和隐梦的比较研究表明，有些隐伏的元素完全消灭，有些略有更动，有些仍然呈现于显梦中，甚至变本加厉。

但是我们的目的在于寻求施行检查的究竟是何种倾向，而受检查的又是何种倾向。这个问题在了解睡梦和人们的生活上都很
重要，我们若将已解释过的各梦作一概观，便不难答复了。施行检 119
查的倾向，就是梦者清醒时所承认或赞许的倾向。你若对自己的梦的正确的解释加以否认，此时你的动机就是促使检查从而造成化装的动机，因此乃有释梦的必要。请回头来看那位五十岁的妇人的梦吧：此梦虽未经过我们的解释，但是她自己也深感吃惊。假使冯·胡格-赫尔穆斯医生将梦的无可怀疑的意义举实相告，她恐怕不免要更加暴怒了。梦里污亵的话所以变为喃喃之声，正是由于这种批驳拒斥的态度。

其次，我们可用这个内心批判的观点来描写梦的检查作用所反抗的倾向具有令人不愉快的性质。它们往往违反伦理的、审美的或社会的观点，我们平时根本不敢想到，纵然想到也必深感厌恶。而且这些在梦里化装的被检查的愿望，也就是无限制的自我主义的表现；因为梦者的自我呈现在各梦中，而且占据重要的地

位，虽然它在显梦里也知道如何隐身的方法。这个梦的自我神圣主义（sacro egoismo）和睡眠时必要的心理态度——即和整个外界不生交涉的态度——的确不无相当的关系。

打破一切伦理束缚的自我乃是受美育所拒斥，道德规律所制裁的性欲需要所支配的。而对快乐的追求，我们称之为“里比多”——就肆无忌惮地选取一般人所禁止的事物作为自己的对象：不仅是他人的妻子，甚至于是普通人都视为神圣不可侵犯的——如母亲和姊妹、父亲和兄弟等。（甚至那位五十来岁的妇人的梦也是一个乱伦的梦，她的“里比多”显然以儿子为对象。）其他如我们认为与人性不相容的欲望也足以成梦。憎恨无限制地泛滥；复仇的愿望，杀人的愿望也屡见不鲜，更有针对着至亲的

120 人——梦者的父母、兄弟、姊妹、夫妇及子女等——以他们为对象。这些被禁止的愿望好像被一种恶魔所引起；我们若知道它们的意义，便觉得醒时对于这种愿望虽加以最严酷的制裁也不为过。然而梦的本身对于这种邪恶内容可不必负责；梦的功用在于保护睡眠不受侵扰，你们总是还记得的。邪恶不是梦的本性；而且你们也知道有些梦可被认为是满足正当的愿望和身体的迫切需要。这些梦没有经过化装，也没有化装的必要，因为它们在行使职能时并不触犯自我的伦理的和审美的倾向。你们也记得化装的程度和下面的两个因素成比例：（一）被检查的愿望越骇人，则化装的程度也越大；（二）检查的要求越严格，则化装也越繁复。所以一个严受管束而拘泥太过的少女常用一种严格的检查作用，使梦的兴奋不得不稍稍化装，这种兴奋由医生看来会认为是一些可以允许而无害的“里比多”欲望，梦者自己就是在十年后也会得出相同的结

论的。

你们(原文作“我们”)现在仍然没有让自己胆敢怒斥我们释梦研究的结果。我想你们(原文作“我们”)对释梦的工作尚未有相当的了解;然而我们义不容辞的是首先要抵御某些可能的攻击。这个研究的弱点是不难看出的。我们的解释是基于前所采用的假设:如梦确有某种意义;由催眠而得的潜意识观念可用以解释常态的睡眠;一切联想皆受束缚等。现在假使由这些假设加以演绎而对于释梦有可靠的结果,则我们或可断定这些假设是正确的。但是假使所求得的只是我所描述的那一种,那便如何呢?当然有人要说:“这些结果是不可能的,荒谬的,至少是很不可靠的,因此那些假设一定有错误的地方。或许梦毕竟不是一种心理现象,或在常态心理中没有什么潜意识,或许我们的技术还有缺点。作此种种假定不是比接受那些由我们的假设演绎而得的可恶的结论更简单而完满吗?”

对的,简单固然简单,完满固然完满,但不一定因此就更正确。121
你们(原文作“我们”)还要等待,此时还不能遽下判断。第一,我们的解释正可从引起一种甚至更强有力的抗议。你们说我们的结果使一般人感到不愉快和厌恶,那究竟对我们影响不算严重;我们解释了梦的背后有些愿望的倾向,而梦者本人坚持异议,这才确是一种更有力的抗议。有一个梦者说,“什么?你要从我的梦证明我不愿花钱为妹妹办嫁妆和为弟弟付教育费吗?然而这是不可能的,我为弟妹终日辛劳,我一生所关心的就是尽我做兄长的责任,因为我是长子,此事我已向亡母提出过保证。”又有一妇人说:“你说我希望我丈夫死吗?那真是无理取闹的胡说!或许你不相信

吧,不仅我的婚后生活是愉快的,而且他如果死了,我将要失掉人间的一切。”又有一人说:“你以为我对妹妹怀着性的欲望吗;这未免可笑了;我对她漠不关心;我们兄妹素不和睦,已有好几年互不谈话了。”如果这些梦者既不承认、也不否认那些本属于他们所有的倾向,我们或可不为所动;还可以说这些就是他们意识不到的事物。然而如果他们在自己心内发现一种和我们所解释的恰恰相反的愿望,而且以他们的生平行为来证明这个相反愿望占据优势,那么我们便不得不知难而退了。我们如果将这整个释梦的研究斥为一种可以导致谬论的工作而加以抛弃,现在难道还不是时候了吗?

不,现在可还不是时候。在详细考虑之后,即使这个较强有力的抗辩也很难站得住脚。假使精神生活果然有潜意识倾向的存在,则在意识生活中相反倾向占据优势是无关重要的。心灵内也许有同时容纳两种互相反对或矛盾的倾向的地方;也许一个倾向的优越而使相反倾向降落到潜意识之内。所以前面的第一种抗议只是说释梦的结果既欠简单,又很令人不快。对于第一点,我们可以说,不论你们怎样喜爱简略,可是绝不能因此而解决梦的任何一
122 个问题;你得下决心一开头就承认梦的复杂的关系。至于第二点,你若以好恶作为评判科学是非的动机,那便显然是错误了。释梦的结果若令人不快,或甚至于恼羞成怒,那有什么关系呢? Ça n'empêche pas d'exister. [这无害于存在]——我少年行医时,曾听见我师沙可如此说过。假使我们要对这个宇宙的实在有所了解,便不得不低首下心,将好恶之感坦然置之度外。如果一个物理学家证明说地球上的有机生命不久便将灭绝,你必不敢向他抗议说:“那不可能;我很不喜欢这种预测。”我想,若没有第二个物理

学家出来证明第一个物理学家的前提或估计有错误，你大概是会不发一言的。假使你只听从好恶行事，那么你就是在摹拟梦的结构的机制，而不是想对于梦有所了解了。

你也许对被检查的梦的欲望的可厌性质不再介意，而另提一个抗议，说人性绝不至于有这么大部分是恶的。然而你能用自己的经验证实你这句话吗？你把自己看成是什么样的人，我暂不说，但是你曾看见过胜过你的和等于你的人们满怀好意，你的仇人富有侠义，你的朋友绝少嫉妒，所以你才不得不驳斥性恶的观念吗？你岂不知道一般人在性的生活上都很难控制和信赖吗？或者你竟不知道我们夜梦中的一切过度和反常的行为都是人们每天在清醒时所犯的罪恶吗？精神分析在此也不过是证实柏拉图的格言："恶人亲往犯法，止于梦者便为善人。"

现在丢开这个不谈，请看一看现在仍蹂躏着欧洲的大战：试想大规模的暴戾欺诈正盛行于文明各国之内。你真以为几个杀人争地的野心家如没有几百万同恶相济的追随者，便能使这隐伏的恶性尽情暴露吗？在这种情形之下，谁还敢力辩人性不恶吗？

你也许会攻击我对大战怀着偏见，而要告诉我：一切英雄主 123
义，自我牺牲及公众服务的至高无上的善良品性也都表现于大战之内。的确不错；但是你不要因为精神分析肯定了这一方面就诋毁它说它否认其他方面，这是我们常受的冤枉。我们绝不愿意否认人性的高尚，也从未曾贬损人性的价值。相反，我不仅向你们表明了被检查的恶念，而且说到有检查作用压抑这些恶念，使其隐而不现。我们所以特别强调人类的性恶，只是因为别人对此加以否认，这既不足以改善人们的精神生活，反而使精神生活变得难于了解。我们现在若放弃了这种片面的道德观，则对于人性善恶的关系必可发现更正确的公式。

这个问题就可以结束了。释梦的结果虽不免奇特，我们也不必因此而放弃释梦工作。将来或许有另一条路可以了解这些结果；目前则须力守此说：即梦的化装乃是由于自我所认可的倾向对于夜间睡眠出现的恶念施行检查的结果。我们若问这些恶念何以起于夜间，或如何发生，那便仍有许多尚须研究之点和许多尚待答复的问题。

假使我们此时忽略了这些研究的另一结果，那便不免犯错误了。我们本不知道那些干扰睡眠的梦的愿望；我们最初知道它们，只是由于释梦；所以我们曾称这些愿望为“当时属于潜意识的”，其义已如上述。但是我们还得承认它们还不仅是当时属于潜意识的；因为我们已多次说过，梦者虽因释梦而已知它们的存在，却仍然不改变自己否认的态度。这种情形正好像解释“打嗝”那一舌误时，那餐后演说家曾愤怒声明自己当时或无论何时都从未对他的领袖有轻侮之意。我们在那时就已不敢相信他说的是真话，我们实在认为演说者永远不知道自己心内此意的存在。我们每当解释化装复杂的梦境时，便不免引起相同的情境，因此使我们的学说
124 更增添了一层意义。我们现在简直可以说精神生活中有些历程和倾向是我们所不明白的；所不曾明白的；或长久不明白的，或竟永远不明白的。这便使**潜意识**一词有了一个新的意义：“当时”或“暂时”等形容词不是这个词的要义了，潜意识不仅是“当时隐潜的”，简直可以说是**永远隐潜**的了。后文对于这一点将作进一步的讨论。

第十讲　梦的象征作用 125

我们已经知道梦的不易理解乃由于梦的化装所致，而梦的化装则又为对于不道德的潜意识欲望冲动施行检查的结果。我们自然不敢说检查作用是化装作用的唯一原因，我们若对梦作进一层的研究，便可发现化装作用还有他种原因；换句话说，检查作用如被消除，我们仍然不能对梦有所理解，而显梦也不能和梦的隐意互相一致。

这个促成化装的另一原因，是由我们觉察到精神分析技术的一个缺陷而显露出来的。我曾经承认有时被分析者对于梦中的单独元素确实不能引起联想。这种情形当然没有像他们所说的那么多。就大多数的例子而言，分析者若坚持不懈，仍可引出联想；但是就某些少数例子而言，的确完全不能引起联想，最后纵有联想，也不是我们所需要的。精神分析的治疗若遇到这种情形，便有意义可寻，这里暂不叙述；但是这种情形在为正常人释梦或为自己释梦时也可发生。在这种情形下，无论如何劝促，都确实不能奏效，我们最后才知道每当梦里有特殊元素，便常发生这种不愉快的障碍；我们原来以为这只是技术失败中的特例，现在才知道这是由于某一新原则作用的结果。

因此，我们乃试用自己的办法来解释和翻译这些引不起联想的元素。令人不无惊奇的是，每当我们敢于作此翻译的时候，便常获得完满的意义，反之，只要决意不用此法，梦便失去联贯而毫无 126
意义。这种实验开始时，本不敢自信，但同类的例子日益增多乃渐

可相信了。

我现在要作一个概述，为了演讲，这是可以允许的，虽说较为简略，但不至于引起误会。

我们于是对一组梦的元素，采用一种固定的翻译，正好像我们在通俗的释梦书内看到的，对梦里各种事物都采用的那种翻译。可是你们要记得我们应用自由联想法的时候，梦的元素却从来没有这种固定的代替物的。

你们马上会以为这个释梦的方法似乎比自由联想法还更不可靠而更可指摘了。但是我也有话可说：我们已由亲身的经验搜集了许多可以用这种不变的翻译的例子，终于知道释梦有时可不必应用梦者的联想，只要应用我们自己的知识便够了。至于这种知识来自何处，等到本章下半段再讲。

我们可以把梦的元素与对梦的解释的固定关系，称之为一种**象征的**关系，而梦的元素本身就是梦的隐意的**象征**，你们当记得我们以前研究梦的元素与其隐意的关系时，我曾举出三种关系：(1)以部分代替全体，(2)暗喻，(3)意象。我又说过还有第四种可能的关系，那时却未曾明确说出。这第四种关系就是刚才所说的象征的关系；关于这一问题，在未举出我们特殊的观察之前，请先对那些可供讨论的饶有趣味的各点予以相当的注意。象征作用或许便是我们梦的理论中最引人注目的部分。

第一，象征和被象征的观念的关系既固定不变，而后者又似乎是前者的解释，所以我们的技术虽和古人及一般人的释梦大不相同，然而象征主义在一定程度上是暗合古人和一般人释梦的意思
127 的。我们因有象征，所以能在某种情形之下解释一梦而不必询问

梦者，其实梦者无论如何也绝不能以象征相告。假使我们知道梦中常有的象征，梦者的人格，他的生活状况，及梦前接受的印象，便常可立即释梦；好像一见面就可翻译出来。这个成功既可使释梦者满意，又可使梦者叹服；所以大大胜过麻烦的询问法。然而你们可不要因此引起误会：一要花样绝不是我们的惯技，而基于象征作用的释梦法也绝不能代替自由联想法，或与之相比拟。象征法乃是联想法的补充，而它所得的结果只是和联想法合用才有成效。至于我们关于梦者心理情境的知识，你们要知道我们不仅仅只是解释熟人的梦；一般说来，我们对于引起梦的前一天事实大概无所知晓，因而被分析者的联想乃是所谓心理情境的知识的来源。

特别值得注意的是，关于梦和潜意识之间的这个象征作用的问题竟引起最激烈的抗议，尤其是后文就要讨论到的那几点。即使精于判断的人在其他方面对于精神分析已深表同情，可是在这一点上也力持异议。我们若记得下面两件事，则这种行为就会更令人惊异了：(1)象征作用并非梦所特有，也不是梦的独特性质；(2)精神分析虽不乏独创之见，然而梦的象征作用并非创自精神分析。假使我们要举出近代此说的先辈，则当首推施尔纳(1861年)；精神分析只是证实了他的学说，但在某些重要方面作了修订。

你们或许希望有几个例子，说明梦的象征作用的性质。我愿举我所知道的相告，但是我自认我们的知识并没有像我们所期望的那么丰富。

象征的关系实质上就是一种比拟，但却又不是任何种的比拟。128
我们必定觉得这种象征的比拟受某些特殊条件的制约，但尚未能指明这些条件是什么。一物一事所可比拟的事物并不都呈现在梦中而成象征，反过来说，梦也不以象征代表任何事物，其所象征的只是梦的潜意识的精神元素；因此双方都各有界限。我们也必须承认，目前对于象征的概念还不能指出明确的界限，因为象征容易同代替物、表象等混淆起来，甚至近似于暗喻。有些象征的比拟基础不难看出，有些象征则须细求其比拟中的共同因素或**公比**（the tertium comparationis）。有时细加思考才可发现其隐义，有时思考之后，其意义仍不能解释。而且象征即使确是一种比拟，这种比拟也不因自由联想法而显露；梦者对此一无所知，因此应用象征也非有意；所以要以此引起他的注意，他确实也不愿承认。可见象征的关系乃是一种特殊的比拟，至于其性质如何，则我们尚未充分了解。以后或可更有所发现以了解这一未知量。

梦中以象征来代表的事物为数不多，如人体、父母、儿女、兄弟、姐妹、生死、裸体——此外尚有一物，暂可不提。代表整个人体所常用的象征是**房屋**，此事施尔纳也曾知道，只是他夸大了这个象征的重大意义。一个人做梦在房屋的前面攀缘而下，有时感觉愉快，有时感到恐怖。墙若平滑，房屋意指男人；房屋若有壁架和阳台则意指女人。父母在梦中表现为**皇帝**及**皇后**或**国王**及**王后**或其他高贵人物；就此点说，梦的态度是恭敬的。儿女、兄弟、姐妹等则受较不亲切的待遇，往往被象征为**小动物**或**害虫**。出生的象征常不离**水**，或梦见落水，或梦见由水中爬出，或做梦救人出水，或做梦被从水中救出，这都象征着母子的关系。垂死的象征为乘车出发
129 **旅行**，而表示死亡的状态则用种种隐晦的暗喻；至于表示裸体，反而用**衣服**和**制服**。由此可见象征和暗喻逐渐失去严格的分界。

这些事物的象征既如此贫乏，于是关于性生活的事物如生殖器、性交等象征的丰富便不免令人吃惊了。梦中大多数的象征都是性的象征。和性有关的事物很少，而其用以象征的数目则多得不可胜数，二者相比很不相称，所以每一事物都各有许多意义相同的象征。因此，解释的结果引起一般人的攻击，因为梦的象征方式五花八门，而其解释却异常单调。这固然是大家所不乐意的；但事实如此，又有什么办法呢？

因为这是在这些讲演里第一次说到性生活，我必须将讨论这个问题的态度略加说明。精神分析对于任何事都无所隐蔽，以为讨论这种重大问题实在无须感到羞愧；更以为无论何事都须先正其名，然后才不会有无谓的争论。此地听众虽然男女兼有，我也一律平等对待。演讲科学是不能有所隐瞒的，也不能专求适合女性的要求；座中各位女士既来听讲，便已表示要和男子接受同等的待遇了。

男性生殖器在梦中有各种不同的象征，就大多数说，其比拟所根据的共同观念是容易明白的。第一，神圣的数目三是整个男性生殖器的象征。其更重要更为两性所注意的部分——阳具——其象征可以是长形直竖之物如手杖、伞、竹竿、树干等；也可以是有穿刺性和伤害性的物体——即种种利器：如小刀、匕首、枪、矛、军刀 130
等。也可以是种种火器：如枪炮、手枪及左轮手枪等，后面这些东西以其形似，所以是很妥适的象征。少女在焦虑的梦中，往往被佩刀或佩来福枪者所追逐。这也许是最常见的梦了，此种象征，连你自己都不难解释。有时男性生殖器以水所流出之物为象征，如：水龙头、水壶或泉水；有时则以可拉长之物为象征：如有滑轮可拉的

灯，及自由伸缩的铅笔等。他如铅笔，笔杆，指甲锉刀，铁锤及他种器具等也显然是男性的象征。这些意义也都是不难明白的。

阳具因为有违反地心吸力高举直竖的特性，所以也用气球、飞机，近时且用齐柏林飞船为象征。但是梦见高举还有另一种有关勃起的更有力的象征；它使生殖器成为整个人的主要部分，于是梦者便自己起飞了。梦中高飞是大家所熟悉的，有时也非常美丽，现在若将这种梦解释为性兴奋的梦或阳举的梦，你们听了可不要大惊小怪。有一个精神分析研究家费德恩曾证明这个解释的可靠；而以精明著称的沃尔德曾以臂和腿的不自然姿势进行实验，他的理论本和精神分析大不相同（也许他不知道精神分析的存在），但他的研究结果也得出了同样的结论。你们不要因为妇女也可梦见高飞，就来驳斥我们的学说；要知道梦的目的在于满足欲望；而妇女往往于不知不觉间有想成为男子的欲望。而且你们若熟悉解剖学，就不至于假定女人不能有和男子相同的感觉而实现这个欲望，因为女子生殖器有和阳具相同的一个小的部分叫阴核，在儿童期及在性交之前确和阳具占同样的地位。

131 有些男性的象征如爬虫和鱼，尤其是蛇作为著名的象征，则较难领会。更难理解的是帽子和外套为什么也可作此种象征，但其象征的意义是不成问题的。至于手脚代表男生殖器是否也可名为象征则不无可疑。但由其和鞋袜手套的关系看来，实不得不视为象征之一。

女性生殖器则以一切有空间性和容纳性的事物为其象征，例如坑和穴，罐和瓶，各种大箱小盒及橱柜、保险箱、口袋等。船艇也属于此类。有许多象征是指子宫，而不是指其他生殖器官：例如碗柜、火炉,尤其是房间。房间的象征在此和房屋的象征相关联,而门户则代表阴户。各种材料如木和纸及其制造品如桌和书等也是妇人的象征。就动物界说,蜗牛及蚌肯定是女性的象征;就身体各部分说,则嘴代表阴户;就建筑物说,则教堂、小礼堂都是妇女的象征。你们知道对所有这些象征的理解的难易,是各不相同的。

乳房也属于性的器官;女性的乳房及臂部都以苹果、桃子及一般水果为其象征。两性的阴毛在梦里则为森林丛竹。女性器官的繁复部位则常比喻为有岩石、有树、有水的风景;而男性器官的构造则往往象征而为各种复杂而难以描述的机器。

女性生殖器还有一个可注意的象征,那就是珠宝盒,而“珍珠”、“宝贝”在梦里也可代表爱人,糖果常用来象征性交的快感。由自己生殖器而得到的满足则以各种游戏为喻,例如弹钢琴。手淫则以滑动、溜动及折枝为喻,都是很典型的。尤可注意的是,手淫的象征是掉牙或拔牙,其要义是指以宫刑为手淫的惩戒。至于性交的特殊象征则不如我们所期望的那么多,但在此也可以举出 132
如跳舞、骑马、登山等有节奏的活动,又如受暴力的待遇,如为马蹄所践踏及为武器所威胁等。

你们可不要以为这些象征的用途和解释都很简单;其实,在各方面所遇见的都往往出人意料之外。譬如,使人难以置信的是,两性所用的象征常可互相交换。有许多象征可兼用来代表男性和女性:例如小宝宝、小男孩或小女孩。有时男性的象征也可用以指女性生殖器,而女性的象征也可用以指男性生殖器。这是不易了解的,除非我们已略知人类对于性的概念的发展。就有些例子而言,这种象征似乎模棱两可,而实则不然;最显著的如武器、口袋、橱柜等则永为单性，不是两性可以互用的。

现在请从象征本身，而不从被象征的事物讲起，以表明性的象征的起源，对于取义较不明显的象征则拟稍加说明。这种象征可以呢帽或一切帽子为例；帽虽间或有女性的意义，但常有男性的意义。同理，外套的意义为男人，虽然有时专指生殖器。这究竟是什么缘故，你们当然可以随便提问的。领结下垂，又不是女子所戴，显然是男性的象征；而衬衫、内衣则常是女性的象征。衣服、制服是裸体的象征，这上面已经说过；鞋和拖鞋则有女性生殖器的意味。桌和木材作为女性的象征，虽然费解，但仍可信而不疑。登梯、登山或登楼的动作显然是性交的象征。其节奏的性质和兴奋的增加——如登高者上升时呼吸短促——两者相同，这是仔细一想便可知道的。

133 我们已知道女性生殖器可喻为风景，高山巨石为男性生殖器的象征；而庭园则常为女性生殖器的象征，水果指乳房，而不是指孩子。感官兴奋而有情欲的人们则喻为野兽，花卉代表女性生殖器，特别是处女的生殖器。关于这一层，你们要记得花原为植物的生殖器官。

房间的象征意义是我们所已知道的。这个象征还可扩大，于是门窗（即房间的出入口）用以指阴户；房间开闭的意义可以类推：开房间的钥匙乃是男性的象征。

这是研究梦的象征作用的一点材料；当然是不完备的，一边可以扩充，一边更可以深入。但是我以为尽够了；你们也许深感不快，以为："我真的生活在性的象征中间吗？我周围的一事一物，我所穿戴的衣服鞋帽以及我所接触的一切难道都仅仅是性的象征吗?”这些疑问的确不无理由:梦者对于梦的象征既不提起半句,我们究竟如何揣知这些象征的意义呢?

我的答复是:我们的知识来源广阔:有神仙故事和神话,有笑话和戏语,有民间故事,有关于各民族习惯、风俗、格言和歌曲的传闻,还有诗歌和惯用的俗语。这些方面到处都有相同的象征,其中有许多意义都可自然了解,不言而喻。假使我们将这些来源一一分开考察,便可见它与梦的象征作用有许多相同之点,使我们不得不相信我们解释的正确。

我们曾说过,据施尔纳的见解,人往往在梦里以房屋为其象征;若将此义加以扩充,则窗和大门、小户都可为体腔出入口的象征,而屋的正面也可是平滑的或者有阳台和壁架。俗语中也有同

样的象征,例如,头发和毡帽。在解剖学内,凡属身体的出入口都 134
称为“户”或“门”,如阴户、幽门等[①]。

父母入梦而成帝王皇后:初次听见,不免觉得奇怪,但在神仙故事中,确有与此相平行的事实。有许多神仙故事开场便说:“古时有一国王和皇后”,我们难道不知它的意思只是指“古时有一个父亲和母亲”吗?就家庭生活而言,儿子有时称为公子,而长子称为太子。国王称为“庶民之父”。有时小孩被戏称为小动物,例如在康瓦尔(英格兰西南部一个郡)被称为“小蛙”,在德国被称为“小虫”,怜爱孩子,便称他们为“怪可怜的小虫”。[②]

现在再回过头来说房屋的象征。房屋突出的各部分在梦里可

① 这些是就我国的成语改译的。——译者注

② 我国也有称孩子为“小猫”、“小狗”的。——译者注

作攀登之用,这便暗合一句著名的德国话,德国讲到胸部特别发达的女人,便说:“她有可供我们攀登之处。”此外还有一句与此相同的俗话:“她在她的屋前有许多木材”,我们曾说木材是女性母亲的象征,从此处似又可以得到证明。

关于木材这个题目还有许多话可说。木材为什么代表女人或母亲,那是不容易理解的,但在此地我们可以利用各国语言加以比较。德字 Holz(即木材)和希腊字ὕλη源出同一语根,ὕλη意即原料。由原料的通名最后变为特种材料的名词,这种化广为狭的过程并不罕见。现在在大西洋里有一个岛名叫马德拉 Madeira。此名为葡萄牙人发现此岛时所定,因为那时岛上有茂密的森林,而葡文“木材”一字为 madeira。然而你们总知道这个 madeira 字只是
135 拉丁字 materia 的变式,而 materia 则又有原料的意思。materia 源出 mater(意即母亲),制造任何物品的原料都可视为那物品的生母。所以说木材是女人或母亲的象征,我们也只是援用这个字的古义。

表示分娩常用与水有关的事:例如入水或出水,那就是说自己分娩或自己出生。我们不要忘记这个象征实指双重进化的事实。不仅人类所由出的一切陆生动物都从水生动物进化而成——这是关系较远的一重事实——而每一哺乳动物,每一个人,都在水内经历第一期的生活——这就是说,作为胚胎时,生活在母亲的子宫的羊水内——所以分娩时都由水出。我自然不主张梦者知道此事;而且我以为他也没有知道此事的必要。也许他做孩子时听人说过,但我以为这也无关于象征的构成。小孩子在托儿所内听说婴孩是鹳鸟带来的,但是鹳鸟又从哪里得到婴孩的呢?得自池中或

井内——那又是从水中出来的了。我有一个病人，做孩子时（那时他是一位小伯爵）听到此事，后来不知道他到哪里去了，整个下午都找不到他，找到时，他正躺在宅内湖边，注视着水面，想要看见水底的婴孩。

兰克曾对神话中英雄的降生做过比较的研究，在这种神话里——最早为阿卡德的萨贡王（King Sargon of Akkad），约在纪元前2800年——弃孩于水内和救孩出水二事占一重要地位。兰克知道这就是分娩的象征，其象征的方法和梦所应用的相同。无论何人若梦见救一个人出水，他便认为这人是他的母亲，或任何人的母亲；而在神话里，救孩子出水的总自认是这孩子的生母。有一个笑话说，有人问一个聪明的犹太孩子，谁是摩西的生母，孩子就说是“公主”。那人说：“不对啊，公主不过是将孩子从水中取出来。”孩子说，“那就是她所说的啊”，可见他对于神话解释得不错。

出发旅行在梦里是垂死的象征；同样，在托儿所内，儿童若问 136
一个死者到哪里去了，保姆们照例告诉他说那人已“远行”去了。诗人也用同样的象征；说死境是“旅行家一到、便再也不能回来的乌有之乡。”在日常谈话里，也常常把死比喻为“最后的旅行”，无论什么人若深知古礼，便知道丧仪都非常隆重，例如在古埃及，往往用所谓《亡灵书》赠给木乃伊，以为其最后旅行的指南。因为坟地和活人的房屋总有相当的距离，所以死者的最后旅行也竟成为真实的事了。

性的象征也不仅属于梦。你们总知道有时候轻侮女人，戏呼之为“铺盖”，可没有人知道这就是一种生殖器的象征。《新约》说：“女人是较脆弱的器皿。”犹太人的圣书，文体颇近于诗，也颇多性的象征的表示，这些象征不常有人了解，所以其注释，例如在“所罗门之歌”内，曾引起许多误会。在后来的希伯来文学内，也常常以房屋比喻女人，用门户比喻生殖器的出入口；譬如男子若发现妻子已不是处女，就说，“我发现门已开了。”桌为妇人的象征也见于希伯来文学；譬如有妇人说到她的丈夫，“我为他将桌子摆开，但是他把桌子推翻了。”跛孩之所以跛，据说是由于男人“将桌子推翻”了。这些我都引自布吕恩的列维的书：《圣经和犹太人法典中性的象征》(Sexual Symbolism in the Bible and the Taimud)。

船在梦内意即女人，这个信仰也为语源学家所主张，他们说Schiff(德文“船”字)的原义为泥造的器皿，与Schaff(意即木桶或木制器皿)为同一个字。至于火炉意即女人或母亲的子宫，也可从希腊科林斯的珀里安德尔与其妻梅里沙的故事中得到证明。据希罗多德的译文，这个暴君本来很热爱他的妻子，但因妒忌而杀了她，
137 杀害之后，他看见妻子的影子，他命令影子诉说有关她本人的事，于是那已死的妇人证明了她的身份说，他(珀里安德尔)“把他的包子放在一个冷火炉之内了”。这是一句隐语，不是第三者所能了解的。又克劳斯所编的《不同民族的性生活》(Anthropophytcia)乃是研究各民族性生活的必读之书，此书说某部分德国人讲到给女人接生时说，“她的火炉已粉碎了。”生火及烧火有关之事都含有性的象征，火焰代表男性生殖器，火灶或火炉则代表女人的子宫。

假使你们因梦内常用山林风景象征女性生殖器而大感惊奇，那么你们读神话便会知道“地为人母”(Mother Eeath)这句话在古代宗教仪式里所占有的地位，而整个关于农业的观念也都受这个象征的支配。至于梦内以房间代表女人则可在德国的俗语中追溯

其起源；德语以 Frauenzimmer［即妇人的房间］代表 Frau［即妇人］，那就是说，人可以用她所住的房子为代表。又如说到 the Porte（土耳其宫廷），意指苏丹及其政府，而古时埃及的国王法老也仅有“大宫廷”的涵义。（古时东方双重城门之间的宫廷是集会的地方，好像希腊罗马时的市场。）但是这个溯源的推论似嫌肤浅，在我看来，房间之所以象征女人，就因为它有“人居其内”的性质。我们已知道房屋含有此义；由神话和诗歌看来，我们更可将镇市、城堡、堡垒、炮台也作为女人的象征。现在若研究不说德语和不懂德语的人的梦，便可证明这一点。近年来我所治疗的病人，大多数为外国人，根据我的记忆，他们的梦也同样以房子代表女人，虽然说他们的语言中没有和德文 Frauenzimmer 一字相当的字。还有一层，象征可超出于语言的界限之上，这是从前梦的研究家舒伯特在 1862 年所主张的。不过我所有的外国病人都略懂德文，所以
这个问题，只好让分析不懂德文而只晓得本国文的外国病人的那 138
些分析家去作最后的判断。

关于男性生殖器的象征，没有一个不见于笑话、俗语或诗歌之内，尤其是古希腊拉丁的诗。但是我们不仅看见梦中出现这些象征，而且也从各种各样的**工具**中可以看到，尤以**锄犁**为最。关于男性生殖器的象征，范围既大，争论尤多，我们为了节省时间，最好存而不论。我仅想对**三**这个数目略说几句。这个数目被视为神圣是否因为它的象征的意义，姑不必说，但是有许多由三部分组成的自然物如苜蓿叶等，就是因为它们的象征意义，而被用在盾形纹章和徽章之内。又如所谓“法国的”三瓣百合花及西西里和人岛两岛所同用的怪徽章“trisceles”［一个由中心点射出的三脚跪着的像］

也仅为男生殖器的化装，因为古时相信生殖器的影像为消灾避祸的有力工具；现在所有护符或也可认为是性的象征。这种护符多以小小银质悬饰做成，如四叶苜蓿、猪、香蕈、蹄铁形物、长梯、扫烟突等。四叶苜蓿是用来代替三叶的，作为象征，三叶当然较为合式：猪是古时丰盛的象征；香蕈显然是阳具的象征，有一种香蕈因为类似阳具，故其学名为 Phallus impudicus；马蹄铁的轮廓和女性的阴户相仿佛；而扫烟突和其长梯则为性交的象征，因为一般人往往以扫烟突比拟性交。（参看《不同民族的性生活》）我们已知道长梯入梦乃是性的象征：而由成语看来，Steigen［意即“升登”］一字实有性的意义，例如：Den Frauen nachsteigen［意即盯梢女人］和 ein alter steiger［意即年老的登徒子］。法文表示进行的字为 la
139 marche，而 un vieux marcheur 之意也为年老的登徒子。这个联想或许以下列这个事实为根据：即有许多大动物于性交时，雄者须升登雌者背上。

折枝为手淫的象征，不仅因为折枝的动作有如手淫，而且在神话里，二者也颇多类似之点。然而特别要注意的是以掉牙或拔牙为手淫或手淫的惩戒即阉割的象征；民族故事中也有与此相同的事，只是梦者很少知道罢了。我想许多民族的割包皮仪式即阉割的代替。近来更知道澳洲有几种原始部落于成年时举行割包皮仪式（即对男童成年的祝贺），而其他附近的部落则代以拔牙仪式。

我就用这些事例作结束了。这些只不过是些例子；假使搜集这种事例的不是我们这样一知半解的人，而是神话学、人类学、语言学、民族学的真正专家，那么所搜集的材料将更丰富和更饶有趣味，而我们对于这个问题的了解，也定会更多了。但是我们不得不下的结论,虽不无挂一漏万之弊,然而也够我们做思考的材料了。

第一,梦者虽能做一种象征的表示,然而他对于这种象征一无所知,在清醒的时候,竟至不能认识。这个事实未免太奇怪了,正好像你忽然惊悉你的女佣人懂得梵语,虽然你知道她生长在波希米亚一个乡村内,从未学过梵语。这个事实当然不容易和我们的心理学说互相调和。我们只好说梦者所有关于象征的知识是潜意识的,附属于他的潜意识的心理生活;但即使有此假定,也不能给我们多大帮助。我们以前只假定暂时不知道的或永久不知道的潜意识倾向的存在;现在这个问题可更大了,我们实际上不得不相信潜意识的知识、思想关系和不同事物之间的比较,因而使一个观念常代替了另一观念。这些比拟不是次次都要新的材料,而是现成的、随时可以应用的;何以见得呢?因为尽管语言不同的民族也都 140
用完全一致的比较。

这个象征的知识究竟来自何处呢?语言的习惯只算是这个知识的源流的一小部分,其他方面与之相当的事实多不为梦者所知;因此我们首先必须将这些材料加以整理。

第二,这些象征的关系并不是梦所特有的,因为我们已知道同样的象征也见于神话和神仙故事,也见于俗语、民歌、散文和诗歌之内。象征的范围非常广泛;梦的象征只占一小部分;所以我们未便由梦入手研究整个的象征问题。有许多象征常见于他处,但不见于梦,或即使见于梦,次数也很少;反过来说,有许多梦的象征也只是偶或见于他处,这是我们所已知道的。我们因此深感象征是一种古用今废的表示方式,而这种方式的断片,东鳞西爪,在各方面稍微改变其形式而已。我于是不禁想起一个很有趣味的精神病人的幻想；他以为世间必有一种所谓“原始语言”，所有这些象征都是这种原始语言的遗物。

第三，你们必定以为其他方面的象征都不以性的问题为限，而梦的象征为什么都是代表性的对象和性的关系呢？这又是很难解释的。我们能否假定原属于性的象征后来被用之于其他方面，或这方面的象征方式降低为他种表示的方式呢？这些问题显然都不是仅仅根据梦的象征便可解答的；我们只能坚决主张真正的象征和性有着特殊密切的关系。

关于这一层，我们最好请教一个语言学家乌普萨拉的斯珀伯（他的研究不受精神分析的影响），据他的意见，性的需要在语言的起源和发展上占极重要的地位。他说，动物在进化上最早的声音即为召唤异性伴侣的工具，在后来的发展中，语言的元素就成为
141 原始人工作时所伴发的声音。这种有节奏的声音既和工作造成联想，于是工作也带有性的趣味了。所以原始人好像是以工作作为性的活动的代替，而使工作较为愉快。而工作时所发出的字音便有双重意义，一方面和性的动作有关，另一方面则和性的动作的代替物或劳动有关。久而久之，字音逐渐失去了性的意义和原来的用法。几代之后，有性的意义的另一新字亦是如此，于是此字也改用于新的工作方面。由此乃产生许多基础字，这些基础字最初本属于性，后来失去了性的意义。此说如果不错，那么我们至少就有用它作为了解梦的一种可能性。梦本保留着这些原始情形的一部分，所以梦内为什么有这么多的性的象征，而武器和工具为什么代替男性，材料和事物为什么代表女性，我们也便可以理会了。于是象征的关系也可视为古字相同的遗意；譬如古时一度和生殖器同

名的事物现在可入梦而为生殖器的象征。

进一步说，我们所有和梦的象征相平行的事实可以使你们懂得精神分析何以引起普遍的兴趣，而心理学和精神病学则不如此；精神分析的研究和许多其他学科——如神话学、语言学、民俗学、民族心理学及宗教学——有很密切的关系，而研究的结果又给予这些学科以有价值的结论。如果你们听说精神分析学家写出了一本书，以促进这些关系为唯一目的，你们当不至于吃惊了。我指的是《初恋对象》（Imago），它在 1912 年初版，编者为萨克斯和兰克。精神分析和其他学科的关系，是施多于受。精神分析所有看来令人惊奇的结果虽受其他方面的证实而大有收获；但是总起来说，正是精神分析给这些学科提供了有实效的研究方法和观点。人类个体的精神生活接受精神分析的研究，其所产生的结果可用来解决
人群的许多生活之谜，或者至少也可给这些问题以解决的希望。 142

至于对那假定的所谓“原始语言”或以此为主要表示的精神病究竟如何可以有深切的了解，我却尚未提起。只要你们不知道这一层，就不能领会这整个问题的真义。神经病的材料可求之于神经病患者的症候和他种表示方式，精神分析就是要对这些现象加以解释和治疗。

第四个观点使我们回到原来的出发点而将旧话重提。我们曾说梦者即使没有梦的检查作用，梦的解释也很不容易，因为那时我们须将梦的象征译为日常的语言。**象征作用**因此乃是梦的化装的第二个独立因素，和检查作用并存。检查作用也乐于利用象征，这个结论是显而易见的，因为二者的共同目的是使梦变得奇异而难解。

在对梦作进一步研究之后，可否发现化装作用的又一因素，我们立即可以知道。但是在结束梦的象征作用的问题之前，势必再提一下这个奇怪的事实，就是，神话、宗教、艺术、语言虽毫无疑问地充满象征，但是梦的象征作用却引起受教育者的强烈反对。这不又是因为象征和性的关系这一原因引起的吗？

143 第十一讲　梦的工作

你们若已懂得梦的检查作用和象征作用，虽然还不能完全了解梦的化装作用，但大多数的梦总可以加以解释了。你们可以应用的方法有两种，这两种方法是互相补充的：（一）引起梦者的联想，直到能由隐念的代替品求得其原有的隐念为止；（二）运用你们自己的知识补充梦内象征所代表的意义。至于因此引起的疑难之点，请等以后再说。

我们前曾研究梦的元素和隐念的关系，但是那时没有充分的准备，所以现在想再加以讨论。我们所曾举出的关系共计四种：（一）以部分代全体；（二）暗喻；（三）象征；（四）意象。现在可以扩大讨论的范围，而将整个显梦和由解释而得的隐梦作比较的研究。

我希望你们永远不要将显梦和隐念混为一谈。假使你们能将这二者加以辨别，那么你们对梦的了解程度，恐怕便不是我的《释梦》一书的多数读者所能及的了。但是下面一层似有重复一提的必要：就是，**隐梦变做显梦的过程叫做梦的工作**（dream-work）；反过来说，由显梦回溯到隐念的历程就是我们的释梦工作；所以释梦的目的就是推翻梦的工作。就儿童的梦而言，其愿望的满足虽然显而易见，然而梦的工作也有一定的活动，因为白天的愿望往往入梦而变为现实，思想则往往变为视觉的意象。这种梦可不必解释；我们只须回溯这两种变化的经过便够了。至于其他样式的梦，其 144
梦的工作便较为复杂，因此称为**梦的化装**以示区别。对于化装的梦，我们便不得不做解释工作，以恢复梦的原来隐念。

因为我曾有机会将许多种梦的解释加以比较，所以我现在可以细述梦的工作是如何处理梦的隐念的材料了。然而请你们不要存过多的希望：这一段话，你们必须留心静听。

梦的工作的第一个成就是**压缩**作用。所谓压缩，意即显梦的内容比隐念简单，好像是隐念的一种缩写体似的。没有经过压缩作用的梦，虽也可能，但是一般说来总少不了压缩，而且有时压缩的程度很大。至于和压缩相反的作用，换言之，即显梦的范围比隐念大，或显梦的内容比隐梦丰富，那是绝对没有的。压缩的方法，约有下列几种：（一）某种隐念的成分完全消灭；（二）隐梦的许多情结中，只有一个片段侵入显梦之内；（三）某些同性质的隐念成分在显梦中混合而为一体。

你若高兴，可保留着“压缩”一词，用以指上述第三种方法，这种实例不难举出。就在你们自己的梦中，也可得到“数人合为一人”的压缩的例子。这种混合而成的影像，状貌像甲，衣服像乙，职业又像丙，但是你始终知道他是丁。四人所共有的属性因此特别显著。关于物件或地点，也可有这种混合的影像，只要这些物件或地点有若干共性供给隐梦的支配就行了。于是，一个新的不稳定的概念仿佛就此形成，而以这个共同属性为核心。压缩的各部分彼此混合之后，常常形成一种模糊的图片，好像几个影像同时投影于一个感光片上似的。

这种混合影像的形成,在梦的工作上应占极重要的地位,因为
145 我们可以证明,混合影像在形成时所需要的共同属性开头本不存在,都是有意制成的,例如,选择一种特殊的语言以表示一种思想。这种压缩或混合的实例是我们以前曾见到过的;它们是造成舌误的要因。你们总还记得那年轻人说要“送辱”一位太太(beleidigen为“侮辱”,begleiten 为“送”,混合起来便成了 begleitdigen)的例子。有些诙谐的话也由于这种压缩。除此之外,我们可以说压缩是不常见的。当然,也有许多幻想,确和梦中数人合而为一的现象相当,因为也有许多成份在实际上本不相隶属,而在幻想上合而为一,例如古代神话中半人半马的怪物和无稽的动物或“布克林”的图画等。其实所谓“创造的”幻想并未发明新的东西,只是将各方面的材料重新配合而已。至于梦的工作的进行则有下面的一个特色:梦的工作的材料,虽含有一些不愉快而可摒弃的思想,但是这种思想却用正确的形式表示了出来。梦的工作将这些思想变成另一种形式,奇怪的是在这个翻译而为另一文字或语言的过程中,竟采用一种混合法。翻译者在别的地方总得保留了原文所有的区别,尤其是大同小异的事物的区别;至于梦的工作则以诙谐的方式,采用一双关语表示两种思想,因而,将两种不同的思想凝而为一。这个特点,我们不能期望立即有所了解,然而这在我们对于梦的工作的解释上,占一极重要的地位。

压缩虽足以使梦模糊,但它并不使我们感到梦的检查作用的势力。我们或将以为压缩是由于机械的或经济的原因(译按:化繁为简,即节省劳力,所以说是“经济的”),但是,无论如何,检查

作用是参预其中的。

压缩的成就有时出人意料之外：两种完全不同的隐念，常混合而为一个显梦，于是我们对于梦好像有了一个稍可满意的解释，然而却忽略了第二种可能的意义。

而且压缩对于显梦和隐梦的关系还有一种影响，即二者各元 146
素间的关系非常复杂；因为互相交错的结果，便使一个明显的元素同时代表若干个隐念的元素，而一个隐念又可化为若干个明显的元素。当释梦时，我们又可见一个明显的元素的种种联想大概都不依次呈现；我们若要它呈现，往往必须等到解释了全梦之后。

因此，梦的工作是用一种特殊的样式来表示梦的思想的；既不是一个字对一个字，或一个符号对一个符号的翻译；也不是有规则可以遵循的选择作用（譬如只保留字的子音，而删削其母音）；也不是一种常用某一元素代表其他若干个元素的代表作用。它所采用的乃是一种与此大不相同且远较复杂的方法。

梦的工作的第二个成就是“移置”作用（displacement）。侥幸得很，这里并没有新的问题；我们知道这都是梦的检查作用的工作。移置作用有两种方式：（一）一个隐念的元素不以自己的一部分为代表，而以较无关系的他事相替代，其性质略近于暗喻；（二）其重点由一重要的元素，移置于另一个不重要的元素之上，梦的重心既被推移，于是梦就似乎呈现了一种异样的形态。

我们清醒时的思想，也常以暗喻代替原意，但和梦的暗喻有一个重要的区别；觉醒时所用的暗喻既容易了解，而其代替物的内容也和原意有相当的关系。诙谐讥诮也常利用暗喻，那时内容的联想已被省略，而代以不常见的表面联想。例如，或取谐音，或取双关的意义。不过这种联想仍须为大家所可了解:假使暗喻所指的真意不易辨认,则笑话的原意也将完全失去了。至于梦中代用的暗喻,则全无这些限制,它和原意的关系,既浅薄而又疏远,所以不易了解;一经说明之后,便觉得太不像笑话,而其解释也未免令人
147 有牵强怪僻之感。只有当我们由暗喻不能逆溯到原意时,梦的检查作用才算达到了目的。

假使我们的目的在于发表思想,则重心的移置并不是合理的办法,虽然我们在清醒时也间或用此法以产生诙谐的效果。要说明这一层,或可用下面的一个故事为例。某村有一个铜匠犯了死罪,法庭判决他有罪。但是村内只有一个铜匠,却有三个裁缝。因此铜匠不能死,而用一个裁缝顶替他的死罪。

梦的工作的第三个成就,由心理学的观点看来,最有趣味。这个方法,乃是将思想变为**视象**(visual images)。我们当然要晓得梦中思想不完全有此种变化,有许多思想仍保存其原形,并在显梦中表现为思想或知识;而且变为视象也不是思想变形的唯一可能的方法。但是它却是梦的主要特性,除开另一种情况,这一部分梦的工作极少变化。而且视象之为梦的成分,也是我们大家所熟悉了的。

这显然不是一种容易的方法。你们要明白这种困难,可设想你们现在要绘图说明报纸中一篇政治论文,须尽量将文字改成图画。文中所有具体的人和物都不难用图画代表,而且可以代表得更完满;但是假使你们要将一切抽象的文字改成图画,以及将指示各种思想关系的语词如关系词、连接词等一概变为图画,则其困难马上就会发生。就抽象的文字而言,你们或将采用种种方法,譬如将文章的内容先译成其他各字,这些字也许较为少见,但其语根的

成分,较为具体,所以较易有作出这种表象的可能。你们或许因此
可以想到这样一个事实:就是抽象的文字原来就是具体的,只是它
们具体的原意已渐丧失罢了。所以一有可能,你们便不免去回溯
这些字原有的具体涵义。例如,“占有”一物之实际意义,是“坐在 148
它的上面”(possess = potis + sedeo,“siting upon”)。这就是梦的工
作的进行方法。在此情形之下,你们当然不易要求精确的表示,也
不可埋怨梦的工作将难于用图示的成分加以替换。如将破坏婚约
的观念还原为他种损坏如断臂或断腿①,以克服化字为图的困难。

① 在修改这几页时,我的目光偶然落到一张报纸的一段新闻上。我把它抄在下面,用作上述几句话的意外证据。

上天的报应

违背婚誓而断臂

预备役军人的妻子 M. 夫人安娜控告 K. 夫人克勒孟坦对丈夫不贞。她控诉说,K. 夫人当其夫在前线服役时,与卡尔・M. 私通。在私通期间,卡尔・M. 每月送给她 70 克朗。此外,她已接受了原告丈夫的一大笔钱,致使原告和孩子们处于挨饿的凄惨境地。原告的丈夫的几个同事告诉她,她的丈夫曾和 K. 夫人同去酒店并饮酒到深夜。这个被告女人确曾有一次当着几个士兵的面,询问原告的丈夫是否会离开他的“发妻”到她那儿去,而 K. 夫人的寓所看管人也曾多次看见原告的丈夫在 K. 夫人的房间内,没穿什么衣服。

昨天,K. 夫人在利物浦斯诺特的地方法官面前说根本不认识 M. 。她说,他们之间不可能发生亲密关系。

但是,一个叫 M. 阿伯丁的证人提供证据说,他曾亲眼看见 K. 夫人和原告的丈夫接吻,当时使她大为惊恐。

M. 在前几次开庭时被召出庭受讯,他否认与被告有任何亲密关系。昨天,他给地方法官一封信,推翻自己先前的供词,供认直到去年六月还与 K. 夫人私通。上几次出庭,他之所以否认与被告有染,只是因为她在开庭前到了他那里,跪下哀求救她,要他不要声张。他接着写道:“今天,我觉得不得不在庭前招供实情,因为我折断了左臂,我认为这是上帝对我犯罪的惩罚。”

法官判决如下:该刑事犯罪为时已久,案件不能成立,原告撤销其控诉,被告予以开释。

有些表示思想关系的语词，如“因为”、“所以”、“然而”等等，你们若要用图来表示，就不是那么容易，因此，这些部分只好省略
149 掉了。同理，梦的思想的内容，也因梦的工作而化为包括物体和活动等材料。假使你们能用更精致的影像表示出那些非图画所可形容的关系，你们也许能感到满意了。用同样的方法，梦的工作通过显梦的**形式**特点，如它的明晰性，或隐晦性，以及区分为不同部分等，成功地表示出大部分的隐念。梦所分成的部分的数目一般和梦的主题或起伏的隐念的数目相当。一个简短的起始的梦，与后来详尽的主梦，往往有导引或因果的关系。梦内情境的改变，则为次要的隐念的代表。因此，梦的形式也很重要，它的本身就需要解释。一夜里的几个梦往往仅有一义，表示梦者曾努力将一个不断加强的刺激加以渐趋完满的控制。而在一个单一的梦中，一个特别困难的元素，可用好几个象征作为它的代表。

假使我们继续将隐念和显梦互相比较，则无论在哪一方面都可发现出人意料的事情，甚至梦中荒谬绝伦的事实也各有其意义；在这一点上，医学家释梦和精神分析者释梦的差别比以前更加显著。由医学家看来，梦之所以荒谬，是因为梦时心理的活动暂告停止；而由我们看来，梦之所以荒谬，是因为梦的隐念含有指责：“它是荒谬的”这种意见。前面讲过的去剧场看戏（一个半弗罗林买三张戏票）可为好例；其所显示的意见就是：“结婚如此之早未免太荒谬了。”

我们在释梦时，发现梦者往往怀疑某一元素曾否入梦或入梦的是否就是这个元素，而不是其他元素。一般地说，隐念中确没有和这些怀疑相当的东西；它们完全由检查作用而起，是压抑不能完

成所致。

梦的工作处理隐梦中相反意念的方法，是我们最为惊人的发 150
现之一。隐梦中材料的互相连贯的各点在显梦中凝缩为一，这是我们已经明白了的。但是相反的意念，也和相同的意念受到同样方法的处理，特别要用同样的显梦成分表示出来。显梦的成分如有正反两面，则其所代表的意义共有三种：(一)仅仅代表它自己；(二)代表相反的意义；(三)兼表示正面和反面的意义。释梦时何去何从，必须看前后关系而定。所以梦内没有“否”字的代表，至少没有不是双关的词语。

梦的工作的这种奇怪现象，幸而在语言发展上可以找到类比。语言学家多主张最古的语言，所有相反的字如：强弱、明暗、大小等等，都用同一语根表示(这就叫做原始文字的两歧之意[antithetical sense of primal words])。譬如古埃及语“ken”，原用以表示“强”和“弱”。说话时因音调和姿势的不同，没有使两歧的字引起误会；在书写时，则加一所谓“限定语”，即加一图画，如在“ken”之后，画一个挺胸直立的人则其义为“强”，若画一个屈膝下跪的人，则其义为“弱”。只是到了后代，同一原始文字的两歧之意才因语根的微小变化而表示两种不同的意义。因此，原意兼“强”、“弱”的“ken”一字生出“ken”[意即“强”]和“kan”[意即“弱”]二字。不仅最古的语言如此，即属较近代的，或甚至于现在生存的语言，发展到了最近阶段，仍然保存着许多早期的两歧字。请由 C. 阿贝尔的著作(1884 年)援引例子说明如下：

在拉丁文中有下面的两歧字：

altus = 高或深；sacer = 神圣或邪恶。

语根变化的例子如下：

clamare = 高呼；clam = 静静地，默然，秘密地；siccus = 干燥；succus = 液汁。

在德文中：Stimme = 声音；stumm = 哑。

151 如果将相近的语言加以比较，则可得到更多的例子：

英文：lock = 闭锁；德文：Loch = 洞、孔穴，Lücke = 裂隙。

英文 cleave①；德文 kleben = 粘着、附着。

英文"without"原来兼有正、反二义，现在则只用以表示否定之义。但是："with"，则不仅有"偕同"之意，而且有"剥夺"之意。看"withdraw"[取消]、"withhold"[阻止]等字便可明白了。（德文 wieder 一字可资比较。）

梦的工作另一特点也可在语言发展上求得。在古代埃及语及其他后来的语言内，音的位置变换，一前一后，造成不同的字以表示相同的基本观念。英文、德文所有这一类平行的，例如：

Topf(pot)—pot[锅]；Boat—tub[桶]；Hurry[匆忙]—Ruhe(rest)[休息]；Balken(beam)[横梁]—Kloben(club)[棍]；wait—täuwen(to wait)[等待]。

拉丁文和德文平行的，例如：

capere—packen(to seize)[捉住]；

ren—Niere(kidney)[肾]。

梦的工作变换单字音节的方法不一而足。意义的倒置或以相反之字互相替代，那是我们早已熟悉的。但除此之外，梦内尚有情

① 英文 cleave 现仍有两种意义：to cleave(=分离)而 to cleave to(=粘附)。

境的倒置或亲属关系的倒置，仿佛置身于一个混乱世界之中似的。猎人追兔往往在梦里变成兔追猎人。而事物的前后程序也是颠倒的。所以在梦中表现为先果而后因，使我们想起第三流戏院中所演的戏剧，主演者先倒地而死，然后使他丧命的枪声始由两厢射出。有时梦内各元素的位置整个颠倒，所以释梦之时，位置最后的元素改放在前，而位置最前的元素改放在后，才有意义。你们记得梦的象征作用也有这个现象，例如，落水和出水同为分娩或出生，而上梯和下梯的意义也相同。表示隐念而不受限制，那是有利于 152
梦的化装的。

梦的工作的这些特征可称为*原始的*（archaic）。它们依附于语言文字的原始表示方式，其难于了解之处也不亚于原始的语言文字，这一问题且待后来评论。

现在请讨论这个问题的其他方面。梦的工作所要完成的事显然是将隐念变成知觉的形式，尤其是视觉的影像。我们的思想原来就采取这种知觉的形式。其最早的材料及其发展的最初期就是感觉印象，或更确切地说，就是这些感觉印象的“记忆画”（memory pictures）。到了后来才有文字附丽于这种图画，连结起来以造成思想。所以梦的工作，使我们的思想有一种*倒退*作用（a regressive process），而复返于发展所经的老路；因此，在这一*倒退*过程中，记忆画进展而为思想时的一切新生物都不得不随之而消失。

这就是梦的工作的意义。懂得了梦的工作的历程之后，我们对于显梦的兴趣就不得不退居于次要的地位。然而我仍想对显梦略加论列，因为我们在梦里直接觉知的部分究竟只有显梦。

显梦在我们眼里已失去重要的地位，那是自然的。不管它是郑重地组合起来，或分裂为前后不相联络的图画，对我们都无所谓。梦的表面看来虽然很有意义，然而我们知道这种梦的表面形象成于梦的化装作用，和梦的内容没有有机的联系，正好像由意大利教堂的门面，不足以推知其中大概的结构和基地的设计。有时梦的表象也有其意义，赤裸裸地表现隐念的要点。但是，我们要知道这一点，必须等到经过释梦而明白其化装的程度之后。有时两种成分相关似乎密切，也可能带来类似的疑问；就是说，由这种联
153 系看来，虽然可以推想隐梦里的相当成分也有类似的关系，然而我们有时深信隐念中的相关成分在入梦之后却距离很远。

大概地说，我们可不得以显梦的他一部分解释显梦的这一部分，好像梦是互相连贯、表里一致似的。就大多数的梦而言，其构造实无异于粘石(Breccia stone)，以水泥将各种石片互相粘合，而使表面上的界线不同于里面各石原来的界线。梦的工作的这一机制，名为“润饰”(Secondary elaboration)，其目的在于将梦的工作的直接产物合成一个连贯的整体；在润饰时，梦的材料往往排成和隐念大相违背的次序，而为了达到这个目的，于是交错穿插就无所不至了。

然而我们可不要过分夸张梦的工作的可能成就。它的活动也就以本文所述的四种为限，即梦的压缩、移置、意象及润饰。此外则别无其他能力。梦中所有判断、批评、惊异或演绎推理等表现都不是由于梦的工作，也很少是后来对梦的回想的表示；但大部分是隐念的断片，改造成梦境相合的方式，然后侵入显梦之内。又梦中会话也不是梦的工作所创造，除了少数例外，都是对梦者自己日前所闻或所说的话的模仿和补充，进入隐念而成为梦的材料或诱因。

数的计算也不隶属于梦的工作，显梦中若有计算，一般仅为数目的混合，或名不副实的估计，或只是隐念中某种计算的副本。在这种情形之下，无怪我们对于梦的工作所发生的兴趣，不久即转向于隐念，而隐念则以化装的形式在显梦中流露出来。但是我们在理论的探讨中，也不应使兴趣转移太远以致用隐念来代替全梦，而以适合于前者的评语加之于后者。精神分析的结果被人误用，而使二者混淆不分，那是不足为怪的。我们要知道“梦”的一词只能用于 154
梦的工作的产物，或只可用以称隐念受梦的工作处理后而取得的方式。

这个工作是很别致的；在精神生活中可算是绝无仅有。所谓压缩、移置及思想变为还原的影像等作用，都是新奇的发明，是我们在精神分析上的收获。你们更可由和梦的工作平行的现象知道精神分析和他种研究的关系，尤其是关于语言思想发展的研究。将来你们若懂得梦的工作的机制是神经病症候的一种范本，那就更可领会这个发现的重要了。

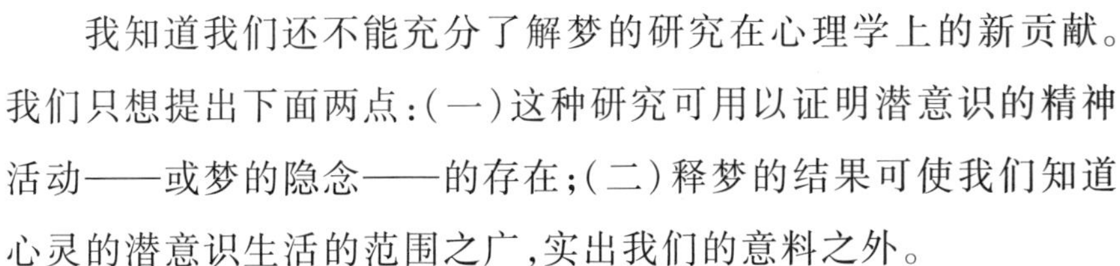

我知道我们还不能充分了解梦的研究在心理学上的新贡献。我们只想提出下面两点：（一）这种研究可用以证明潜意识的精神活动——或梦的隐念——的存在；（二）释梦的结果可使我们知道心灵的潜意识生活的范围之广，实出我们的意料之外。

但是现在可要举出几个简短的梦来说明前面讲过的各点了。

第十二讲　梦的举例及其分析 155

假使我对你们讲的仍然是释梦的断片，而不请你们参加长梦的解释，你们可不要失望。你们会以为在长期预备之后，总可希望解释一个长梦；或以为我已完满地解释了成千上万个梦之后，老早就应该举出许多好例子来，用以证明自己对梦的工作及梦念的理解了。这当然是对的，但是要满足你们这个愿望，困难还多得很咧。

第一，我必须承认，我们绝不以释梦为主要任务。那么我们究竟在何种情形之下才来释梦呢？有时我们也许研究一个朋友的梦，没有特定目的，或长期地研究自己的梦，只是作为精神分析工作的训练。我们主要研究的都是受精神分析治疗的神经病人的梦。这些人的梦所提供的材料的丰富性不亚于常人，然而解释他们的梦，以治疗为主要目的，我们一旦能从这些梦里获得有利于治疗的事物，就不再一一加以解释了。还有一层，在治疗时，有许多梦都完全不能充分解释，因为它们起源于潜意识的材料，而对这些材料，我们还不明白，所以在治疗未奏全功之前，对梦便没有了解的可能。要对这些梦加以论列，则须先将神经病的一切秘密和盘托出；这在我们是办不到的，因为我们讲梦，目的只在为神经病研究做准备。

我现在倒希望你们自愿放弃这种材料，而从事于常人或你们自己的梦的解释。然而这些梦的内容又是不许解释的。梦的解释
156 要很彻底，便顾不到忌讳，这是对自己、对朋友都不愿意忍受的；因为你们已知道梦往往不免侵入人格的最秘密部分。除了这个由梦的材料而引起的困难外，还有一种关于述梦的困难。要知道梦者本人对梦似乎已觉惊奇了，而在不明白梦者的人格的他人看来，就会更觉吃惊了。精神分析的著作内，不乏精巧的和详尽的梦的分

析；我自己所刊布的分析也有可用以说明病状经过的部分的。关于释梦的最好例子或许首推兰克所发表的，对一少女的两个有关的梦的分析。这些梦的记载约占两页，而关于分析的叙述则占七十六页。若要详讲，恐怕要花整整一个学期的时间。如果我们选取一个冗长而多化装的梦，那便不得不加以多重解释，将这许多材料化为联想和回想形式，曲路旁通，以求佐证，这样一来，一次讲演必嫌不敷，更不足以对梦有一个清晰的整体观念。我必须请你们少安毋躁，假使我选取一个较为容易的办法，从神经病人的梦里略述几段，从梦中就可看出这一或那一孤立的特点。象征是最容易指出的，其次是梦的表象的倒退性的某种特点。我将告诉你们以下各梦为什么值得一述。

（一）有一个梦仅含有两幅简图：**梦者的叔父正在吸烟，虽然那天是星期六，——一个妇人正在抚抱梦者，好像把他当作小孩子。**

关于第一个图，梦者（系犹太人）说他的叔父是一个很虔敬的教徒，他从来没有在安息日抽过烟，将来也绝不至于如此妄为。第二图的妇人只是使梦者想到他的母亲。这两幅图的思想显然是互相关联的；然而究竟如何关联呢？因为他明白表示，他的叔父实际上绝不至于做梦中的动作，所以“假使”一词立即被引进了。“假使我的叔父以如此虔敬的教徒，也在安息日吸烟，那我也不妨受母亲的抚抱了。”这显然是说为母亲所抚抱及在安息日吸烟，对虔诚 157
的犹太人说来，同样是严厉禁止的。你们要记得，我曾说过梦念中的一切关系，在梦的工作中都消灭于无形；梦中思想分裂成它们的原始材料，释梦的工作就是要将这些已经删去的关系重新补入。

（二）我既对梦的论述使我在社会上几乎成为梦的公共顾问，这许多年来，各方面都有人来信诉梦，并且征求我的意见。这些人供给我充分的材料，使我有释梦的可能，有时他们也自愿地提出一种解释，我对他们自然只是感谢。下面是慕尼黑的一个医科学生的梦，日期从1910年开始，是属于这一类的。我所以征引这个梦，为的是要使你们知道，梦者若没有将他所知道的尽举以告，就很难理解他的梦了。我想在你们的心中，必定以为翻译象征是释梦的理想方法，因而宁愿抛弃自由联想法，但我却希望你们消除这种错误的意见。

据该生所述，1910年7月13日，天将亮的时候，有梦如下：我正在杜平根骑自行车上街。有只狗突然随后追来，咬住我的鞋跟。我往前骑几步，即行下车，坐在石阶之上。因为狗紧紧咬住鞋跟，所以我打狗赶它走。（狗咬住我以及这整个经过却也使我不愉快。）同时有两位老太太对面坐着，对我狞视。我于是醒来，和以前做梦一样，逐渐清醒而梦也逐渐明白了。

就这个例子而言，象征对于我们没有帮助，但是梦者继续对我们说："近来我在街上看见一个女子，非常使我爱慕；然而苦无介绍的方法。我唯愿能通过她的狗为媒介而和她认识；因为我原是一个喜爱动物者，因为知道她也是如此，所以大为所动。"他又说
158 自己几次见狗争斗而善为调解，引得旁观者无不欢喜。我们又知道他所羡慕的女子常和此狗同出散步。但是在他的显梦内，看不见女子，只看见她的狗。也许狞视着他的老太太就是女子的化身，但是他再说出来的话不能使此点明白无疑。至于梦中骑自行车只是他记得的情境的直接写照，因为他每次遇见少女和她的狗都在

他骑自行车的时候。

（三）我们当亲爱的人死了之后，往往在一段时间有一种特殊的梦，将这个人已死的事实和自己要他复生的愿望互相调和。有时死者入梦，虽死犹生，因为梦者不知道他已死，好像是只有知道之后，他才算真死；有时他似乎半死半活，而每种情境都有特殊的标记。这些梦不能说是毫无意义的，因为复活一事在梦里和在神仙故事里同样是可以允许的，特别在神仙故事中，复活是常有的事。据我分析，这种梦的结果，似乎都可有一种合理的解释，然而要死者复活的愿望每易有最奇异的表现。我想将这种梦选述其一。这种梦听起来确实怪谬，而其分析的结果则可用以说明上面理论中指出的各点。梦者刚在数年前死了父亲，其梦如下：

我父已死，但又被掘出，他面有病容。他继续活着，而我则尽力阻止他注意……，其后梦及他事，越梦越远。

他的父亲已死，我们知道这是一个事实；但实际上并没有被掘出，这事实不正确。梦者又说自己送葬回来之后，有一齿开始作痛。犹太人有一格言说："牙痛，可以将齿拔去。"他想要照格言去做，因此，往访牙医。但是牙医说，这不是治牙的方法。牙痛贵能忍耐。牙医还说，"我想要用药杀死齿下神经，你在三天内再来，我再把你已死的神经取出。"梦者忽告我说，"这一取出，入梦便成'掘出'了。"

他的话对吗？其实，这两件事不是绝对平行的；因为取出的不是牙，只是牙的已死的一部分。据我们的经验，梦的工作是可以有 159
这种遗漏的。我们必须假定梦者因压缩作用，将已死的父亲和已死的、而尚留在口内的牙合而为一。无怪显梦是如此地荒谬，因为关于牙的一切话语显然不适用于他的父亲。然则父亲和牙之间究竟有哪一种**公比**的成分呢？

这种公比的成分，一定存在着，因为梦者又说他知道俗语所说，梦中失牙，就是家内要死人的预兆。

我们知道，这种俗语的解释是不对的，或者也只是一种歪理。因此，我们能在梦的内容的其他成分的背后，去发觉梦的真意，便不能不使人更觉惊异了。

我们没有再加追问，而梦者则开始细述他的父亲的病和死，以及父子之间的关系。父亲卧病既久，儿子对于病人的侍候和治疗费用很大。但他仍忍耐着，毫不介意。绝没有希望父亲快死的念头。他自诩能不违背犹太人的孝敬观念，而且坚守犹太人的法律。他的梦念难道没有矛盾之点足以使我们感到惊异吗？他曾将牙齿和父亲混而为一。他一方面要以犹太法处置病牙，以为牙痛须即拔牙，另一方面又要以犹太法对待父亲，以为做儿子的不必顾惜金钱或精神上的损失，须承担整个负担，不要对父亲有所怨恨。假使梦者对于病父和对于病牙有同样的情感，或者换句话说，假使他希望父亲的病痛和费用因为他的死而早日完结，那么，二者情境的相同不更可令人信服吗？

我相信，这确是梦者对久病的父亲的态度，我又相信，他以孝顺自诩乃是想阻止这种念头的出现。人们在类似的情形下，往往不免希望病父快死，而在表面又装作善意的考虑。以为“这对父
160 亲也是一种幸福的解放。”然而我要你们特别注意此时隐念上的樊篱已被摧毁。我们可以相信其思想的第一部分之为潜意识的，只是暂时的，换句话说，只是当梦的工作正在进行时，才是这样；另

一方面，他对父亲厌倦的情感，才永远是潜意识的，可以溯源于儿童期。这个隐念在他的父亲生病期间，或曾化装潜入意识之内。对于成梦的其他内容，我们更可以作此主张。梦中虽没有对父亲怨恨的表示，但是我们若研究梦者在孩提时代对父亲怨怒的起源，便可知他之所以畏惧父亲，乃是由于他在儿童期和青春期后有手淫行为，而他的父亲往往加以禁止。这便是梦者和他父亲的关系；他对于父亲的情感略带敬畏的色彩。而敬畏则来源于早年的性的威胁。

我们现在可由手淫的情结来解释梦中其他的说法了。“他面有病容”，实暗指牙医的另一句话——“这里没有牙就未免不好看了。”——但是同时又暗指青年在青春期内因性欲过度，而流露或害怕自己流露的“病容”。梦者在显梦里的病容由自己转向他的父亲，——这是梦的工作的拿手好戏之一，——精神上便如释重负了。“他继续活着。”这句话一方面是指求父亲复活的愿望，也符合牙医保牙不拔的允诺。“我尽力阻止他注意”非常巧妙地引导我们用“他已死”这几个字来完成这一句话，但句子的填补实际上又可指手淫那一情结。年轻人当然要设法掩盖自己的性生活，而不使父亲探悉。最后，我还要告诉你们，所谓“牙痛的梦”，常暗指手淫和手淫所招致的惩罚。

你们由此可见，这个不可解的梦，是如何因下列三件事而构成的：(1)大可注意的引人进入歧途的压缩作用；(2)将隐念中的一切中心思想完全删去；(3)造成双关的代替物，以代表起源最早的 161
隐念。

(四)有些直率平凡的梦，就其本身而言，丝毫没有怪诞荒谬之点，但可引起这样一个疑问：我们究竟为什么要梦见这种无聊的琐事？我们前面已多次想探求其原因，因此，现在引述这种梦的一个新例子。此例共有三个梦，发生于一夜之中，互有关系，梦者为一少女。

（1）她正从自己屋内厅上走过，头部忽与灯架猛撞，以致血流如注。此事在她的现实经验中从未发生过。她的说明却可耐人寻味："你知道那时我的头发真令人害怕。昨天，母亲对我说：'好孩子，果真如此，你的头就会很快秃得像屁股了'。"可见，头部为身体下部的代替物。至于灯架的象征，不必梦者解释，我们自然可以了解：凡属可以拉长的物体，都是男性生殖器的象征。因此，梦的真意系指身体下部因和阳物接触而流血。这个梦还可有其他意义；根据梦者进一步的联想，可知她的梦和月经来潮是由于和男人交媾的结果的信仰有关。这是少女对性的事件的一个普遍的观念。

（2）梦者在葡萄园中，看见一个深穴，她知道此穴是由于树根拔去之结果。关于这一点她说，"树已不见了。"意思是说，自己在梦里未见有树；但是这一句话却表示着另一思想，即可使我们相信，对象征的解释不去怀疑。这个梦涉及性的另一个幼稚的见解，即以为女孩本来有和男孩相同的生殖器，后来因被阉割（树根拔去），所以有不同的形状。

（3）梦者站在书桌的抽屉之前，抽屉是她所熟悉的，所以若有人触动抽屉，她就会马上知道。书桌的抽屉，以及一切抽屉箱盒相同，都是女性生殖器的象征。她知道交媾（或者据她的意思，任何
162 接触）之后，生殖器便露有此事的痕迹，这便是她素来害怕的事。

我以为这三个梦的主要重心在于“知”的一个观念。她记得，在做小孩子时对于性事件的探索，而她由探索而获得的知识是深感自豪的。

（五）这里是象征作用的又一个例子。但这次我想将梦前的心境作一简要的叙述。一个男人和一个妇人发生恋爱，同宿一夜；他说那女人的品质是母性的，每当拥抱之时，即大有生孩子的愿望。但是，他们俩幽会的时候，却不得不设法避孕。次日早晨醒来时，那女人诉述一梦如下：

> 有一戴红帽子的军官正在街上追她，她力图逃跑走脱，跑上楼梯，而他则紧随在后，她气喘地逃入房里，将门紧闭加锁。由锁孔中窥见他坐在门外凳子上流泪。

红帽军官的追逐和女人的气喘上楼梯二事，显然是交媾的象征。至于梦者将追逐者关在门外，则为梦中常有的倒装作用的一个例子。因为，在交媾完毕前即引身而退的实为男人。同理，她又将自己的悲痛之情，转移在男子身上，因为在梦里哭泣的是他，而他的眼泪同时又为精液的代表。

你们总常听人说，精神分析以为一切梦都有性的意义。现在你们应该知道这个责难是不正确的了。你们已知道那些满足愿望的梦，用以满足那些最显著的需要——如饥渴、自由等等——又有安乐的梦（comfort dreams）、焦虑的梦（impatience dreams）和贪欲自私的梦。但是你们一定记得，据精神分析的结果，化装显著的梦，大抵是性欲的表示（但也略有例外）。

（六）我给你们举了许多关于梦的象征的例子，实有一个特殊的用意。在第一讲里，我曾说过，要你们相信精神分析的发现，确

是一种困难的工作，现在你们总可以同意了。不过精神分析的各
163 个主张都彼此密切相关，所以，相信了这一点，便容易使你们接受整个理论的其他各点。我们或者可以说，你们若肯举起一小指头赞成精神分析，不久，便可举起全手了。假使你们承认过失的解释是可以满足的，那么在逻辑上，你们就绝不至于怀疑其余。梦的象征作用也算是引起这种信仰的另一捷径。我现在再告诉你们一个梦。此梦前已刊布，梦者为一穷苦社会中的女人，她的丈夫为一更夫。你们可以相信这么一个女人绝不至于听见过梦的象征作用和精神分析。因此，你们便可判断我们由性的象征而得到的解释究竟是否胡说。其梦略如下述：

……于是乃有人破屋而入。她在惊惧中大呼更夫，但是，更夫那时已入教堂之内。同伴者是两个游民。教堂门前有几个石级，后面有一高山，高山之上，是一片森林。更夫身披甲胄，颔下很多棕黄色的胡子。那两个游民静静地和更夫同行，腰下穿有围裙，其形如袋。从教堂到高山有一条小路，两旁生有短草矮树，越高越密，到了山顶则成严密的森林。

这里所用的象征不难认识：男性生殖器以三个人代表，女性生殖器以高山、密林和教堂的胜地为象征。至于性交的象征，则仍为登阶。梦中所谓“高山”的部分在解剖学上也称为阴阜（the mons veneris）。

（七）我现在想再述一梦，也可以用象征加以解释。梦者虽没有理论上的知识，但能解释其一切的象征。所以，这个梦更有注意和征信的价值。梦境很离奇，我们对于引起梦的情形也没有明确的观念。

> 他正和他的父亲似乎在维也纳的公园里散步，看见一大
> 圆厅。厅前有一小屋，屋内有一被掳的氢气球，看起来似很松
> 懈。父亲问他这氢气球究有何用；儿子很奇怪他的父亲何以
> 有此疑问，但也加以解释。然后他们走进一个天井，天井内铺 164
> 有一大张金属薄片。他的父亲撕下一大片来，但先举目四望，
> 怕有人看见，他告诉儿子说，自己只须和管理者一说，便可直
> 接取来。由天井下去，经过几个石级，便可直抵一穴。穴的两
> 旁盖有软垫，好像是皮坐椅似的，穴底有一长的平台，台后，又
> 有一穴。

以下是梦者自己的解释："那大圆厅代替我的生殖器，至于厅前部被掳的氢气球，则为阴茎的象征，因为我曾嫌它软弱。"更详细的说明则可约如下述。大圆厅代表臀部（小孩常以臀部隶属于生殖器内），前面小屋则为阴囊。梦里，他的父亲问他生殖器有何用，或具有何种机能。这个情境，显然应倒过来，成为儿子发问才是；因为实际上这些问题未曾问过，所以我们应将梦的隐念译成一个假设的愿望："假设我要请父亲解释……。"这个隐念的结果，我们便不难揣测而知了。

铺有金箔的天井，不能用象征加以解释，但暗指他的父亲的营业场所。因为我有所顾忌，所以用金箔代替他的真正的营业品。此外，对于梦中措词概未更动。梦者曾习父业，对于他的父亲，纯用不正当的手段赚钱很有反感，所以，上述的梦似乎在说："（我若问他），他也会像欺骗顾客那样来欺骗我。"至于撕取金箔，本为营业欺诈的象征，但是梦者则另有解释：他说，这是用来暗指手淫的。这个解释不但我们早已熟悉，而且私自手淫而用相反的观念表示

出来(即:“我们可以公然为之”),也正和这个解释暗相符合。所以将此事归之于他的父亲所为、正和梦里第一幕发问一层相同,都恰是我们的意料所及。梦者又将地穴释为阴道,因为它的四壁有软垫;在我们则又以为入穴出穴都是性交的象征。

165 关于第一穴底的平台,和平台之后的第二穴,梦者都根据本身的经验加以解释。因为他曾和女子性交,后因太软弱未能畅所欲为,现在则希望借助于治疗而恢复此事之能力。

(八)下面还有两个梦。梦者为一有显著多妻倾向的外国人,因为由此二梦,可以证实一种说法,即梦者本人现形于两梦之内,纵使在显梦的内容中有了伪装,梦中的皮箱都是女性的象征。

> (1)梦者正在作长途旅行,行李由马车送至车站。他的皮箱很多,互相重叠。其中有两个黑皮箱像是商人旅行家所用的。他对某人宽慰地说:“你知道那些皮箱只要送到车站为止。”

实际上,他的确带着许多件行李旅行。在受诊时,他又诉说许多关于女人的故事。那两个黑皮箱代表两个黑女人。这两个黑女人,在他那时的生活史上,正占据着重要的位置。有一个要跟他到维也纳,但是因为我的劝告,他发电去阻止了她。

> (2)海关中的一幕,——另一个旅行家打开皮箱,一边吸烟,一边满不在乎地说:“箱内可没有违禁物。”海关职员似乎也相信他,但是,当再搜查的时候,忽然发现一严重的禁运物品。旅行家于是让步说:“这可没法了。”

旅行家为梦者的替身,而海关职员则为我。他对于我本很爽直无隐,但是,他新近和某女子发生了关系,决意不告诉我,因为他怕我认识她。他将被人发觉时的那种羞愧的情境往一个陌生人身上一推，自己便似乎全未入梦了。

（九）这里又有一个象征的例子，是我从前未曾指出的：

> 梦者路遇他的妹妹和二友同行，二友是一姊一妹。他和这两个姊妹握手，可没有和自己的妹妹握手。

实际上，他记不起有过这件事。但是，因此回忆自己曾在某时对于一个女子的乳房发育的迟缓表示惊异。所以，那两个姊妹实在代表两个乳房；假使这不是他的妹妹，便未免要伸手一摸了。

（十）这里是梦中的死亡象征的一个例子。 166

> 梦者正在跨过一个很高的、很陡峻的铁桥，同行者二人，他本知道他们的姓名，但醒来时已忘记了。他们二人忽然消失，而他所见的乃是一戴小帽、穿套裤、形状如鬼的男子。他问那人，是否是送电报的？……那人说，“不是。”又问，是否是马车夫？那人又说，“不是。”梦者于是继续做梦。在梦里感到异常恐怖。醒时，他又在幻想中追忆铁桥忽断，自己乃坠入深谷之中。

梦者若特别声明梦里人物不是他所认识的，或他们的姓名已忘记了，实际上，他们和梦者的关系必很密切。就此例而言，梦者有三个兄弟；他若怕其他二人死亡，那便是他希望他们死去的表示。关于送电报人一节，他说电报常带来坏消息。由他的制服看来，他似乎是一个管灯的人，他能熄灯，像死神毁灭生命之火似的。由马车夫，他想到乌兰德咏卡尔王航行的诗，又想起湖上风涛的险恶；同行者二人，而以自己为诗中的卡尔王。他由铁桥又想起一件近事和一句俗语：“生命是一座吊桥。”

（十一）下面也可视为死亡之梦的另一实例：

> 一位不认识的先生留给梦者一张黑边卡片。

（十二）还有一梦从几方面都可引起你们的兴趣；但是这个梦半以梦者的神经病状态为起因。

> 他在火车内，车停在旷野中，他以为有意外之事就要发生，必须努力逃脱。于是他穿过各个房间遇人便杀，——被杀者计有司机、警卫人员等人。

此梦使他想起从前朋友告诉他的一个故事。在意大利的某条铁路线上，有一狂人正被护送坐在车上小房间内。由于某种错误，让一普通旅客和他同房。狂人乃将此旅客杀死。因此，梦者那时就以此狂人自居，因为他常有一个“强迫观念”，以为自己应把知道他的秘密的人们一一消灭。其后，他又举出一个较好的梦因。
167 前一天，他在剧院里看见一个女子，他本想娶她为妻，但因为对她产生嫉妒，所以将她抛弃。他知道自己非常容易产生嫉妒，要娶她简直是发疯了。那便是说，他既以为她很不可靠，他的嫉妒也许要使他杀害一切和他竞争的人。至于穿过多个房间，我们已知道是结婚的象征（以相反之意表示一夫一妻制）。

关于车停在旷野内及怕有意外之事一层，他告诉了我们下面的故事：

有一次，火车在车站外的路线上忽然停车，车里有一女人说怕会发生车祸，最好将双腿提起。“双腿提起”这一句话，使他想起他和上述的女人，在往昔最相爱悦的时候，曾多次到这里郊游，他又有了一个新论点来支持这一个结论：即现在娶她简直是发疯了；其实，据我所知，他仍然存在着想娶她的这个疯狂愿望。

第十三讲　梦的原始的与幼稚的特点 168

我们曾说过，梦的工作因受检查作用的影响乃将梦的隐念变成他种形式，本章就以这个结论为出发点。这些隐念原和醒时熟悉的，有意识的思想的性质相同；但是，其所表示的新形式，因为有许多特点，却为我们所难了解。我们已经说过，这个表示的方式往往回复到早已过去的文化发展阶段，——如象形的文字、象征的关系，甚至于语言思想未发展前所存在的状态。因为这个缘故，所以我们把梦的工作所利用的表示称为**原始的**或**退化的**（archaic or regressive）方式。

因此，我们也许可以作这么一个推想，就是：假使我们对于梦的工作作更深湛的研究，便可对于现在不很明了的初期文化，得到一些有价值的结论。我希望这是可能的，但直到现在还没有人去做这个工作。梦的工作所回溯的时期是原始的，有双重意义：（一）指**个体**的幼年；（二）指**种族**的初期。因为个体在幼年时，将人类整个发展的过程作了一个简约的重演。我相信要辨别那些属于个体初期的和植根于种族初期的潜在的心理过程并不是不可能的。譬如象征的表示，就从来不是个体所习得的，而可视为种族发展的遗物。

然而这可不是梦的唯一原始的特点。你们根据自己的实际经验，总可以知道**幼时**经验的易被**遗忘**。从一岁起到五岁、六岁或八岁时的经验，在记忆中，和后来的经验不同，没有留下相同的痕迹。有些个体固然能自夸记得自幼年到现在的经验，毫无间断，但是较 169

普通的却恰恰与此相反，即幼年的经验在记忆中是一个空白。由我看来，此事尚未引起足够的注意。儿童在两岁时便能说话，便能适应复杂的心理情境，而且话一说过便被遗忘，几年后，有人提起，他也不再记得。但是，幼年时因为经验的负担较少，记忆力应该要比后来强些。而且我们也没有理由说记忆是特别高等或困难的心理活动；有时理智程度很低的人，反而有更强的记忆力。

但是，我必须要你们注意第二个特点，这第二特点是以第一特点为基础的——就是，幼时头几年的经验虽已遗忘，但仍留有一些回忆，大都形成意象，其所以被保留，似乎还缺乏适当的理由。对于成人生活所接受的种种印象，记忆能加以选择，保留重要的而遗忘不重要的；至于对于由幼年保留下来的记忆则不如此。这些记忆不一定是幼年的重要经验，甚至也不是儿童自己认为的重要的经验，往往本身是一些丑恶的、无意义的经验，以致不得不使我们奇怪这个特殊的经验何以偏偏被记住了。我曾应用分析法，想研究幼年遗忘及片断回忆的问题，结果发现表面虽然相反，其实儿童也和成人相同，仅在记忆中保留着重要的经验。但所谓重要的经验，在记忆中，却为那些貌似琐碎之事所代替了（由于压缩作用，特别是移置作用的结果）。因为这个缘故，所以我称这些幼年的回忆为屏蔽记忆（screen memories），通过彻底的分析可由此召回一切已被遗忘的经验。

在精神分析治疗时，我们常将幼年记忆的空白重复补填起来，治疗如能奏效，我们（常常）能将那些久已遗忘的幼年经验，重新唤回，使见天日。实际上，这些印象永不会忘掉，只是组成了潜意识的一部分，以致无从接触罢了。然而这些经验有时也自然地流

露于潜意识之外，于是形成梦境。可见梦的生活能回复到这些隐 170
潜的、幼稚的经验。这种实例屡见于精神分析的著作之内，我自己也曾举出一例。我有一次梦见一人，此人似乎对我有过恩惠，我很清楚地看见他。他只有一眼，身矮而肥，两肩高耸；由情境推想起来，我知道他是医生。幸而那时我的母亲尚未去世，我得问她在我生后到三岁才离开故乡时，那位来看我们的医生的相貌如何；她说那医生只有一眼，身短而肥，两肩高耸；我也知道所以要请这个医生的事故，但已记不得了。这个幼年所已遗忘的经验的唤回，因而是梦的又一种"原始的"特点。

这个知识对于另一个问题颇有关系，可是这另一个问题到现在尚未解决。我们知道梦起源于恶念，或过度的性欲，因而有梦的检查作用和梦的化装作用的必要；这个理论引起的惊异，你们总还记得。假定我们解释这样一种梦，梦者对这个解释本身虽不争辩，但是，他必定要问这种愿望怎么会侵入他的心内的，因为他对于此事似乎一无所知，而且意识到的愿望又适得其反。我们可以毫不迟疑地告诉他，那个他所否认的愿望的起源：这些邪恶的冲动常常起源于过去或不远的过去。可以证明，他曾知道过这些冲动，尽管现在是不记得了。譬如某妇人曾有一梦，意思是希望自己的独女（那时正十七岁）死去。经过我们分析的帮助，她才知自己确曾抱有愿孩子死去这个恶念。女孩子是不幸婚姻的产物，结婚不久，夫妇很快就离婚了。当孩子还未出生时，母亲因和她的丈夫吵闹，大怒之下，举拳捶腹，要因此杀害胎儿。其实像这个妇人的母亲很多，她们现在喜爱甚至溺爱孩子，但是从前怀孕并非所愿，怀孕之后，也曾希望体内婴儿不再发展；而且将这个愿望付诸各种动作，

171 不过幸而未有严重的后果罢了。所以这个要亲爱的人死亡的愿望,虽令人惊讶,但确起源于早期他们所有的关系。

有一男人,在梦里表示他有要第一个爱子死亡的愿望,且承认自己曾有此念头。他的结婚原来是失望的。所以当他的孩子还是婴儿时,他常常想这个孩子如果夭折,他便可重新获得自由,随心所欲了。有许多与此相类似的憎恶的冲动,其起源都相同;他们都是过去某事的回忆,此事在意识中和心理生活中曾起过作用。你们由此或许倾向下一结论,以为如果两人的关系没有变化或始终如一,则这种梦和这种愿望便无从发生了。我想你们这个结论是可以赞同的,只是我要警告你们,你们的想法,可不要凭梦的表面的意义,而须凭解释而得的意义才对。要亲爱者死亡的显梦也许是用来作为一层可怕的面具的,而实际的意义则大为不同,或许那亲爱者是另一人的替身。

但是这一情境可以引起你们另一个更重大的问题。你们会以为:“即使这个死的愿望确实存在过,而且可以为回忆所证实,然而这也不是真实的解释;因为这个愿望早已被克服,现在仅作为一种存在于潜意识之内的回忆,既没有情感的价值,就不足以成为一个强有力的刺激物。所以你刚才的假定未免缺少证据。为什么梦里竟回忆起那一个愿望呢?”这个问题,你们确有理由可以提出;若要答复,不免牵涉太广,而且迫使我们不得不决定自己对于梦的学说的某一最重要之点的态度。但我必须限制讨论的范围,暂不涉及这个问题,所以请你们原谅。现在若能证实这早已克服的愿望确为梦的起源,我们也就可以满足了;此后便可继续研究他种恶念是否也可同样地溯源于过去。

我们暂以“死的愿望”为限,我们要知道这个愿望大多起源于梦者无限制的利己主义,而且常为梦的主因。假使任何一个人成为我们生活中的障碍物,——我们人类彼此的关系如此复杂,所以这种情形常不免发生,——我们便立即准备在梦里将他驱除,而不管这个人是父母、夫妻、兄弟或姊妹。这种恶意竟为人类所固有,那就未免太可怪了,所以若没有进一层的证据,我们一定不愿意承认这种梦的解释是正确的。但是假使我们一旦明白这种愿望的起源一定要求之于过去,就不难知道在个体的过去某一时期之内,这种利己主义和这种愿望即使是以最亲爱的人为目标,也是毫不足怪的了。一个孩子在幼时(这个经验到后来便被淡忘了)常毫无隐蔽地表示这种利己主义。因为一个孩子总是先爱自己,然后才知道去爱别人而牺牲自己。即使他爱别人,也仅因为要满足自己的需要,——所以也起源于自私的动机。只是到了后来,才能使爱的冲动脱离利己主义,所以孩子实际上是由于自私,然后才学得如何爱人。 172

这里最好将孩子对于兄弟姊妹的态度和他对于父母的态度互相比较。小孩子不一定爱恋他的兄弟和姊妹,他对此事常坦白承认。他以兄弟姊妹为敌人,所以加以仇视;这个态度往往过了许多年不稍变,一直要持续到成人时,或竟在成人期之后。那时常代以柔情,或者我们可以说常常被一种较亲爱的情感所代替或掩盖。但是敌视的态度似乎总是早先发展。两岁半到四岁的孩子,当小弟弟或小妹妹出生时,常常表示不友好的态度,说自己不喜欢新孩子,或者但愿鹳鸟将它重新衔去。[1] 其后,一有机会,即借故诋毁

① 欧洲人常欺骗孩子,说孩子降生是由鹳鸟衔来的。——译者注

那新孩子;甚至设法加以攻击和伤害,这种事也屡有所闻。假使年龄相差不大,当孩子的心理活动较有充分发展的时候,他所视为敌
173 人的弟妹已经存在,他只得使自己适应情境;反之,假使年龄相差较大,新孩子也许又可使大孩子引起仁慈的情感,而把他视为有趣的对象、活的玩偶;假使二者年龄相隔有八年之多,大孩子又是女孩,则可立即引起保护性的母性冲动。然而坦白地说,我们若在梦内觉得有想要兄弟姊妹死亡的愿望,可不必大惊小怪,因为我们不难在幼年时找到它的起源,或者假使他们仍然住在一起,往往在较迟的几年中可求得它的起源。

在育儿室里的孩子们,常常不免有激烈的冲突,或争夺父母的爱,或争占公有物品,甚或互相争占房内的空间。这种敌对的目标,可为兄姊,也可为弟妹。肖伯纳说:“一个年轻的英国小姐,若怨恨什么人更甚于自己母亲的,那必定是她的姐姐了。”这句警句使我们大感惊奇;兄弟姊妹竟成怨仇未免太令人费解,母女和父子之间又如何产生仇恨之感的呢?

母女和父子的关系,由儿童的观点看来,也自然较为亲密,这正是我们所期望的:我们觉得父母子女之间,若缺乏爱的情感,就要比兄弟姊妹之间更为可恼了。后者的爱是凡俗的,而前者的爱则被奉为神圣。但根据日常的观察,父母和已成年的孩子之间的相互情感,常常不及社会所规定的那样理想而高尚;彼此之间,隐含着敌意,假使一方面不受制于孝的观念,另一方面不受制于慈的观念,则这种敌意总难免有爆发的一天。这种互相敌视的动机,是众所周知的。我们知道,同性的如女儿对于母亲,儿子对于父亲,每易有互相疏远的倾向。女孩子怨恨母亲限制她的意志,因为做

母亲的常由社会的见地来限制女儿的性的自由；有时母亲仍欲争宠，不愿被置于一旁。至于父子之间的这种情形则闹得更凶。在儿子看来，父亲正是他所不愿承受的社会压迫的具体代表，因为有了父亲的障碍，所以做儿子的不能畅所欲为，不能放纵早期的性的快乐，也不能享受家庭财产的好处。假使父亲是一个国王，则儿子 174
盼望父亲死去的愿望更趋强烈。父与女或母与子的关系，则似乎不易产生这种悲剧的局面，因为这里只有慈爱，不至于受到任何自私考虑的干扰。

你们或者问我，为什么要谈到这种尽人皆知而无人敢言的事实呢？因为人们总要否认实际生活中这些事实的重要，而且过分夸张社会理想确实实现的次数。然而与其让说风凉话的人们来说真话，倒不如让心理学家来说较为稳妥。其实这种否认也只以实际生活为限；因为小说戏剧已彻底推翻这些理想而赤裸裸地描写这种动机了。

所以假使大多数人的梦都表现出排除父母——尤其是排除同性的父或母——的愿望，那是毫不奇怪的。我们可以假定这个愿望醒时也有；而且可以存在于意识之内。假使它可隐藏在另一动机之后，如前所述第三个例子的梦者将自己的真意隐藏在怜父病痛的情感背后。这种敌视的态度很少单独得势，——往往被较温柔的情感所征服，静伏不动，然后在梦中单独出现。当我们的解释使它和梦者其余生活的关系中，保持应有的地位时，它在梦中单独表现出来的夸大形式就恢复其真正的比例了（萨克斯）。但是这种希望亲人死亡的观念，有时在实际生活中可以毫无基础，成人们绝不承认在清醒时会怀有这种愿望。这是因为这种根深蒂固的，尤其是儿子对父亲、女儿对母亲的敌视态度，起源于幼年的最早时期之内。

我所指的爱的竞争，显然带有性的意味。男孩子早就对他的母亲产生一种特殊的柔情，视母亲为自己的所有物，而把父亲看成是争夺此所有物的敌人；同理，小女孩也以为母亲干扰了自己对父
175 亲的柔情，侵占了她自己应占的地位。根据观察的结果，可知这些情感起源极早，我们称之为“伊谛普斯情结”（Edipus complex），因为在伊谛普斯的神话里，由儿子方面而起的两种极端的愿望——即弑父和娶母的愿望——只是稍微改变了呈现方式而已。我原不主张伊谛普斯情结已尽包括亲子间的所有关系而无遗；这些关系可以复杂得多。再者，这个情结有时发展，有时退隐，有时甚至颠倒了关系，但无论如何总是儿童心理的最重要的成分；而其影响和结果，我们却往往易于忽视而不加重视。而且父母本身也常刺激子女，使产生伊谛普斯情结的反应。因为他们往往偏爱异性的孩子，所以父亲总是宠爱女儿，而母亲总是宠爱儿子；或者，假使结婚的爱已经冷淡，则孩子即可被视为失去了吸引力的爱人的替身了。

精神分析的研究提出了伊谛普斯情结之后，不能说世人都表示同情；相反，成年人对于这个观念却表示最激烈的反对。有些人虽不否认这种大家忌讳的情感的存在，但其结果等于否认，因为他们提出的解释，显然违背事实，而剥夺了这个情结应有的价值。我始终相信，这用不着否认，也用不着文饰。希腊神话中已经在这些事实上看出大家不可避免的命运，我们对于这些事实只有甘心承认。伊谛普斯情结虽为实际生活所排斥而放逐于稗官野史之内，但终于在那神话中有所流露，那是很耐人寻味的。兰克细心研究

了这个问题，详述了这个情结如何供给诗歌和戏剧以许多刺激，经过无限的变化、改造和化装，总之，具有和梦的检查作用所引起的相同的变形。因此，有些梦者在年长时，虽未和父母冲突，但是也可表现出伊谛普斯情结。而和此情结有密切关系的，还有所谓“**阉割情结**”（castration complex），即因父亲对于早年幼稚的性活动加以恫吓而引起的反应。

我们由那些已经查明的事实，可进而研究儿童的精神生活。176
现在或可望对于梦内另一种禁忌的愿望，即过度的性欲，同样地可以解释其起源。所以我们乃不得不研究儿童的性生活的发展，而从不同方面，发现了下面的种种事实。第一，说儿童没有性生活与假定青年期生殖器成熟时才有初次性欲出现，都是不可信的谬见。其实，儿童早就有内容丰富的性生活，虽然和成人所视为常态的性生活有许多不同之点。成人生活中所谓变态的性活动，其和常态有下列各点不同：（一）不管物种的界限（如人兽的区别）；（二）没有厌恶的感觉；（三）打破亲属的界限（即同族不婚的界限）；（四）打破性别的界限；（五）将身体的其他器官及其他部分和生殖器等视齐观。这些界限都不是开头便存在的，只是由于发展和教育，才逐渐形成的。小孩子不受这些界限的拘束：他本不知道人兽之间有很大的区别，只是到了年龄稍长时，才自命高于其他动物之上。他在生活的开始，对粪便并没有厌恶的表示，只是因受教育的影响，才逐渐有厌恶之感；他最初对于性的区别，也不特别重视，事实上反而以为男女的生殖器都有同样的构造；他的最早期的性欲和好奇心，都以自己最亲近的人或因其他理由而以自己最喜爱的人——如父母、兄弟、姊妹或保姆为目标；最后，我们在他身上还可

看见另一特性，这个特性在后来恋爱关系达到高度的时候，也可以表现出来——这就是说，他不仅在生殖器上求快感，而且以为身体的其他许多部分也可有同样的感觉而产生相类似的快感，因此和生殖器有相同的功用。所以我们可以说孩子是**多形变态**的(polymorphously perverse)，即使我们在他的身体上仅发现这些冲动的痕迹，那也是一方面由于它们比后来生活的性活动较欠强烈，另一方面也是由于教育立即强有力地阻止儿童一切的性的表现。这个抑制可以说是形成一种理论；这些表现，有的受到成人的竭力忽
177 视，有的因解释错误而失去性的意味，到了后来，整个事实就被否认了。这些人往往先在育儿室内痛骂儿童在性方面的“顽皮”，然而坐在写字台边又力辩这些儿童在性方面的纯洁。其实儿童在独居或被引诱时，常可表示极端变态的性的活动。成人称此种活动为“小孩的诡计”或“花样”，而不加以太严重的处分，这自然是对的，因为儿童不能用道德或法律加以评断，好像他已长大成人而要自己完全负责似的；然而这些事实确实存在，而且很重要，一方面可为先天倾向的证据；另一方面又可引起后来的发展；我们且可由此洞悉儿童的性生活和全人类的秘密。假使我们能在梦的化装背后看出这些变态的愿望，那也不过是说梦在这方面也完全恢复到婴儿的幼稚状态而已。

在这些禁忌的愿望里，关于乱伦的欲望，即想和父母、兄弟、姊妹性交的欲望特别重要。你们知道，人类的社会如何憎恶——或者至少声明自己如何嫌恶——这种兽欲，而悬为严禁。对于乱伦的憎恶，学者曾予以最荒谬的解释：有些人以为这是造物者所以保存物种的一种方法，因为亲属婚媾的结果，可使种族退化；还有些

人以为亲属关系在幼儿时就已经回避性欲。假使这些情况属实，人类自然就会没有乱伦的行为，而社会何以对此有悬为严禁之必要，就不是我们所能了解的了；有此严禁，适足以证明确有一种强烈的欲望存在。精神分析的研究已经明确地证实，儿童必先以亲属为性爱的对象，只是后来才表示对于这种观念的反对，而这个观念的起因，则不能求之于个体的心理学。

现在可将儿童心理学的研究如何用以释梦的结果小结如下。我们已知道，不仅被遗忘的儿童经验的材料可以入梦，而且儿童的心理生活及其特性，如利己主义、乱伦的对象选择等等都继续存在于潜意识之内。于是，我们因做梦而每夜回复到这种幼稚的时期。178
“潜意识就是幼儿的心理生活”的信念，既因此可得到证明，而“人性本恶”的可恼印象也就可以逐渐减弱了。因为这个可怕的罪恶只是指精神生活的最初的、原始的和幼稚的部分，仅作用于儿童时期。我们一方面不加重视，是因为它的分量不大；另一方面也不大以为意，是因为我们对于儿童并不要求一种高级的伦理标准。我们的梦由于回复到这个幼稚的时期，似乎暴露出我们的罪恶；然而这种表面现象是难以相信的，虽说我们也曾因此而吃惊；我们可没有像梦的解释所假定的那么坏。

假使我们梦里罪恶的冲动只是幼稚的，或只是回复到原始的伦理发展的时期，梦也只是使我们在思想和情感上再变做了孩子，那么以这些罪恶的梦为耻是不合理的。然而理性不过是我们的心理生活的一部分；此外还有许多非理性的成分，所以虽然明知其不合理，我们仍然为这些梦而感到惭愧。我们以这些梦接受梦的检查；假使这些欲望中有一种欲望例外地赤裸裸地侵入意识，而使我们认得出来，我们便不免老羞成怒了；而且有时梦虽已经化装，假使仍能为我们所了解，我们仍会感觉到万分羞愧。你们试想那年高望重的太太对于“爱役”一梦（见前），虽然尚未对她解释梦的意义，她也怒斥梦的荒谬。所以这个问题是尚未解决的；假使我们继续研究梦的罪恶的问题，我们或可对于人性得到了另一个结论和另一种估价。

我们的整个研究，已得到了两个结果，然而这两个结果只算是新问题和新怀疑的起点。第一，梦的倒退作用（the regression in dreams），不仅是形式的，而且是实质的；不仅将我们的思想译成一种原始的表现方式，而且唤醒了原始的精神生活的特点——自我的古老的支配权和性生活的原始冲动，甚至使我们恢复古人所有的理智的财富，如果象征可视为理智的所有物的话。第二，这些古老的幼稚的特性，从前虽曾独占优势，现在可只得退处于潜意识之内，而且改变和扩充了我们对于潜意识的观念。“潜意识”一词，
179 已不再像在别处用以表示的观念；潜意识现在乃是一个特别的领域，有它自己的欲望和表示方式，以及特殊的心理机制。然而由释梦而得的那些隐潜的梦念，可不隶属于这个领域；不如说和我们醒时的思想仿佛种类相同；虽然，它们仍属于潜意识：这个矛盾如何才能解释呢？我们认识到此地有辨别的必要。有些观念起源于意识的生活而有意识生活的特点——这可称为前一天的“遗念”——和某些来自潜意识区域的观念集合而成梦，梦的工作便完成于这两个区域之间。潜意识加之于这个遗念的影响，或可构成倒退作用的条件。在未对心灵作进一步的探索之前，这可视为关于梦的性质的最深刻的了解；但是我们不久便可给隐潜的梦念

的潜意识性质以另一名词，使区别于由幼稚方面而起源的潜意识材料。

我们当然还可以问：我们的心理活动，在睡眠时，究竟为哪一种力量所迫而有这种倒退作用呢？为什么没有这个倒退作用便不能对付那干扰睡眠的精神刺激呢？假如因为有梦的检查作用，于是心理活动不得不化装而采用古代通行、而现在已不可解的表示方式，那么这些现已被克服的旧冲动、旧欲望和旧特性为什么要重新活动呢？总而言之，实质上和形式上的倒退作用究竟有什么用处呢？要完满地解答这个问题，我们只好说这是梦的形成的唯一可能的方法。而且就动的方面讲，除此之外，对于引起梦的刺激，也别无解脱的方法。然而对这个答案，我们现在还不能举出相当的理由。

第十四讲 欲望的满足 180

我们研究的经过或许有重新一提的必要。我们刚要应用分析法时，就遇到了梦的化装作用，那时我们决定将化装问题暂时搁起，先研究小孩子的梦，以期对于一般的梦的性质有所了解。等到研究儿童的梦已有结果之后，再直接研究梦的化装，我希望我们对于梦的化装的研究也已逐渐略有把握。但是我们却不得不承认，由这两方面求得的结果未能互相连贯，所以，求结果的连贯，就是我们此时所应做的工作。

由这两种研究看来，都可见梦的主要性质在于将思想变形而为幻觉的经验。这个历程究竟如何完成，是令人惊奇的。但这是普通心理学的问题,我们在此不必过问。我们由儿童的梦,已知道梦的工作的目的在于求得某一欲望的满足,从而消除那干扰睡眠的刺激。关于化装的梦,在我们未知道如何加以解释之前,自然不能下同样的断语,但是在一开始,我们就希望能够将关于这些梦的观念和关于儿童的梦的观念互相连贯起来。我们若知道一切梦实际上就是儿童的梦,都利用幼稚的材料,而且都以儿童的心理冲动和机制为特征,那么我们这个希望便可实现了。我们现在若对梦的化装已有所了解,我们便不得不进一步要问:“梦是欲望的满足”这个观念是否也可用以解释化装的梦?

我们刚才已解释过许多梦,但没有将“欲望的满足”这个问题加以讨论。我想在我们以前释梦时,你们必已多次感觉到这个问
181 题:“你假定作为梦的工作目标的欲望的满足已否有了证明呢?”这个问题颇为重要,因为这就是一般批评家常常提出的。你们要知道人类生来对于新知创见就有厌恶的情感,这个情感表示的方法之一,就是将任何新解缩小到不可再缩的范围之内,假使可能,还要给以一个标号。“欲望的满足”已成了这么一个标号,用来概括我们的这个梦的新论。他们一听说梦是欲望的满足,便问:“梦中哪里才是欲望的满足呢?”他们提出这个问题便算是推翻了这个观念。他们立即想起自己的无数的梦,它们都伴有很不愉快的情感,有时且感到恐惧;因此,精神分析的梦的学说似乎很不可靠。然而这个疑问是不难答复的;因为在化装的梦中,欲望的满足并不公开表露,而是要我们去追寻的,所以要证明它,便不得不等到梦已得到解释之后。我们又知道,化装的梦所有背后的欲望是为检查作用所禁止排斥的,而且正是这些欲望的存在,才形成化装的原

因和检查作用的动机。但是，我们并不容易使一般批评家懂得这一事实：就是，在梦未得到解释之前，我们一定不要问起梦究竟满足哪一种欲望；他们总是忘记了这一层。其实他们不愿意接受满足欲望之说的缘故也正是梦的检查作用的结果，因为有这个检查作用，所以他才以赝品代替真正的思想，从而否认这些被检查的梦的欲望。

在我们自己，当然要说明为什么有这许多内容不快的梦；而且更希望懂得我们为什么会有所谓“焦虑的梦”（anxiety dreams）。这里我们才第一次遇到了梦的感情问题；这个问题值得特别研究，但是很遗憾，现在还不能加以讨论。假使梦是欲望的满足，不快情绪当然没有侵入的可能：一般批评家在这一点上似乎是对的。但是，这个问题之所以复杂，是因为下面的三点被他们忽视了。

（一）梦的工作有时也许不能完全造成欲望满足的局面。因此，隐念中的不快情感有一部分出现于显梦之内。分析的结果表明，这些隐念的不快要比由这些隐念而成的梦强烈得多。这是在 182
任何例子内都可以证明的。所以我们承认梦的工作此时已不能达到目的，正好像因渴梦见喝水而不能止渴。梦者醒来仍觉口渴，乃不得不起而喝水。然而这也不失为正当的梦，因为它仍保留着梦的特性。我们需要说“Ut desint vires，tamen est laudanda voluntas”［“虽力量缺乏，但仍不失其为欲望的实践”］。无论如何，其显然可以辨认的意向仍然是可以赞许的。这种工作失败的例子的确不在少数；其所以失败的原因，有一个是：以梦的工作改造事实虽颇容易，但要以梦的工作产生所需要的情感变化，便远较困难；情感往往是很倔强的。所以在梦的工作进行时，梦念中不快的内容化

为欲望的满足,而其不快的情感则始终不变。于是情感和内容很不调和,批评家就乘机说梦根本不是欲望的满足,甚至无害的内容也伴有不快的情感。对于这种不高明的批评,我们可以说,正是在这些梦里,梦的工作的满足欲望的倾向是最显而易见的。因为这种倾向在这些梦里才分离呈现。他们批评之所以错误,就因为不熟悉神经病者的人们,总以为内容和情感之间的关系较密切于实际存在的关系;因此不能了解内容改变时,其伴生的情感仍可保持而不变。

(二)第二点更为重要,但也同样为一般人所忽视。一个欲望的满足原可产生快感,但是我们要问:“究竟是对什么人引起快感?”感到愉快的当然是有此欲望的人。然而我们知道梦者对于他的欲望的态度却很特别:他摈斥这些欲望,指责这些欲望,总之,不愿意有这些欲望。因此,这些欲望的满足并不使他快意,反而使他不快。经验证明,这种不快,虽尚待解释,但它们是焦虑形成的主因。就其欲望而言,梦者宛若两人,因某些共同的要点而合为一人。这个问题,我想不再加以引申,只想告诉你们一个著名的神仙故事。在这个故事里,你们便可看出这些关系。一个慈爱的仙人说要满足一个穷人和他的妻子的头三个欲望。他们俩乐不可支,
183 对于欲望的选择非常慎重。那女人因为嗅到邻人烧腊肠的香味,于是愿有两条腊肠。一动念间,腊肠已放在面前了,第一个欲望因此得到了满足。男人不以此为然,忿恨之余,乃愿这两条腊肠挂在妻子的鼻端之上,因此腊肠便挂在她的鼻端上不能移动,第二个欲望满足了。但这是男人的欲望,女人却深以此为苦。这个故事的结局,你们可想而知;因为他们究竟是夫妻,所以他们第三个欲望

就不得不使腊肠离开女人的鼻端。这个神仙故事,我们或许常用来比喻其他各事;这里则仅用以说明这个事实:那就是,一个人的欲望的满足,可以使另一个人深感不快,除非这两个人完全是同心一意的。

现在对于所谓焦虑的梦便不难加以更完满的解释了。还有一点尚须顾及,然后才可采取那为几方面共同拥护的假说。这一点就是:焦虑的梦的内容,往往没有什么化装;好像是已经躲开检查者的注意似的。这种梦常常是毫无隐蔽的欲望的满足,但这个欲望当然不是梦者要承认的,而是他已经摈斥的那个欲望了;于是焦虑就乘机而起,以代替检查作用。儿童的梦是梦者所承认的欲望的公然满足,普通的化装的梦是被压抑的欲望的隐秘满足,至于焦虑的梦的公式,则为被压抑的欲望的公然满足。可见焦虑乃是表明被压抑欲望的力量太大,非检查作用所能制服,所以虽有检查作用的掣肘,但仍能求得或大致求得其满足。因为我们站在检查的立场上,所以我们应知道被压抑欲望的满足,只能使我们产生不快的情绪而引起我们的抵抗。所以,梦里所表现的焦虑,乃是由于那时不能制服欲望的力量而起。这个抵抗为什么竟成焦虑,我们不能仅由梦的研究便可知道:我们显然必须在其他方面再加以讨论。

未经化装的焦虑的梦所可用的假说,也可用来解释那些只有轻微化装的梦,以及其他产生的不快或和焦虑相等的梦。大概地 184
说,焦虑的梦常使我们惊醒;当梦的背后的被压抑欲望未能克服检查者而求得完全满足之前,我们常先惊醒了。就这些梦而言,其原有的目的虽未达到,但其主要性质却未因此而改变。我们曾把梦比喻为睡眠的看守者或监护人,以保护睡眠使不受骚扰为目的。

这个保护人现在的力量如果不足以单独抵御干扰物或危险物，就会和梦一样，不得不唤醒睡者；但我们有时虽因梦而感到不安，感到焦虑，却仍能继续鼾睡。我们在睡眠中自慰着说："这毕竟不过是一个梦。"因此仍然继续睡而不醒。

你们也许要问，梦的欲望究竟在**何时**才能制胜检查者。那要看欲望和检查作用两方面而定；也许因为某种理由，欲望的力量可以变得非常强大；但是据我们所得的印象，二者的势力平衡时发生变化的原因，常常是由于检查者的态度。我们已知道检查作用因不同的梦的成分而随时改变其强度，从而严厉的态度各不相同；现在可再加说一句，检查作用的普遍行为是不一定的，对于同一成分也不常有同样严厉的表示。假使那检查者忽然自觉无力与某种欲望相争衡，它便会丢开化装不用，而采取最后对付的办法：就是使梦者引起焦虑而惊醒。

这些罪恶的、被排斥的欲望，何以偏偏起于夜间来扰乱我们的睡眠呢？我们对此虽觉得奇怪，但还不能加以解释。要答复这个问题，我们只好采用另一种以睡眠的性质为基础的假说。在白天，检查作用的沉重压力施加于这些欲望之上，使他们没有侵入意识的可能。但是一到夜里，检查作用也许像精神生活的其他一切作用那样，因睡眠而暂时松弛，或者至少也大大地削减了力量。检查作用既然松弛下来，于是被禁止的欲望就乘机活动。有些患失眠
185 症的神经病人自认最初的失眠本出于自动；他们不敢入睡是因为怕做梦——这就是说，他们深怕检查作用松弛而产生的结果。你们不难知道，检查作用的减弱本无大害：因为睡眠可以削弱活动的机能；所以罪恶的意念纵在此时乘机而动，充其量也只能产生梦

景，实际上是毫无妨碍的。因为这个缘故，所以梦者可以在夜里自慰着说："这只是梦而已，"由它去吧，而继续入睡。

（三）假使你们记得梦者反对他自己的欲望时，好像是两个不同的人，因有密切的关系而混在一起似的，你们便可知道还有一种方法可以使欲望的满足引起很不快的事件：这个方法就是惩罚。这里我们又可借用前述的那个神仙故事，作为说明的帮助。那面前盘子上的腊肠是第一人（即妻子）的欲望的直接满足；鼻端上的腊肠则为第二人（即丈夫）的欲望的满足；同时也是对那妻子的愚蠢欲望的惩罚。在神经病中，我们也会看见和这个故事里第三个欲望相仿佛的欲望。人类的精神生活颇多这种惩罚倾向，它们都强大有力，可视为某些痛苦的梦的主因。你们现在或许以为所谓欲望的满足就很少根据了。然而经过仔细研究，便可知你们的意见是错误的。现在若和梦可以成为什么内容（或确成何种内容）的种种可能（容再讨论）互相比较，则欲望的满足、焦虑的满足、惩罚的满足等等说法当然都是意义很狭窄的。然而焦虑本是欲望的绝对反面，而反面又很容易和正面造成联想，据我们所知，二者在潜意识内同为一物，而且惩罚本身也不失为欲望的一种满足，它满足的乃是检查者的欲望。

因此，大概地说，你们虽反对欲望满足的理论，我却未曾让步；不过我们对于这个工作，也不愿意推诿：那就是要在每一个化装的梦里，证明欲望满足的存在。现在请回来推论前面曾经解释过的
那个梦，即关于一个半弗罗林买三张蹩脚座位戏票的梦，我们曾由 186
此梦得到许多关于梦的知识。我希望你们仍能记得它。那一妇人有一天听她的丈夫说，比他小三岁的朋友爱丽丝已订婚了，当晚便

梦见自己和男人同去观剧，而剧场的座位有一边几乎空无一人。男人告诉她，爱丽丝和她的未婚夫本也想来的，但终于没有来，因为他们不愿意以一个半弗罗林买三个坏座位。她说，这还是便宜了他们的。我们已知道她在梦念中对于丈夫不满，而深悔自己匆忙出嫁。我们也许觉得奇怪，这种悔恨的思想是如何变为欲望满足的。而在显梦中，如何显露出相当的痕迹。我们已知道“太快了，太匆忙了”这一元素已因检查作用而不敢显露出来；剧场中的空座位即为这个元素的暗喻。“一个半弗罗林买三张票”这一句话，原令人迷惑不解；但是因为现在已有了象征作用的知识，便较易了解了。“三”这个数目实为男子的代表，所以不难把这个显梦的成分译为：“以嫁妆买一男人（丈夫）”（“用我如此盛大的嫁妆，可买一个较好十倍的男子”）。“到剧院去”显然是指结婚。“买票太早，”其实是指结婚太早了。这个代替便算是欲望满足的工作。梦者对于结婚太早虽觉不满，但总不像听到女友订婚那一天那么强烈。她也曾夸耀过自己的婚姻，以为比自己的女友幸福。我们常听到天真的女子，当订婚的日子到来时，每以为自己不久就可去看前所不许看的种种戏剧，而感到喜悦。

好奇心的表现和“窥看”（look on）的欲望当然起源于性的“窥视冲动”，尤以关于父母的为甚，这个冲动就促成了女子早婚的强有力的动机；因此，到剧院去显然就是结婚的代替。她现在既因结婚太早而深觉后悔，于是她乃回想到曾用这同样的结婚以满足自
187 己的“窥视欲”（skoptophilia）的时候；又因为受这个古老的欲望冲动的支配，乃改用到剧院去的观念来代替结婚的观念。

我们或许可以说刚才采用的例子似乎不易说明潜在欲望的满

足；其实就其他任何化装的梦而言，我们解释的进行都不得不如此迂回曲折。此地此时，我们都不能细谈，所以我们只愿声明这种研究方法肯定是有相当成绩的。然而，在理论上，我却愿意对此点更有所讨论：因为经验已告诉我们，这是梦的整个理论的一个最容易引起矛盾和误解的论点。而且你们或许仍觉得我已将我的学说撤回了一部分，因为我曾说梦可为欲望的满足，也可为欲望满足的反面，如焦虑或惩罚；你们也许以为这又是一个好机会，可强迫我作出进一层的让步。同时，更有人说我将自己明了的事实陈述得太简约了，以致不能令人信服。

你们虽已在释梦上研究到这种地步，虽已接受我们的一切结论达到这种程度，但是对于欲望满足的问题，常不免停下来要问：即便承认了凡是梦都有意义，而且这个意义都可以用精神分析法研究出来，但是我们究竟为什么要否认一切反面的证据，而勉强将这个意义放在欲望满足的公式之内呢？为什么我们黑夜里的思想一定不及白天里的思想那样多方面的呢？为什么一个梦不能有时为某种欲望的满足，有时为欲望满足的反面，如惊惧，又有时为一种决心、一种警告、一种问题的正反面考虑，或一种谴责、一种良心的刺痛，或对于一种事业的预备——或其他呢？为什么硬说是一种欲望，或至多也只是说欲望的反面呢？

我们也许可以说，如果其他各点都取得了同意，仅在这一点上持有异议，那是无关重要的。我们既已发现了梦的意义和寻求意义的方法，不也就可以满足了吗？假使我们太严格地限制了梦的意义，则以往取得的成绩或不免又被抛弃。然而这种说法是不对的。因为在这个问题上的误解和我们关于梦的知识有重要关系，

188 其结果且将危及这种知识对神经病的理解的价值。还有一层，“屈己从人”在处世上虽有价值，但是在科学上，不仅无益而且有害。

梦的意义为什么不是多方面的？对这个问题的第一个答案是很平常的。我不知道它们为什么不如此，它们果然如此，我也不反对。就我这方面说，它们未尝不能如此。然而这个比较宽大的梦的概念却有一个小小的障碍——就是，事实上梦的意义却不是这样的。我的第二个答案将着重下面这一点：就是，说梦可代表思想和理智操作的多重方式，在我看来绝不是一种新的观念。我有一次研究某种病理的发展，曾记载一个连梦三夜、而以后便不再做的梦。据我那时的解释，此梦相当于一个决意，决意一成事实，便没有再做梦的必要了。其后，我又刊布一梦，以为这梦是用以表示忏悔的。现在我为什么要自相矛盾，说梦总只是欲望的满足呢？

在我则宁愿矛盾，却不愿承认一个愚蠢的曲解，因为这个曲解，也许会丧失我们在梦的问题上所有一切苦心研究的结果；而且会将梦和梦的隐念混为一谈，以为梦的隐念如此，则梦也必然如此。梦确可以代表或还原而为刚才所讲过的各种思想方式；如决心、警告、反省、动作的准备以及计划等。但是你们若仔细观察，便可见这是仅就变成梦境的隐念而言的。你们由释梦的经验，可知人们的潜意识历程富有这种决心，准备和反省，通过梦的工作而成为梦景的材料。不论什么时候，你们的兴趣不在于梦的工作，而集中于人们的潜意识历程，你们便可置梦的构成于不论之列，而称梦的本身可代表一种警告、一个决心或其他，这在实际上也未尝不对。精神分析的研究也常用此法：大概地说，我们只是企求拆除梦的表面形式，而代之以梦所由起的相应的隐念。

因此，当我们估计梦的隐念时，却在无意中知道了我们刚才讲 189
过的高级的复杂的心理动作，都可以在潜意识中完成——这个结论确实是惊人的，同样是令人惶惑的。

然而现在要言归正传了：你们说梦可代表各种思想方式，假使你们以这句话为一种简约的表达方式，而不以这些思想方式为梦的重要性质，那当然是很对的。你们说到一个梦时，你们要么是指显梦，即梦的工作的产物，要么就是指梦的工作本身，即梦的隐念化为显梦的那种心理历程。你们若以为此外还有其他意义，那都足以使思想混乱，谬误立见。假使你们所说的话是用来指梦的隐念，那便请你们明白说出，千万不要因说话欠明确而增加问题的隐晦程度。梦的隐念是梦的工作制造显梦所用的材料。你们为什么总是将材料和制造材料的手续混为一谈呢？有些人仅知道那最后的产物（译按：即显梦）而不能解释其由来（译按：即梦的起源）和制造的经过（译按：即梦的工作），你们若分不清显梦和隐念，又比这些人高明多少呢？

梦的唯一的要点就是处理思想材料的梦的工作；讲到理论方面，我们便没有忽略此事的权利，虽说在某种实际的情境下，这也未尝不可被忽略过去。再者，分析的观察表明，梦的工作从来不仅仅是将隐念译为前所说过的原始的或退化的表示方式。反之，总有一个“虽不属于白天的隐念，但实际是造梦的动机”的事物附加于其上，这个不可缺少的成分便是潜意识的**欲望**；梦的内容的改造，为的是这个欲望的满足。所以你们若仅讨论梦所代表的思想，那么梦就可为任何物——一种警告、一种决心或一种准备，等等。

但是除此之外,它本身也常可为一种潜意识欲望的满足;假使你们把梦看成梦的工作的产物,则舍欲望满足之外就不再有其他意义了。所以梦必不仅为决心、警告的表示:而且决心或其他,在梦内
190 常借助于潜意识欲望而译成原始的形式,而译成的结果则适为那一欲望的满足。总之,欲望的满足,这一特性才是梦的主要性质;其他成分则可有可无。

凡此一切,在我都很了然,但不知道已否使你们也搞清楚了。要证明这一点,自然是不容易的;因为一方面,证明要有证据,而证据则要在对许多梦作慎重的分析之后才可求得;另一方面,关于梦的概念的最重要之点,只有和他种现象连带讨论才可令人信服,而这些现象的讨论,尚有待于未来。你们若知道各种现象都有着如何密切的关系,便可知道这种现象的性质,若未加以研究,便无从深知另一种现象的性质。因为我们对于类似于梦的现象——神经病的症候——尚无所知,所以对于已了解的部分不得不暂时视为满足,现在请再举一例予以一种新的推论。

我们仍取已讨论过几次的关于一个半弗罗林买三张票的梦为例,我可以明白地告诉你们,我选取这个例子,并没有什么特殊的动机。我们已知这个梦的隐念如下:梦者听到她的朋友刚订过婚,便深悔自己结婚太早,又以为如果自己能耐心稍待,或可嫁得一个较好的丈夫,因此,对于现在的丈夫是有点蔑视的。我们又知这些隐念所以成梦的愿望,乃是一种窥视欲,想可以因此自由看戏——这或者是要看结婚后有何结果的一种古老的好奇心的产物。我们都知道小孩的这种好奇心常以父母的性生活为目标;换句话说,这是一种婴儿期的冲动,成人若有这种冲动,则其冲动也必起源于婴

儿时期。然而,在做梦的前一天所得到的新闻(译按:即女友订婚
的新闻)可不会引起窥视欲;而仅引起懊悔。这个(窥视欲的)冲
动最初并不和隐念有连带的关系,所以,分析时就是不牵涉到窥视
欲,也可以得到释梦的结果。然而,懊悔可不能由本身生梦:想到 191
结婚太早的失策,绝不足以成梦,除非是因为这个思想激起了从前
要看结婚后有何结果的欲望。这个欲望乃构成梦的内容,而用到
剧院去看戏代替了结婚;至其形式则为早期欲望的满足:“现在我
可以到剧院去看从前所不许看的一切了;但是你还不能。我已经
结婚了,你还得等着。”这样一来,实际的情境恰巧变成了反面,而
旧时的胜利乃起而代替新近的懊悔;其结果,则窥视欲和自夸之感
同时得到了满足。而正是后者的满足,决定着显梦的内容;因为就
显梦说,梦者坐在剧院内,她的朋友则独抱向隅。梦的其余部分,
则表现为这个满足情境的所有不易了解的变动形式,其背后仍隐
藏着隐念。释梦的任务就是要将那些代表欲望满足的部分略而不
谈,而追求其背后所隐藏的苦痛的隐念。

讲这一大段话,无非是要你们注意这些梦的隐念。第一,你们不要忘记梦者对于这些隐念都是一无所知的。第二,这些隐念都很容易合理而互相关联,所以可视为对于引起梦的任何刺激的应有反应。第三,它们的价值和任何精神的冲动及理智的活动不相上下。我想给这些隐念以一种较前更有限制的名称,而称之为**前一天的遗念**(the residue from the previous day),梦者对于它们,可以承认,也可以否认。因此,我就可以在这个“遗念”和隐念之间建立一种区别,凡是由释梦而发现的一切都称梦的隐念。这正是前所习用了的;而“前一天的遗念”则仅为这些隐念的一部分。于

是我们可以将梦时经过情形的概念略述如下:“前一天的遗念”之外,还有一种强有力而被压抑的潜意识欲望的冲动,正是这个冲动使梦有造成的可能。因为,这个欲望的冲动对那所谓“遗念”在起
192 作用,所以,隐念的其他部分,即非醒时所可理解的部分,也就随而造成了。

我曾用过一个比喻,说明那遗念和潜意识欲望之间的关系,现在最好重述于此。任何种企业,总有一个资本家支付费用,一个计划家担任设计,且又知道如何实现其计划。就梦的结构而言,资本家常为潜意识的欲望,给造梦提供精神能力的必要资源;至于计划家则为前一天的遗念,决定着消耗能力的方式。资本家自己本可兼有计划及其所需要的特殊知识,而计划家自己也大可有资本。这本来可以使实际的情境化繁为简;然而在理论上的困难却因而增加了;就经济学上说,同是一个人,也对于他的资本家的职能或计划家的能力往往加以区别,而有了这个区别,我们的比喻才能有相当根据。梦的形成,也有相类似的变化:我不说,由你们自己去想吧。

讲到这里,我们不能再向下讲了;我想你们或许早已产生一个疑问,现在似乎应当提出了。你们或许要问:“所谓‘遗念’,是潜意识的,它和梦的形成需要的欲望是潜意识的果真是相同的吗?”你们的问题是不错的:这是整个事件中的重要之点。它们二者同为潜意识的,但涵义有所不同。梦的欲望是另一种潜意识,既起源于婴儿期内,又有其特殊的机制,那是我们已知道的。这两种潜意识,我们若用不同的名称以示区别,固然是很便利的。然而我们却宁愿等到我们熟悉了神经病的现象之后再说。假使潜意识的概念

已经令人感到异想天开，那么现在要再断定潜意识共有两种，便不免更引起种种非难了。

因此，我们便在此结束。这又是一段未说完的话；但是我们正可以希望这种知识因我们自己的努力或他人的研究，而更有一些进步。而且即就我们所已知道的而言，也够新奇而令人吃惊的了。

第十五讲　几点疑问与批判的观察 193

在结束梦的讨论之前，我们不得不将这个新学说所引起的最普遍的疑难之点加以讨论。你们留心地听了这几次的讲演之后，或不免有下面的种种批评。

（一）你们也许觉得，我们释梦的工作，纵使坚持一贯的技术，然遇有两歧之义也难决定其何去何从。所以显梦译为隐念，很难正确。你们必定以为，第一，梦里的某一成分究竟取其表面的意义或取其象征的意义，必无从揣测，因为事物被用为象征之后，仍不失为原来的事物。这个问题的断定如果没有客观的证据，则关于某一特点的解释就会由释梦者任意决定了。第二，两个相反的事物在梦的工作中本可混而为一，于是就任何实例而言，对某一梦的成分究竟采用正面的意义或反面的意义，便不易决定——这又是释梦者任意取舍的一个机会了。第三，梦内屡有颠倒的事例，是释梦者又可任意假定其有或无。第四，你们或已听人讲过，一个已有的解释是否为唯一可能的解释，谁也不敢武断，而且谁也不免有忽视他种完全可以允许的解释的可能。在这些情形之下，你们或将以为释梦者既可以自由取决，则其结果在客观上似难信赖。或者你们更以为这种过错不在于梦,只是因为我们的概念和前提有所错误,所以我们对于梦的解释就不容易令人满足了。

194 你们所说的话,自然是不可否认的,然而我以为这仍不足以证明你们下面的两个结论:(1)我们的释梦工作是由释梦者任意取决的;(2)结果既不完满,则研究的手续或不免也欠正确。假使你们不责备释梦者的任意取决,而指责他的技术、经验和理解,那么我便和你们一致了。这种个人的因素自然是难免的。尤其是解释特别困难的问题的时候。即就他种科学的研究而言,也莫不如此;同是一种技术,这个人应用起来,或较劣于他人,或较优于他人,那是没有办法的。譬如象征的解释,看来好像武断,但是只要你们想一想梦念的彼此关系,梦和梦者及梦时的整个心境的关系,只许我们作一种解释,其他解释统归于无用,你们也就可以更正原来错误的印象了。你们以为解释的不完全乃由于假说的谬误,但是你们若知道两歧性或不确定性乃是梦所应有的性质,这个结论也就没有力量了。

你们要记得,我曾说过,梦的工作是将梦念译为和象形文字相类似的原始的表示方式。这种原始的语言都不能不有两歧性或不确定性;然而我们却不能因此怀疑它们在实际上应用的价值。又相反的字在梦的工作内混而为一正和最古文字中“原始语言”(primal words)的意义互相类似,这也是你们已经知道的。此种知识是语言学家阿倍尔供给我们的。他著书于1884年,以为古人虽用这种双关语互相通话,但并不至于彼此误会。说话者心内的意义,究竟是正是反,都可由说话的声调姿势,及整个前后关系揣测而定。写字时,看不出姿势,乃代以小小图画,例如象形文字的

ken 一字,如附以一屈膝者的图,则为“弱”,附以一直立者的图,则其意为“强”。因此,字音字符虽双关而不至于令人误解。

最古老的语言所常有的各种不确定的意义,现代文字是不肯加以容纳的。譬如,塞姆族的文字(Semitic writings)多仅存子音: 195
而省去的母音须由读者据其所知和上下文加以补充。象形文字也采用大同小异的原则;所以埃及文字的发音无从揣测。在埃及的神圣的文字中,还有其他种种不确定性:譬如,图画究竟自右向左读,或自左向右读,都由作者任意决定。若要读懂,须看图上的人脸,或鸟,或其他的方向而定。作者又可任意把图画排成直行,假使题词在较小的物品之上,作者更可根据自己的嗜好和物品的地位,改变符号排列的次序。埃及字还有一个最令人怀疑之点,就是文字和文字之间不留地位。每页上的图画之间的距离相等,我们很不易决定某一符号究竟是前面字的煞尾或新句的起头。反之,在波斯,楔形的文字,两字之间便有一根斜线以为隔离的符号。

中国的语言和文字是最古老的。但仍为四万万人所通用。你们不要假定我懂中文;我因为希望在中文内求得和梦相类似的种种不确定性,所以才得到一点关于中文的知识;我并未失望,因为中文确有许多不确定性,足以使人吃惊。你们知道这个文字有种种表示音节的音,或为单音,或为复音。有一种主要方言约共有四百个音,因为这个方言约共有四千字,可见每一个音平均约有十种不同的意义——有些较少,有些较多。因此,为了避免误会,就想出了种种方法,因为仅据上下文,还不足以决定说话者要传达给听者的究竟是这十种可能的意义中的哪一种。在这些方法之中,一是合两音而成一字,一是四“声”的应用。为了我们的比较起见,

还有一个更有趣的事实,就是这个语言在实际上是没有文法的:这
些单个音节的字究竟是名词、动词还是形容词,谁也不能确定;而
196 且语尾又没有变化,以表明性(gender)、数(number)、格(case)、时
(tense)或式(mood)等等。我们或者可以说这个语言仅有原料而已;正好像我们用以表示思想的语言因梦的工作还原而为原料,而不表示其相互间的关系。中文一遇有不确定之处,便由听者根据上下文就自己的意思加以裁决。譬如中国有一句俗话说“少见多怪”。这都是很容易了解的。其意可译为:“一个人所见愈少,则其所怪愈多,”也可译为:“见识少的人便不免多所惊怪。”这两种翻译仅在文法构造上略有不同,我们自然不必对此二者加以选择。然而中文虽有这些不确定性,却仍不失为传达思想的一个很便利的工具,因此,我们可以明白不确定性未必即为误会的起因。

我们当然要承认,梦的地位更难比得上这些古代的语言和文字;因为,后者原来是作为传达思想的工具的;无论采用何种方法,其目的都是求为人人所了解。至于梦,则不然了;梦的目的在于隐瞒;所以绝不是传达思想的工具,重要的是不要为人所了解。因此,假使梦内有许多疑难之点无从决定,我们就不必吃惊或感到惶惑。我们由比较研究的结果,可深信这一不确定性(人们往往以此否认我们释梦的正确性),应该被认为是各种原始的文字语言的通性。

实际上,我们对梦的了解,究竟达到何种限度,那只有实践和经验才可决定。由我看来,这个限度很大;如果将这些善于分析者所得到的结果加以比较研究,也足以证明我的这个意见了。一般人遇到科学上的疑难之点,往往好持怀疑的态度,借以表示自己的

优越，甚至科学家也不例外；我想他们这样做是错的。你们也许不知道巴比伦和亚述的碑文初被近人译成今文的时候，也曾有过这种现象。一般人的意见以为这些楔形文字的翻译者都仅凭幻想作 197
出判断，而他们的整个研究都不外为欺人之谈。但是“皇家亚细亚学会”(The Royal Asiatic Society)在1857年曾做过一种判别是非的测验。该会要四个最著名的从事这种研究的人——罗林森、欣克斯、福克斯·塔尔波特和奥佩特——将新发现的碑文，各自译就，封寄到会。会中人员将这四篇译文互相比较后，乃公布其判决书，以为各译文大致相同，所以已有的成绩既可相信，而未来的进步也大可预卜。于是不懂此道的学者就渐渐不再妄加讥诮了，而那些楔形文件的翻译也从此更加明确了。

(二)有些人觉得我们释梦所得的结果，多是硬拉杂凑的，或竟滑稽得可笑，所以对于精神分析大加驳斥，想来你们也未能免此。这种性质的批评很多，我姑且将最近所听到的举以为例。瑞士号称自由的国家，可是，近来某校校长因为对精神分析产生兴趣，以致被迫解职。他虽曾抗议，然而伯伦某报登载教育当局对于此事的决议案。文内讲到精神分析的几句，略如下述：“苏黎世大学费斯特尔教授的书内所举出的例子多强词夺理，令人惊愕。……这种理论和这种证据竟使一个师范学院的校长深信不疑，真正出人意料之外。”据说这几句是他们冷静判断的结果。在我则宁以为这个所谓“冷静”是自欺欺人，现在让我们对这个问题加以更精密的研究，我想加上一点考虑和知识，总不至于有伤“冷静”的判断吧。

一个人对于心理学较为深奥的重要问题，仅根据他第一次所得到的印象,就能立即发表正确的意见,这确使我们精神振奋,我们的解释在他看来似乎是强词夺理的、不足为训的,因此,解释是错误的,而这整个的研究也都是无价值的废物。这些批评家可从来没有想到这些解释之所以令人有这种印象,也许是因为相当的
198 好理由——他们若想到这一层,也许会更进而探求是一些什么好理由了。

这种批评的起因,主要和移置作用效果有关。这个作用乃是梦的检查作用的最有力的工具,那是你们已经知道了的。因为有移置作用,所以我们称之为暗喻的代替物乃随而形成;这些暗喻本身不大容易被辨认出来,也不大容易由此而追溯到它背后的隐念本身。因为隐念与暗喻是用一种最奇特的非本质的联想而结成关系的。整个问题在于想把隐念隐匿起来;这就是梦的检查作用的目的。可是我们要搜寻这已被隐匿的隐念,可不能求之于它平常所属的场所。近来边境的稽查员在这一点上要比瑞士教育当局聪明得多;因为这些稽查员若要搜查文件和计划书,必不以检查书信匣为满足;而是想到间谍和私贩们或许将物件藏在不应隶属而极难发觉的地方,例如双层靴底之间。假使违禁物在这种地方寻出,那固然是"硬拉"出来的,然而仍不失为一种很精巧的"发现"。

我们既承认隐梦的元素和表面的代替物之间,有非常离奇或竟至滑稽可笑的关系,所以有许多例子的意义,照例是不能求得的,我们对于梦的分析便依赖这些已往经验的指导。要解释这些梦,仅靠我们自己的努力,往往是徒劳无益的;因为清醒的人们绝不会猜出隐念和显梦之间的连锁物的。这个迷或由梦者引用自己的直接联想予以解决(他有这个能力,因为代替物本起源于他的

心中),或者就由他提供材料,使我们不大费力地便可解决——答案本身自然而然地在我们面前显露出来,假使梦者不用此二法之一相助,则显梦的元素将必永无了解的可能。现在再告诉你们一个新近发生的例子。我有一个女病人,在受治疗时她的父亲忽然死了,因此,她常在梦里寻找机会使父亲复活。有一次她梦见她的 199
父亲说:“**十一点一刻了,十一点半了,十一点三刻了**。”这种时间的报告究竟如何解释呢?她只能说她的父亲喜欢看大孩子们遵守时间到食堂里进午餐。这个联想虽和梦的元素相合,但不能说明该梦的起源。由那时治疗的情境看来,我们有充分的理由怀疑她对于她所敬爱的父亲暗怀着批评的敌对之意,因而也是这个梦的起因之一。因此,我们让她任意联想,显然离题很远,她于是说,自己在前一天内曾听过心理学问题的讨论,有一亲戚曾说了一句下面的话:“原始人(Urmensch)在我们心内复活。”由这句话我们便可明白梦的意义了。她便因此想象已死的父亲也复活了,所以在梦内竟使她的父亲成为一个“报时者”(Uhrmensch),一刻一刻地报时,直到午餐的时间。(读者请注意“原始人”和“报时者”的原文。)

这种双关语(pun)的玩意儿,我们可不能轻轻放过,实际上,梦者的双关语往往归属于释梦者;此外,还有许多例子,我们很不易决定它们是笑话还是梦。但是,你们要记得有些舌误也可发生同样的疑难。有一个人说梦见自己和叔父同坐汽车(auto)内,他的叔父抱着他接吻。梦者立即自动加以解释,以为此梦有自淫(autoerotism)之意。(“自淫”一词,在我们的“里比多”说内,用以表示不借外物以满足情欲的意思。)这个人难道是捏造出一个笑话来欺骗我们，而把 auto 谐 autoerotism 之音假托为梦的一部分吗？我绝不以为然：他确曾做了这个梦。然而梦和笑话究竟为什么有这种可惊异的相似之点呢？这个疑问，过去曾使我走了许多弯路，因为我不得不因此而对诙谐（wit）本身的问题作了彻底的研究。研究的结果，以为诙谐的起源如下：先有一个念头受潜意识的意匠经营，然后发而为诙谐的方式。因为受潜意识的影响，所以也受压缩作用和移置作用的支配；换句话说，即受梦的工作的相同作
200 用的支配。梦和诙谐有时出现的相似性便在这里。所不同者，无意的“梦的笑话”不能像一般笑话那么可笑；对诙谐作进一层的研究之后，就可知其缘故了。“梦的笑话”是一种蹩脚的诙谐；不足以引人发笑，引不起人们的趣味。

在这一点上说，我们正袭取古人释梦的故技；这个释梦的方法除给了我们以许多没有用的废料之外，却也供给了我们以许多有价值的标准释梦的例子。我想举一个在历史上重要的梦以为例。普鲁塔克和道尔狄斯的阿尔特米多鲁斯关于这个梦的记载略有不同，梦者为亚历山大大王。当他围攻泰尔城的时候，城内军民抗御甚力（纪元前 322 年），亚历山大在某夜梦见一个跳舞的半人半羊的怪物（a dancing satyr）。随军释梦者阿里斯坦德罗斯，解释了这个梦，将“satyros”一字分为σὰ Τύρος（“泰尔是你的了”），因此预祝亚历山大大王的胜利。这个解释激励了亚历山大大王继续攻城的决心，终于将城攻陷了。这个解释，虽然好像牵强，但究属真确无疑。

（三）我想你们若听说有些对释梦有研究的精神分析家，也反对我们这个梦的学说，一定会引起你们的特别注意。有这样优越

的机会去犯新的错误,那可能是罕见的。一方面由于观念的混乱,一方面以不正确的归纳为根据,就提出主张,其结果便与医学上的梦的学说几乎可犯同等的错误。有一说是你们已经知道的:以为梦在于谋求适应当时的情境而解决将来的问题;换句话说,梦有“预知的倾向”(a prospective tendency)或目的。这是米德尔的见解。我们已说过这个见解由于分不清梦和梦的隐念的区别而忽略了梦的工作。假使那些谈“预知的倾向”的人们用这个词指隐念所属的潜意识的精神活动,那么一方面他们所提倡的并不是创见,他方面,他们所描写的还有挂一漏万之弊,因为潜意识的精神活动,除从事于应付将来外,还有许多其他任务。还有一种谬见,表现得更为混乱,以为每一梦的底下都含有“希望他人死”之意;这个假说的意思我还不十分清楚,然而我怀疑这句话是由于分不清梦和梦者的全人格的结果。

又有人说,凡梦都可以有两种解释:一种是前已讲过的所谓精神分析的解释,另一种叫做寓意的(“anagogic”)解释,其目的在于忽略本能的倾向,而描写其较高等的精神作用。(这是西尔别里尔的学说。)这个理论,也是一种不合理的归纳,是以少数特例为根据的。这种梦间或有之,但是我们若将这个概念夸大,包括大多数的梦,那便不免徒劳无功了。此外,还有一说,以为各种梦都可用两性解释,都可释为男性倾向和女性倾向二者的混合。(这是阿德勒的学说。)你们虽已听过这许多次的演讲,可是对于阿德勒这句话或仍不能了解。这种梦自然也间或有之,而且后来,你们还可以知道这种梦的构造和癔病的某种征候互相类似。我要指出这些新发现的梦的一般特征,为的是要警告你们不要信以为真,或至少要使你们不再怀疑我对于梦的意见。

（四）有人以为受精神分析治疗的病人，故意使自己的梦的内容和医生所信奉的理论相适合，于是，有些人主要梦见性的冲动，有些人梦见支配他人，有些竟梦到再生（斯特凯尔），因此，梦的研究就未免缺少客观的价值，似乎不大可信了。其实，这个论点的力量很弱，因为：(1)人们在没有所谓精神分析治疗法可以影响他们的梦以前，便早已有做梦的现象；(2)现今受治疗的病人在未受治疗之前也各有所梦。这个论点所包含的事实虽不待证而自明，但是在梦的理论上则无关重要。因为梦所由起的前一天的“遗念”，是清醒时才有兴趣的经验的遗物。假使医生的话和所施的刺激对于病人有重要的影响，那么它们必混合于这种“遗念”之内，而为成梦的精神的刺激，正好像前一天起而未伏的他种有情感价值的兴趣一般；它们的作用，也和骚扰睡者睡眠的身体刺激相类似。而为医生所引起的思绪，也像引起梦的其他因素一样，或发现于显梦之内，或流露于隐念之中。我们原知道梦可因实验而引起，或更精
202 确地说，梦的材料的一部分可因实验而被引入梦中。精神分析家对病人的影响，正和实验家所处的地位相同。例如伏耳德，实验的时候，就将被实验者的四肢摆成某种位置。

我们往往能转移他人的梦的材料，但绝不能转移其梦的目的；因为梦的工作的机制和潜意识的梦的欲望，绝非外界影响所可及。我们在讨论那些起于身体刺激的梦的时候，我们已知道梦的生活的特点和独立性，可以在反映梦者所受的身体刺激或精神刺激中清楚地看得出来，所以，你们若说梦的研究没有客观的价值，那又未免把梦和梦的材料混为一谈了。

关于梦的问题，我们已经讲得很多了。你们该知道，我有大部分略而未讲，而且每一点的讨论，都不够详尽。但这是因为梦的现象和神经病的现象，有着太密切的关系。我们的计划，是想以梦的研究作为神经病研究的引线。这个方法确比先研究神经病而再研究梦更加优越；但是，因为我们以梦为了解神经病的预备，所以我们只好等约略懂得神经病的表现形式后，才能对梦有精确的了解。

我不知道你们怎么想，而我则以为用了这么多时间，讨论和梦有关的问题是值得的。你们若要迅速地明白精神分析的理论的精确性，则除此之外别无良法。假使我们要说明神经病的症候是有意义的、有目的的，而且是由梦者的生活经验所形成的，那便不得不需要许多月和许多年的努力工作。至就梦而言，起初虽然似乎极度杂乱而不可解，但要在梦内指出这些事实，而证实精神分析的种种前提——如潜意识的精神作用，和其所遵循的特殊机制及其所表示出来的本能的推动力等的存在——则只要几个小时的努力便够了。假使我们记得梦的构造和神经病症候的构造如何相似，又仔细推想梦者是如何迅速地变成一个清醒的合理的人，便可相 203
信神经病的起因不过是由于精神生活中力的均衡有所改变而已。

第三编　神经病通论

207 第十六讲　精神分析法与精神病学

过了一年之后，又看到你们来继续听讲，我非常高兴。去年演讲的主题是用精神分析解释过失和梦；今年我想要使你们约略懂得神经病的现象，这种现象和梦及过失有很多相同之处，那是你们不久可以明白的。但在没有开讲之前，不得不声明今年演讲的态度须与去年有所不同。去年我每进一步，总先求得你们的同意；故意多和你们辩论，听任你们诘难，总之，以你们“健康的常识”为取决的要素。现在可不能如此了，理由很简单。过失和梦是大家所熟悉的现象；你们对于这些经验的丰富不亚于我，或者即使没有这种经验，得到也不很难。至于神经病的现象就不是你们所熟悉的了；你们不是医生，除了听我报告之外，别无可以和这些现象接触的机会；对于讨论的主题既一无所知，你们即使善于判断，又有什么用呢？

然而，可不要因为有此声明，就以为我将以权威者的态度演讲，只许你们无条件地接受。假使你们有此误会，那就太冤枉我了。我绝不要你们迷信——我的目的是要引起研究的兴趣而打消成见。你们如果因为对于神经病尚无所知，还没有判断的能力，那么你们暂可不必相信，也不必抗辩。你们只须静听，使我所讲的话逐渐在你们心里产生效果。信仰是不易求得的，否则不劳而获，也必很快失去价值。你们对于神经病不像我有多年的研究而有新奇的发现，所以没有对这些问题表示信仰的权利。然而我们在学问
上不必易于相信、轻于评判，而妄持异议。你们岂不知道那种“一 208
见倾心”的爱都起源于一种很不同的感情的心理作用吗？我们也不需要病人信仰精神分析而加以拥护。因为过度的信仰反而使我们产生疑虑。我们最喜欢你们抱着合理的怀疑主义。因此，我希望你们也让精神分析的概念静静地在你们心内发展起来，寻找机会与一般的或精神病学的见解互相影响，以组成一种坚定不移的意见。

反过来说，你们可不要假定我所讲的精神分析的观点是一组仅凭玄想的观念。其实，这个观点是经验的结晶，或根据于直接的观察，或根据于因观察而得的结论。至于这些结论是否妥适可靠，那就要看这个学科将来的发展而定；我既经过了二十五年的研究，现在也算上了年纪，可以不客气地说，这些观察的工作都是特别艰难、困苦而专心致志的。我常常觉得，我们的批评家不愿讨论我们理论的基础，好像这个理论都仅由主观而得，所以大家可以任意指摘。这个批评的态度，我可不能谅解。这或者是由于医生对于神经病人不加注意，也不留心倾听他们的诉述，所以不能作周密的观察而有所发现。我想乘此机会告诉你们，在这些演讲里，我将不提起个人的批评。有人说：“辩论是真理之源”，我还不能以此话为然。我以为此话源出于希腊诡辩派的哲学，而诡辩派则错在过分夸张辩论术的价值。我以为所谓科学的论辩大概没有多大效果，

更不要说论辩时几乎总是纯持私见的。我生平也曾做过一次正式的科学辩论,对手是慕尼黑大学的洛温费尔德,结果我们结成好友,直到今天。这许多年来,我却不敢再作这种尝试,因为谁能保证辩论之后能有同样的结局呢?

209 我既然这么公开地拒绝讨论,你们必定以为我太固执而不虚心了。如果你们有此见解,我可以答辩如下:假使你们由于苦心的研究而得到一个信仰,你们也必定因此有作坚决主张的权利。在我则还可以说,自从开始研究以来,我已屡次修改了我的见解的要点,或删或增,无不照实刊布。这种坦白的态度换得了什么结果呢?有些人不管我自己已否修正,今天仍然根据我的以往见解,无的放矢。有些人则讥评我善于变化,且诋毁我不足信赖。屡改其说的人自然不值得信赖,因为他最后修正过的学说也许仍不免于错误;然而坚持己见,不愿让步的人,又难免被认为固执而不虚心,难道不是这种情况吗?面对这种矛盾的批评,只好自行心之所安,此外别无良法。这就是我所决定的态度;我决定仍根据后来的经验,不断地修正我的学说。但是我的基本观点,现在还不觉得有改变的必要,希望将来也是如此。

因此,我现在必须细述精神分析对于神经病症候的理论。为了达到这个目的而且为了便于类推和对比,最简单的办法是举一个类似于过失和梦的现象的例子。神经病中有一种动作可名为"症候性动作"("symptomatic act"),在我的访问室(consultingroom)里是常常看见的。病人在访问室内诉述他多年的病苦之后,分析家照例不做表示。别人或可表示意见,以为那些人本来没有什么病,不如稍微用点水疗法(hydrotherapy);至于分析家则见闻较博,不能有这种表示。有人问我的一位同事如何处理那些访问的病人,他耸着肩说,要“罚他们不少钱来赔偿时间的损失”。因此,你们听说即使最忙的精神分析家都很少有病人专来访问,也就不足为怪了。我在待诊室和访问室之间设一门,而访问室又有一门,室内且 210
铺上地毯。所以如此布置的理由则显而易见。当我允许病人由待诊室进来时,他们往往忘记关门,有时让两扇门都开着。我要是看见这种情形,便老实不客气,请他或她回去将门关好,不管他是怎样的一个绅士,也不管她是怎样的一个时髦女子。我这种举动当然是傲慢的;有时我也知道是出于误会。但就大多数情况而言,我的确是不错的,因为一个人如果将医生的访问室和待诊室之间的门开着不关,他便算是下等人,应该被我们轻视。你们在没有听完我的话之前,请不要误会我的意思。一个病人只有当待诊室没有他人共同候诊的时候,才走进访问室而忘记了关门;假使有一生客也在等着,则绝不至于如此疏忽。因为那时,他很明白为了自己的利益,最好和医生谈话时不要为第三者听见;因此他总是慎重地将两扇门都关好的。

因此,病人的忘记关门不是偶然的,也不是无意义的,更不是无关紧要的,因为由此泄露了访问者对医生的态度。他正像世上有些人,去谒见地位较高的人,要瞻仰他的声势;他也许先用电话问何时可被接见,同时又渴望访问者丛集,好像欧战时杂货店内所看见的那样。不料,他进来看见一个空房间,而且布置又很朴素,于是不免深感失望了。他以为医生既如此失敬,便不得不予以惩戒;因此,他将待诊室和访问室之间的两扇门开着。他的意思是:“呸!这里现在没有别人,无论我在这里坐多少时候,我敢说也没有第二个人来的。”假使他这个想法开始时不受到打击，他或许在谈话时也会表示一种傲慢无礼的态度。

对于这种小小的症候性动作的分析，不外有下面几点：（一）这种动作不是偶然的，各有其动机、意义和目的；（二）这种动作所
211 属的心理背景是可以一一指出的；（三）由这种小动作出发，可以推知一种更重要的心理历程。但是此外还有一点，就是做这种动作的人并没有意识到这个动作；因为将那两扇门开着不关的人们绝不肯承认自己有意借此表示对于我的侮蔑。有许多人也许记得自己因待诊室空着而有失望之感，然而这个印象和其后发生的症候性动作之间的关系，的确在他们的意识之外。

我们现在将这种症候性动作的小小分析和关于某一病人的观察作一个比较的研究。我想举一个新近发生的例子，我所以选择这个例子，是因为它简单而便于叙述。然而在这种叙述上，也有许多细节是必不可少的。

有一位年轻的军官，请短假回家，要我去治疗他的岳母。这个老太太，论家庭的环境原很幸福，但因有一种无聊的观念，使她自己和家里人都很苦恼。我看见她，年纪五十三岁，体格健全，性情也很和善诚实。她毫不迟疑，细述其病状如下：她的婚姻非常幸福，和丈夫同住乡间，丈夫是某大工厂的经理。她说丈夫对她恩爱备至，不能尽述，他们自从恋爱结婚以来已有三十年，从来没有暗潮、口角或一分钟的嫉妒。她有两个儿子都已好好结婚，但是她的丈夫富于义务心，仍继续供职。一年前，忽然发生一件她所不能相信或了解的事情。她接到一封匿名信，信内说她的丈夫正和一少女私通，她当场信以为真——自此以后，她的幸福便被毁坏了。其

详情大致如下：她有一个女仆，很受她的信任。还有一个女子，出身虽和这年轻的女仆不相上下，但是在生活上较为幸运。她曾受过一种商业的训练，进工厂内服务，因为男职员服兵役去了，她便升任待遇较优厚的职务。她住在工厂里，所有男职员都和她认识，并且称她为“女士”。因此，那失意的女仆对她非常厌恶，只等有机会，便准备加以种种可能的罪状。有一天，那位老太太和女仆正 212
在评论一个来访的老先生。据说他没有和妻子同居，却养了一个姘妇。那老太太说，“他的妻子怎么不知道呢？”忽然又继续说：“我要是听说我的丈夫也养有姘妇，那简直是太可怕了。”第二天，她便接到一封匿名信，字迹是伪造的，信内告诉的正是她最怕的事。她断定——或许是对的——此信是不怀好意的女仆的手迹，因为信内所说的自己丈夫姘识的女人就是那女仆所痛恨的女人。那老太太虽立知其诈而不信，然终于因此信而得病。她深受刺激，立即把她的丈夫喊来大加责备。她的丈夫大笑，否认此事，而且对付得很好。他把家庭医生（也是工厂里的医生）请来诊视，尽力安慰他的妻子。他们的第二件事也很合理。被辞退的是女仆，而不是那假定的姘妇。自此以后，那老太太自以为已经一再考虑了这件事，对于信的内容已不再相信，但仍不免一触即发。只要听见那少妇的姓名，或在路上遇见那少妇，就会引起怀疑、忧虑和怨骂。

那老太太的病状略如上述。我们不必有精神病学的许多经验，也可以知道（一）她在叙述症候时太心平气和了，或太有所隐瞒了，以致和他种神经病不同，（二）她确实仍旧相信那封匿名信里的话。

一个精神病学者对于这种病症究竟取什么态度呢？他对于病人不关待诊室的门那种症候性动作的意见，我们不难揣测而知。他解释说这件事是偶然的，没有心理学上的兴趣，所以大可不必研究。然而他对于这个妒妇的病症，却不能再持这种态度了。症候性动作似乎是无关重要；至于症候却要引起重大的注意。在主观上讲，症候伴有强烈的痛苦，在客观上讲，且有使家庭破裂的危险；所以毫无疑问地要唤起精神病学者的兴趣。第一，精神病学者将
213 予此症候以若干主要的属性。那折磨着老太太的观念在本身上不能说是无意义的；老年的丈夫确也有和少妇发生关系的可能。然而，关于这个观念，却另有若干无意义而不可解之点。病者除匿名信外，绝对没有理由可以假定其亲爱忠实的丈夫也曾做这种事，虽然不能算是普通的事。她知道这个消息缺乏证据，也能完满地解释消息的来源；因此，她该能明白这种妒忌是毫无根据的；她确也如此说过，然而她仍然好像真有其事而深感痛苦。这种不合逻辑和现实的观念，通称“**妄想**”（delusions）。因此，那老太太的苦恼乃起于一种“**妒忌妄想**”（a delusion of jealousy）。这显然是病的主要特征。

这第一点如果成立，我们的精神病学的兴趣必因此而增加。一种妄想既不因实在的事实而消灭，则必定不起源于实在。那么它的起源究竟在哪里呢？妄想本可有各色各样的内容；何以此病的妄想唯独以妒忌为内容呢？又哪一种人才会产生妄想，尤其是妒忌的妄想呢？我们原希望请教精神病学者，然而请教的结果，仍不能使我们了解。我们有许多问题，他只讨论了一个。他将研究这个老太太的家族史，或将给我们一个答案，以为一个人的家族史

中如果常发生类似的或不同的精神错乱，则其本人也将患有妄想。换句话说，这位老太太发生妄想，就因为她有引起这一妄想的遗传倾向。这句话固然耐人寻味，然而这已尽举我们所想知道的一切了吗？这难道是她得病的唯一原因吗？我们难道可以假定病人发生这种妄想而不发生他种妄想这一事实是无关紧要的、任意的，而不可解释的吗？所谓遗传倾向确实可以支配一切吗？无论她一生曾有何种经验和情绪，总不免在此时或彼时产生一种妄想吗？你们或者要知道科学的精神病学为什么不能给我们以进一步的解释。我可以告诉你："一个人有多少，才可以给多少；只是骗子才以空言欺人。"精神病学者对于这种病不知道如何才能作进一步的解释。你虽有丰富的经验，也只得以诊断和妄测其病的将来变化而自足了。

然而精神分析能有更好的成绩吗？我敢说，是的，我希望告诉 214
你们，即使像这样隐晦的病症，我们也可发现若干事实而使有较深切了解的可能。第一，请你们注意这不可理解的细节：那老太太的妄想的根据，即匿名信，本是由她自己招来的，因为她前一天曾告诉那狡诈的女仆说，假使她的丈夫和一少妇私通，那就是天下最可怕的事情了。因此，正是她首先使女仆起了寄信的恶念。所以那老太太的妄想并不因有匿名信而存在；妄想先发于心而成一种惧怕——或竟成一种愿望吧？除此之外，由仅仅两小时的分析而发现的各点也值得我们注意。在她叙述病情经过之后，我再请她叙述她的思想、观念和回忆，她却很冷漠地拒绝了。她说，一切都说过了，更无其他想法；两小时后，只得停止分析，因为她自称已完全安好，那病态的妄想肯定不会再发生了，她这句话自然一是由于抵

抗，一是由于害怕再受分析。然而在这两小时内，她曾偶然地说了几句话，使我们不仅可能而且不得不作出某种解释，而这种解释可用来说明其妒忌妄想的起源。原来她对于那催她召我来家诊断的女婿有一种迷恋。这种迷恋，在她是一无所知的，或者所知也很有限；因为是母婿之间的关系，所以她的迷恋易被藏匿而表现为无害的慈爱。我们由所已知道的一切，已不难推想出这位好太太、好母亲的心理。这种迷恋，这种不可能的畸情，自然不能侵入她的意识的心灵之内；但它仍存在着，潜意识地予老太太以一种沉重的压力。压力既已产生，便不得不寻求解除；而最简单的解除法就是依靠造成忌妒的移置作用的机制。假使不仅她这老妇人和少年恋爱，而且她的老丈夫也和少妇恋爱，那么她便不必因不忠实而受良心的谴责了。所以幻想丈夫的不忠实乃是对自己的痛苦伤痕的一副安慰剂。关于她自己的爱，那是她永不自知的；但是因为妄想予她以种种便利，于是她的私爱在妄想中的“反影”（按：即指捏造其夫和少妇私通一事）便成为必然的、妄想的和意识的了。一切责
215 难自然都是徒然的，毫无作用；因为种种责难只是针对那“反影”而发，而不是针对着那富有动力而深埋在潜意识中的“原物”（按：即指她和其婿的恋爱）而发的。

现在让我们将精神分析对于此病研究的结果总结一下。我们自然要假定所曾收集的材料是千真万确的，这一点你们不必怀疑。第一，所谓妄想已不再是无意义而不可理解的了；已有其意义和合理的动机，而且和病人的情感的经验有相当的关系。第二，一种妄想乃是另一精神历程所引起的必然的反应，至于这另一精神历程则可由他种表示推测而知；而且妄想之为妄想，它那抗拒真实和逻

辑客观性的特性,都由于它和这另一种精神历程有这种特殊的关系。妄想起源于欲望,是用以自慰的。第三,这个妄想其所以是妒忌妄想乃是由致病的经验而定。你们也会看出和我们所分析的症候性动作有两个重要的类似之点:即(1)症候背后的意向,(2)症候和潜意识欲望的关系。

这自然不能解决此病所引起的一切疑难之点。其实,问题还很多咧,有些尚未解决,有些因特殊情形根本无法解决。譬如,这位结婚幸福的太太为什么爱上了她的女婿呢?而且就是发生恋爱,也有种种托辞的可能,何必以自己的心事硬向丈夫身上一推以自求解脱呢?你们不要以为这些问题不必提起。我们已收集了许多材料,可对这些问题作出种种可能的答案。病人的年龄到了一个关键性时期,给一个妇女以不受欢迎的性欲的亢进。这一点或许就尽够解释的了。或许还有一个理由:就是,其忠实丈夫的性能力,近年来或不够满足他的妻子的蓬勃如旧的需要。由观察的结果,我们知道世上只有这种男人才会忠实,才会特别抚爱妻子,而非常体恤她们的精神不安。至于其变态的迷恋竟以女儿的丈夫为目标也是一个重要的事实。母女本有密切的关系,所以对于女儿 216
的性爱往往容易转移到她的母亲。我或许要在这里告诉你们,岳母和女婿的关系,从远古以来,便被人类视为一种特别有性意味的关系;而且有许多野蛮民族,因此产生一种很有力的禁忌(参见《图腾和禁忌》,1913年)。就积极的方面或就消极的方面而言,这个关系常超出合乎文明社会的需要的限制。我们刚才所讨论的病例是否由于上述三种因素的一种作怪呢,或二种在作怪呢,或竟三种都在作怪呢?我可不能告诉你们;因为我们仅有两小时的分析,

以后未能继续下去。

我知道刚才所说过的一切都是你们所未能了解的。我所以要说这些话,其目的在于比较精神病学和精神分析。然而我在这方面要问你们一件事:你们有没有看出二者间的互相抵触吗?精神病学不用精神分析的技术,也不讨论妄想的内容,只指出遗传一事,给我们以一种普通的远因,而不先去发现其较特殊的近因。然而这里非有抵触之处不可吗?二者难道不能互相补充吗?遗传的因素难道和经验的重要性相反而不能结合吗?你们将会承认精神病学的研究确实没有什么和精神分析的探究互相抵触之处。因此,反对精神分析的不是精神病学本身而是精神病学者。精神分析之于精神病学约略类似于组织学之于解剖学;一个研究器官的表面形态,一个研究器官的构造,如组织和其他构成的元素。这两种研究互为终始,很不容易看出二者的分野有任何矛盾。你们要知道解剖学现在是医学研究的基础;但在从前,社会也曾严禁医学家解剖尸体以研究身体内部的构造,正好像现在社会咒骂我们实施精神分析以研究人类心理内部的历程。也许不久有一天我们将
217 知道,精神病学如果没有关于精神生活的潜意识历程的知识,就不能算是有科学的基础。

精神分析虽屡受驳斥,但是你们也许有人对于它表示好感,希望它在治疗方面能自圆其说。你们知道精神病学向来没有打破妄想的能力。精神分析既深知妄想的机制,也许能治疗妄想吧。然而我也要告诉你们:“不!”无论如何,就目前来说,正和他种治疗法一样,它还没有治疗妄想的能力。病人有何经过,我们固然了解;可没有使他自己也了解的方法。你们已知道我对于刚才所说

的妄想，仅只能作最初步的分析。因此，你们或许以为这种分析是不适宜的，反正没有结果。而我则不以此意为然。只管研究，不问是否立即见效，乃是我们的权利，也是我们的义务。也许有一天，我们所有一切零碎的知识都变而为能力，变为治疗的能力，不过这一天究在何地何时来到，现在还不知道。进一步说，精神分析尽管不能治疗妄想及其他神经病和精神病，然而也不失为科学研究的一种不可缺少的工具。我们还没有实现此术，那是无可讳言的；我们用作研究资料的是人，人是有生命和意志的，要参加这种研究，必先有一个动机；然而他可没有这个动机。因此，我愿以下面这一句话为今天演讲的结束：就大多数的神经病来说，我们的知识确已产生治疗的能力；而且这些病原来是不易治疗的，但在某种情形之下，我们的技术所收获的结果，在医术上可算首屈一指了。

第十七讲　症候的意义 218

在前一讲中，我曾说过临床的精神病学是不问个别症候有何种形式或内容的；至于精神分析则以此为起点，以为症候本身各有其意义，而且与病人的生活经验有相当的关系。1880 至 1882 年之间，布洛伊尔研究并治愈一个癔病病案，从此之后，此病便大为人所注意，神经病症候的意义就是他第一个发现的。法国让内也得到同样的结果；事实上，让内刊布其结果要较早于布洛伊尔，后者到了十年之后（1893—1895 年，即我和他合作的时期内）才将他的观察结果刊布于世。究竟谁先发现，那是没有多大重要性的，你们知道每一发现都经过一次以上，不是一次可以完成，而且成功也不必和劳绩成一正比。譬如美洲本不以哥伦布为名。在布洛伊尔和让内之前，有名的精神病学家劳伊莱特便说过狂人的妄想，我们如果能加以诠释，都不无意义可寻。我承认自己向来很重视让内对于神经病症候的解释，因为他曾将这些症候视为占据病人心内的“**隐意识观念**”（“idees inconscientes”）的表示。但是后来让内的态度异常慎重，好像他以为“隐意识”一词只是一个名词，一个**权宜**的名词，并没有明确的意义。从此，我就未能了解让内的学说；但是我相信他已无缘无故地丢掉了自己的伟大的地位。

神经病的症候，正和过失及梦相同，都各有其意义，而且也像过失和梦，都与病人的内心生活有相当的关系。这是一个要点，我
219 想举几个例子加以说明。我只能说（虽然还不能证明）无论何种神经病都莫不如此；无论何人只要作一番观察的工夫，都可以相信这一点。但为着某种理由，我将不在癔病中取例，而取例于另一种很特殊的神经病，其起源则和癔病相近。关于这种病我必须先说几句开场白。此病名强迫性神经病（the obsessional neurosis），不及癔病普通，或者我们可以说，它没有那么喧嚣，常隐藏而为病人的心事，几乎全无身体上的表示，只有精神方面的症候。精神分析最初就是以强迫性神经病和癔病两种病的研究为基础的，而我们的疗法也在这两种神经病上收到治疗的功效。但就强迫性神经病而言，精神的感受既没有一跃而为肉体的表示，所以比起癔病更容易因精神分析的研究而使人理解；我们已知道它所表示出来的神经病组织的特点远较癔病为显著。

强迫性神经病的形式如下：病人心内充满着实在没有趣味的思想，觉得有特异的冲动，而且被迫做些毫无乐趣而又不得不做的

动作。那些思想(或强迫观念)本身也许是毫无意义的,对病人只是感到乏味的;或常常是愚蠢的;然而无论如何病人总不免以这些观念为耗损精神的强迫思想的起点,他虽极不愿意,却也无法抵制。他好像面对着生死存亡的问题,劳心苦思,不能自已。他内心所感觉到的冲动也似乎是同样的幼稚而无意义的;它们都是些可怕的事,例如犯重罪的诱惑,病人不仅视为与自己身份不合而加以拒斥,而且胆战心惊地逃避它们,用种种预防的方法来防止它们的实现。事实上,他确实一次也没有实现过这些冲动;而预防和摆脱没有一次不获得最后的胜利。他真正干的都是些绝对无害的琐事——即我们所称的强迫动作——都是日常动作的重复和加工的
排演,致使那些普通必要的动作——如上床、漱洗、穿衣、散步 220
等——都变为异常艰难繁重的工作了。那些病态的观念,冲动和动作,并不依相同的比例混合而为强迫性神经病;大概地说,这些表示总有这种或那种占较重要的地位;其病的名称就由此而定;但一切形式所共有的特征仍很显著。

这显然是一种癫狂的病症。我想精神病学者虽欲逞其最荒唐的幻想,也必不能捏造出这种病来。假使我们没有每天亲眼看见这种现象,也必不敢信以为真。你们不要以为治疗这种病人,可以劝告他力图摆脱,不要注意这些荒谬的观念,不要实行这些无聊的动作而代之以合理的动作,那正是他所愿意的,因为他未尝不知道自己的境地,也未尝不赞同你对于他的强迫性症候所持的见解,而且这种见解,他自己也会提出。但是他只觉得情不自禁;在强迫性情境中所做的动作,似有一种大力在后,非常态精神生活中的力量所能违抗。无办法中的办法只有一个——他只能交换代替;他可

以用一个比较缓和的观念代替原有荒谬的观念。他可以用另一种预防的方法代替原有的一种，他可以做另一动作以代替原来的繁文缛节。总而言之，他能以此易彼，但不能把它完全打消。这种症候的交替（包括其原来形式的根本改变）就是此病的一种主要特征；更可注意的是，就此病而言，其精神生活中所有的相反价值（opposite values）或极值（polarities，译按：即强弱明暗等相反的观念）似乎分化得更为显著。除了受积极性和消极性的强迫之外，理智方面也出现怀疑态度，甚至逐渐发展到本常以为真实的事情也充满着疑虑。凡此种种都足以使病人日益犹豫徘徊，丧失精力，而减少自由；虽说强迫性神经病病人都富有精力，善于判断，一般具有超出常人的智力。他通常富有道德心，且常怕做错事，一般是无罪可言。你们可以想象得出，在这种矛盾的品性和病态的表示的迷惑之中，要追求其得病的原因，确是一种艰难困苦的工作。我

221 们现在的目的只是对于此病的某些症候加以解释而已。

你们听了前面一段的讨论，也许想要知道现代的精神病学对于强迫性神经病究竟有什么贡献；那不过是很贫乏的一种贡献。精神病学只给各种强迫行为予以相当的名称；此外便谈不上什么了。只说患这些症候的病人是“退化的”（“degenerate”）。这可不能使我们得到满足；这不过是一种价值的评判，或竟是一种贬抑之词，绝不是一种解释。我想我们每易断定退化的结果自然产生各种怪态。我们原相信有这种症候的病人必与一般人不同；然而他们果然比其他神经病者、癔病患者或精神错乱者更为“退化”吗？这个形容词显然太浮泛了。你们如果知道那些有奇才异能，功留后世的男女们也可以表现出这种症候，便不免怀疑这个形容词究

竟是否妥当了。由于伟人们自己的慎重和其作传者的失实，我们一般不易知道他们的本性，然而他们也不免有爱真理若狂的，如左拉（参见陶拉斯，“爱弥儿・左拉”，《医学心理学研究》，巴黎，1896年），而且我们还知道他终身患有许多古怪的强迫性习惯。

精神病学称这些患者为“退化的伟人”（“dégénerés superieurs”）便算完事。然而由精神分析的结果看来，这些特殊的强迫性症候也能像那些没有退化的患者所有其他各病的症候一样，都可永远消灭。我自己便已常常取得这种成绩了。

我将仅取二例以说明对强迫性症候的分析；第一个是旧例，但是我还没有发现更好的例子，第二个则为新近遇见的例子。因为这种叙述既须明白，又须详尽，所以我们仅以此二例为限。

一个年近三十的女人患有很严重的强迫性症候，我本来可能治愈她，假如不是我的工作由于命运的突变而遭破坏的话——这一层以后或者可以告诉你们。她在一天之内，除了其他动作之外，
总有若干次做下面的一个奇怪的强迫性动作。她常从自己的房间 222
跑入邻室，在室内中央的一张桌旁站定，按电铃召女仆来，或嘱咐她做一件琐事，或无事挥之使去，然后又跑回自己的房间。这种现象原没有危险性，但仍足以引起我们的好奇心。至其原因如何，则由病人很简单地说出，并未经分析者的帮助。我绝不会猜出这个强迫性动作的意义，也绝不能予以解释。我曾多次问病人何以有此行动，或其意义何在，她总说不知道。但是有一天，在我劝说她在某种举止上不必怀疑之后，她忽然知道了强迫性的意义，因为她细述了这一强迫性动作的经过。十年前，她嫁了一个年纪远较她大的男人。在结婚那一夜，她知道了这个男人是缺乏性能力的。

那夜，他多次从自己的房间跑入她的房间，想一试自己的本领，但终至于失败。第二天早晨，他羞愤地说："这未免给铺床的女佣人太瞧不起了。"因此随手拿起一瓶红墨水倒在褥单上面，但没有倒在这种斑点恰恰应在的位置上。我起初不懂这一回想和刚所讨论的强迫动作究竟有什么关系；因为我看这两种情境除了一个仆妇，和从这个房间跑入另一房间的动作之外没有其他相似之点。其后，病人引我入邻室内，我看见了桌上台布的大红斑。她更说明自己站在桌旁，务使仆妇一进来，就能看见这一红斑。因此，这强迫动作和结婚之夜的情景的关系遂无可怀疑了，虽说关于此事，我们仍有再加查问的必要。

第一，我们可以知道病人以自己代替丈夫；由这房间跑入另一房间，她正在演出他的动作。为了保持相似之点，我们还要假定她以桌和桌布代表床和床单。这一点似乎太牵强附会；但是我们有梦的象征的研究可资参证。桌在梦内常为床的代表；"床和桌"合而有结婚的意义，所以床可代表桌，桌也可代表床。

223 凡此种种都足以证明强迫动作富有意义；似可视为重要情景的重复排演，然而我们也不必停留于这一相似之点；假使我们更仔细地考查这两种情境的关系，或更可以推知其强迫动作的目的。这个动作显然以召仆妇前来为中心点。病人向仆人示以红斑，恰恰针对着自己丈夫所说的"这未免给仆人太瞧不起了！"那一句话。她既重演丈夫的动作，因此，她的丈夫乃不为仆人所轻视，因为红斑已出现在所应占的位置了。所以她不仅重复排演旧有的情景，而且加以引申，予以修改，务使情景毫无可以指摘的缺点。此外还有一层，就是将那夜悲剧所以产生和红墨水所以必需的情境即丈夫性能力缺乏的那件事，加以修正。这种强迫的动作似乎是说：“不对，他并没有在仆妇面前丢脸，他不是无性能力的。”她像在梦中一般，在当前的强迫动作内，满足了她这个欲望，借以恢复丈夫倒红墨水之后的信誉。

关于这一病人所有的其他事实，都足以使我们对于她的很难了解的强迫动作，作上面的解释。她已久和丈夫分居，而且那时正想决心和他依法离婚。然而她的心总摆脱不开他；她强迫着自己对他忠实。她于是离群索居，以免受他人的诱惑，而且在幻想里，饶恕了他，并将他理想化了。她的病的最秘密的目的在于使他不受恶意的毁谤，使自己和他分居有理由可说，他虽失去了她，却仍可舒服地生活着。所以我们分析了一种无害的强迫动作，结果却立即发现了发病的主因，同时又推知了一般强迫性神经病的特性。我很希望你们能对此例多多加以研究，因为一切强迫性神经病难以逆料的情形都聚会于此了。其症候的解释是病人一刹那间发现的，未经分析者的指导或干涉，其解释又不发生于幼时已被遗忘的事件，而是起源于病人成年时明白记得的事件。因此，批评家所常加诸于我们对于症候解释的种种攻击，到此都站不住脚了。这种好例子确是不容易遇到的。224

还有一事！这一无害的强迫动作竟直接地牵及病人最秘密的事件，岂不使你们感到惊奇吗？一个女人最不愿意告诉他人的几乎莫过于她的结婚之夜；我们现在竟尽知其性生活的秘密，这难道是事出偶然，完全没有特殊的意义吗？你们或者可以说，我特意选择此例是为了自圆其说。我们且不要匆忙下这一结论；暂时请注意第二个例子。这第二个例子和第一个例子性质完全不同，乃是一个普通的例子，是上床前的预备仪式。

一个长得很好的聪明的女子，年纪十九岁，她的父母只生养了她一个，她在教育和智力上都较他们优越，她的性情本极活泼，但是近年来忽然无故地神经异常。她经常动怒，尤其是对她的母亲；她抑郁不满，怀疑犹豫，后来竟自称不再能单独走过广场和大街。关于她的复杂的病状，我们不想详述，由她的病状看来，至少可以有两种诊断：即广场恐怖症（agoraphobia）和强迫性神经病；现在仅请注意这个少女上床前的种种预备仪式，结果引起她的父母的极大忧虑。大概地说，常态的人在上床前也可说都有一种仪式，或者，至少也需要某种条件，否则就不能入睡；这种自醒至睡的经过往往形成一定方式，每夜都照例演出一次。然而一个健康人所需要的睡眠的条件都可作合理的解释，假使外界的情境使此仪式有改变的必要，他也能够迅速适应。至于病态的仪式则一成不变，往往要作很大的牺牲以维持其无聊的仪式；在表面上，也以合理的动机为借口，而和常态不同之处仅在于实行起来似乎小心太过。但如果加以更细密的观察，便可知这种借口没有充分的理由，而其仪式的所有惯例也不能用所举的理由加以掩饰，有些惯例且直接和理由相抵触。病人为了求得睡眠起见，宣称她在夜间需要环境安静，必须排除一切声音的喧扰。她因此做两件事：她将房内的大时钟停止不走，并将其他一切小时钟移出室外，就连床边桌上的小手
225 表也不例外。所有花盆和花瓶之类都慎重地放在写字台上，务使它们不在夜间跌落破碎，以免惊扰她的清梦。她也知道这些求安静的预防理由很难成立：小手表纵使放在床边桌上，那滴答之声也一定听不见；我们又都知道时钟有规律的滴答声绝不至于侵扰睡

眠，反可引人入睡。她也承认花盆花瓶即使在夜里放在原处，也必不至于坠碎，这种惧怕都是过虑。至于就仪式中某些他种动作而言，却又不符合这个求静的动机；譬如硬要自己的卧房和父母的卧房之间的那扇门半开着（为了达到这个目的，乃置种种障碍物于门口），她似乎又招致了声音的来源；然而最重要的仪式都和床有关。床头的长枕必须不和木床架接触。小枕必须叠跨长枕之上成一菱形；她然后将头恰恰放在这个菱形之上。盖上鸭绒被之前，她必抖动鸭毛，使羽毛下降；但又必定把被压平，使鸭毛重新分配。

关于仪式的其他各种细节，我将略而不述；因为这些细节既不能供给我们以新材料，叙述起来又不免离题太远。然而你们不要以为这些琐事都进行得很顺利。她每做一事，总担心没有做好；势必试而又试，演而又演；她先怀疑这一点，又怀疑那一点，结果不免过了一两个小时之后，自己才好睡觉，或让犯愁的父母安睡。

这些病状的分析不像前一例的那么简单。我须供给一点关于解释的意见，而她则或坚决否认，或讪笑怀疑。但是她在最初拒斥了我的解释之后；其后又将这个解释所提起的可能性加以考虑，注意所引起的联想，回忆所可有的关系，结果，乃自愿地接受了这些解释。接受之后，她开始逐渐减少了那些强迫动作，治疗尚未终结之前，她已抛弃全部的仪式了。但是我还得告诉你们，像现今我们 226
所做的分析工作绝不持续地集中于一单独的症候，直到它的意义完全明了才止。因为我们常常要丢开那正在研究的主题，而在另一方面又要将它提起。所以我现在要告诉你们的症候的解释，实在是许多结果的综合；这些结果，因为研究在其他方面的中断，往往过了若干星期或若干月之后，才可求得。

病人乃逐渐知道夜间将钟表移到室外是因为它们是女性生殖器的象征。我们知道钟表除此之外,也许还有其他种种象征,其所以有女性生殖器的意义是因为它们也有周期的动作和规律的间隔。女人常自夸经期之来,如钟表之有规律。这个病人最怕钟表的滴答声会扰乱她的清梦。钟表的滴答声可比作性欲激动时阴核的兴奋。这个感觉确曾有几次使她从梦里惊醒;她因为怕阴核的勃起,所以每夜将一切钟表尽行移开。花盆花瓶,和一切容纳器相同,都是女性生殖器的象征。所以防止它们在夜间跌破确实都有意义。我们知道订婚时打破一个花瓶或盆子的风俗流行很广;在场各人都取去一碎片,表示不再认新妇为已有,这个风俗也许随一夫一妻制而起。病人对于这一部分的仪式也引起一种回忆,几种联想。她在孩子时,曾拿一玻璃杯或瓷瓶,忽失足跌倒,割破手指,流血很多。她长大时对于性交等事已有所知,深怕自己在结婚之夜,或因不流血而有不是处女的嫌疑。她怕花瓶跌碎,就是表明要抛弃那整个关于贞操和初次交媾流血等事的情结,也就是要摆脱会不会流血的焦急。这些顾虑和防止声音一事的关系其实是相离很远的。

227 有一天,她想到了仪式的中心观念,忽然了解到自己所以不使长枕接触床背的缘故。她说,由她看来,长枕常像一个妇人,而直挺挺的床背像一个男人。因此,她好像是用一种魔术的仪式,将男人和妇人隔离;那就是说,把父亲和母亲隔开,不使有交媾发生。在尚未有此仪式的多年以前,她曾用一种更直接的方法,以达到这个目的。她假装胆小,或利用惊惧的倾向,好使她的卧房和父母的卧房之间的门开着。这个办法仍然是现有的仪式之一;因此,她可以窃听其父母的举动；此事曾使她失眠数月。她这样打扰自己的父母还不满足，她那时有时还睡在父亲和母亲之间。于是“长枕”和“床背”真的被阻而分离了。后来，她长得太大了，不能舒服地和父母同床，因此，乃有意假装胆怯，使母亲和她交换，自己好和父亲同睡。此事确实是幻想的起点，结果如何，在仪式中显然可见。

假使长枕代表女人，那么她抖着鸭绒被使毛羽下降，使之隆起，也确有一种意义。其意为何？意即怀孕；但是她也未尝不希望母亲免孕；因为她数年来很怕父母交媾的结果，又会生一个孩子，使自己多一敌手。反之，假使长枕意即母亲，那么小枕只能代表女儿了。为什么小枕斜放在大枕之上成一菱形，而她的头恰巧放在那菱形的中心呢？她不难记起菱形常用于画内或墙上以代表女性生殖器。她于是以自己代表男人（或父亲）而以自己的头代表男性生殖器。（杀头为阉割的象征可以考证。）

你们会问，处女心内竟有这种可怕的思想吗？那是我承认的；但是你们可别忘记了我并未创造出这些观念，我只是把它们揭露出来。临睡前的这种仪式也是够奇怪的，你们可不能否认在仪式和幻想之间因解释而显露出来的类似之点。但我认为更重要的是，你们应当记住这个仪式不是一个单独幻想的产品，乃是几个幻 228
想的混合产物，不过那几个幻想总会汇合于某点而已。你们还要记住，她的仪式的细节对于性欲有积极的和消极的两种关系，一部分是性欲的表示，一部分是对于性欲的反抗。

假使我们将这个仪式和病人的其他一些症候联系起来，也许分析的结果所得更多。然而这可不是我们现在的目的。你们现在只须知道病人幼时曾对于父亲有过一种“性爱”（erotic attachment)。这种性爱曾使她颠倒若痴。也许因为这个缘故,所以她对于母亲的感情才如此恶劣。还有一层,我们也不能轻易放过;那就是,这个症候的分析还涉及了病人的性生活。我们对于神经病症候的意义和目的了解越深入,则凡此一切就越不足为怪了。

从上面所引二例,已可使你们知道神经病症候的有意义与过失和梦并没有什么不同,而且那些症候都和病人的生活有密切的关系。可是我能希望你们因此二例的力量就相信我这句话的价值吗？那当然是不对的。然而你们能希望我继续举例,等到你们信服才止吗？那也是不对的;因为每一病人都须经过长时间的治疗,所以我要是把关于神经病理论的这一点充分讨论,那就不免要一个星期讲五小时,一个学期才能讲完。因此,我不得不仅以此二例作为我所说的证明;你们可再参阅那些关于这个问题的著作,如布洛伊尔对于他的第一个病案(即癔病)的症候的经典解释,荣格对于所谓早发性痴呆(dementia praecox)的症候的出色说明(那时荣格仅为一精神分析家,尚未期望成一理论家),以及后来我们各杂志上所刊布的种种论文。这一类研究非常丰富。神经病症候的分析和说明既很引起分析家的注意,于是神经病的他种问题就暂时被忽视了。

你们无论哪一位如果对于这个问题有过相当的研究,则必深深地感到证据材料的丰富。但是也会遇到一种困难。我们已经知道,一个症候的意义在于与病人生活的关系。症候的形成如果越
229 随个人而异,我们就越可清楚地看出这种关系之所在。因此,我们的工作就是要为每一无聊的观念和每一无用的动作,求出从前这个观念所以产生和这个动作所以需要的情境。那位跑到桌边按铃

召唤仆妇的病人的强迫动作，就是这个症候的完满模式。但是完全与此不同的症候也是屡见不鲜的。譬如有一些典型的症候，实际上为各病例所共有，其所有个别差异都不复存在，以致不容易求出其与病人生活或旧时特殊情境的关系。我们请再讨论强迫性神经病吧。那位在睡前做种种琐事的病人可引以为例，虽说她也表示出许多个别特点可用来作一种“历史的”解释。然而一切强迫性神经病患者总提出某种动作，不断地作有规律的排演。有许多病人终日洗濯。还有那些患广场恐怖症已不再被认为是强迫性神经病者，却已被分类而为一种焦虑性癔病的患者也是不耐烦而单调地表现同样的病态特点。他们怕的是围绕起来的空地，宽敞的广场，长的直路或小路；假使有人同伴或有车追随其后，他们便觉得受了保护似的。但除了这些基本成分的共同点以外，各个病人都各有特殊的情态，彼此显然有别。譬如甲只怕狭径，乙只怕大路；丙只看见周围人少，丁只看见四面有人，才敢前行。癔病也是如此，除许多随各人而不同的特点之外，常有许多为本症所共有的症候，似不易以各人的历史为解释的根据。然而我们可不要忘记只是因为有了这些症候，才可用来下一诊断。假如我们已知道癔病的一个特殊症候，起因于某一经验或某组经验（例如一种癔病的呕吐起因于一组恶臭的印象），现在如果发现另一种呕吐的症候似乎起因于完全不同的经验，那就不免令人迷惑了。癔病的病人似乎总因为某种不可知的原因而呕吐，而且由分析而发觉的那些历史的原因，似乎只是病人因内心需要或随机捏造的一些托辞，用以达到其掩饰的目的的。

因此，我们只好得出这令人沮丧的结论，即神经病症候所有各 230

人的不同方式，虽然确能根据病人的经验以求得完满的解释，但是我们的科学可不能说明这些病案所有远较常见的典型的症候，而且在追求一个症候的历史的意义时所引起的种种困难，我也未对你们说起。我不准备对你们说，因为我虽不愿在你们面前有所隐藏，然而我却不必在我们共同研究的开始之时，使你们感到迷惑或惊异得发呆。我们对于症候解释的了解，固然刚刚才开始，然而我们却想坚持已有的知识，逐步征服那些未知的困难。我想用下面这种想法来鼓励你们：那就是，这个症候和那个症候之间，几乎难以假定有基本的区别。假使各人的不同症候可释以病人的经验，那么与某一经验有关的典型的症候也未尝不可释以人类所共有的经验。神经病所有常见的特征，例如强迫性神经病的重复动作和怀疑等，也许是些普遍的反应，病人因病理的变化而被迫将这些反应变本加厉而已。总而言之，我们确没有灰心丧气的理由；我们要看更有什么东西可以发现。

在关于梦的理论内，也曾遇见很相类似的困难，不过这个困难，我们在前次讨论梦的时候，未能加以论列。梦的显意，本很复杂，随各人而异；因分析这种内容而得到的结果，我们已详细讲过。但是也有些梦可说是典型的，为各人所共有的，其内容既都相同，所以分析起来也感到同样的困难。例如梦见跌落、飞行、浮水、游泳、被掣肘、裸露身体，以及他种焦虑的梦；这些梦随梦者不同而其解释亦异，至于何以为各人所共有，还没有任何的说明。但是我们注意到就在这些梦里，其公共的基本成分也点缀着各人不同的特性。也许是由他种梦的研究而得到的关于梦的生活的知识，可以用来作为这些梦的解释——不必加以曲解，只须逐渐扩充我们对于这些事实的含义便够了。

第十八讲　创伤的执着——潜意识 231

前次我曾说过，我们将以已经得到的知识，而不以已经引起的怀疑，作为进一步研究的起点。然而，以前举两例的分析为根据的两个结论，虽很有趣，但尚未开始进行讨论。

（一）我们觉得这两个例子的病人都“**执着**”（fixed）于其过去的某点，不知道自己如何去求得摆脱，以致与现在及将来都脱离了关系。他们好像是借病遁世似的；正无异于古时僧尼退隐于修道院中以度残生。就第一例的病人而言，实际上那早已结束了的婚姻对她的生活产生了无限的影响。她的症候使她得以保持着和丈夫的关系；我们在她的症候内，似可听见替他辩护，宽恕他、赞美他和为他惋惜的声音。那时她虽然年轻，还可以吸引其他男人，然而她却借种种真实的或虚伪的（魔术的）理由以保存她对于他的忠实。于是她不见生客，不修饰，既坐便不易起立；而且不签名，不送礼，以免她的所有物落入他人手中。

就第二例的病人而言，那年轻女子在青春期前对于父亲的性爱，此时乃大作其祟。她也知道自己有病就不能和他人结婚，我们可以揣测她的得病是为了不能结婚而可常依恋其父。

我们不禁要问：一个人对于生活究竟如何或为什么采取这种
特异的、无益的态度，假使这种态度是神经病的通性，而不是这两 232
个病人所特有的话。实际上，这确是各种神经病的普遍的、重要的特征。布洛伊尔第一次诊察的癔病病人就是她的父亲重病而她任看护之时表现**执着**的。她虽已康复，然而从那时起，总觉得不能应付生活，因为她不能处理一个女人的本分职务。我们因分析而得知，每一病人的症候和结果都足以使自己执着于过去生活的某一时期。就大多数的病例而言，这过去的时期往往是生活史中最早的一个阶段，如儿童期或甚至于早在吸乳期内。

和神经病人的这种行为最相类似的，可取近来欧战时的流行病，名叫“**创伤性神经病**”（traumatic neuroses）的为例。这种病症自然也发生于大战之前，例如在火车出事或他种危及生命的可怕经验之后。创伤性神经病基本上和自然发生的，及我们所常分析治疗的神经病不同；我们也不能应用关于他种神经病的观点来说明这种神经病，我想以后再告诉你们什么缘故。但是，要强调指出的，此病也有完全同于他种神经病的一点。就创伤性神经病而言，对于创伤发生之时的执着就是病源的所在，这是很清楚的。这些病人常在梦里召回其创伤所由产生的情境；就那些可以分析的癔病而言，似乎癔病的发作就是将这个情境完全召回。这些病人从前似乎未能充分应付这个情境，现在似乎仍然未能完成这个工作。我们不得不特别看重这一层，因为我们由此可以明白精神历程的所谓“**经济的**”概念。“**创伤的**”一词实在不过是这个经济的意义。一种经验如果在一个很短暂的时期内，使心灵受一种最高度的刺激，以致不能用正常的方法谋求适应，从而使心灵的有效能力的分配受到永久的扰乱，我们便称这种经验为创伤的。

233 因为有这个类比，我们也就把神经病执着的经验称之为“创伤的”。因此，我们乃为神经病提供了一个简单的条件；就是说，一个人如果不能应付一个强烈的情绪经验，结果便造成了神经病，

所以神经病的成因约略类似于创伤病。其实,在 1893 至 1895 年间,布洛伊尔和我因为要把我们观察的新事实归结为理论而厘定的第一个公式,就和这个观点非常一致。即就第一例和丈夫分居的少妇而言,也和这种说法不相违背;因为她不能“无憾”于有名无实的婚姻,因此,仍然执着于她的创伤的情境。然而就第二例依恋其父的少女而言,又立即看出这个公式的欠缺。第一,小女孩对于父亲的崇拜,那是一种极平常的经验,而且常随年龄的增加而减弱,所以“创伤的”一词的应用在此便失去了意义;第二,从这个病的经过看来,表明这初次性爱的执着,那时似全无害处,只是若干年后,才表现而为强迫性神经病的症候。所以神经病的成因非常复杂而多变化;不过我们感到“创伤的”观点也不必作为错误的观点而加以放弃,因为它在别的方面或许可用为解释之助。

因此,我们刚才采用的出路,又不得不忍心放弃了。这条路此时既已不通,我们必须再加研究,才可有满意的出路。但是在离开这个“创伤的执着”这一问题之前,我们应当注意到,这个现象在神经病之外也到处可见;每一神经病都含有这么的一种执着,但不是每种执着都导致神经病,或都和神经病相结合,或都发生于神经病之时。譬如悲伤可视为对于过去某事的情绪执迷的好例或原型(prototype),而且与神经病相同,也完全和现在及将来失去关系。然而悲伤和神经病的区别,一般人也都能了解。另一方面,有些神经病却可称为病态的悲伤。

一个人生活的整个结构,如果因有创伤的经验而根本动摇,确也可以丧失生气,对现在和将来都不发生兴趣,而永远沉迷于回忆之中;但是这种不幸的人不一定成为神经病。所以我们不应太重

视这个特点而把它看成神经病的一个属性，虽然这个特点也是常
234 见的和重要的。

（二）现在请转述我们由分析而得到的第二个结论；对于这个结论，我们可没有加以限制的必要。就第一例的病人而言，她所做的无聊的强迫动作，及因此而引起的亲切的回忆，我们都已知道了；二者的关系如何，我们也曾加以论列，而且也曾由这个关系推想到强迫动作的目的。但是有一个因素却完全被忽略了，而这个因素是值得我们充分注意的。病人在继续动作时，并不知道自己的动作与已往经验的关系；这个关系隐藏在背后；究竟有何种冲动迫促于后，她简直无从作答。后来因受治疗的影响，忽然察觉到这个关系而且能诉说出来。就是在那时，她也不明白做此动作的目的在于修正其过去的痛苦事件，以抬高其亲爱的丈夫的身价。她经过长时期和多次的努力之后，才明白而承认这种动机竟能是促使强迫动作实现的动力。

结婚次日早晨的情景和病人对于丈夫的柔情，二者组成了我们称之为强迫动作的“意义”。但她对这个意义的两方面都不能了解，她在动作时不了解动作之**所由起**（the whence）和**所欲止**（the whither）。所以她的内心一直有某些精神历程在进行着，而强迫动作乃是它的结果；她照常地知道结果；但在此结果之前的历程，在意识中则一无所知。伯恩海姆曾试验催眠，命被催眠者于醒后五分钟时在卧房内打开一把伞，被催眠者按时做了而不知其故；我们的病人正类似于此。这就是我们所说的在我们心中发生的潜意识的精神历程（unconscious mental processes）；只要任何人对于此事能予以更正确的科学的解释，我们便乐于放弃关于潜意识精神历

程的存在的推想。假使他们办不到，我们就愿意坚持这种推想；万一有人抗议，以为在科学上，潜意识不过是一种权宜之计，是有名无实的，那么我们便不得不驳斥他的话之难以理解。有些非实在 235
的东西，居然能产生出像强迫动作那样实在的显而易见的东西呢！

就第二例的病人而言，基本上也是如此。她定下一个规则，不许长枕和床架接触，但是她并不知道这个规则的起因、意义和力量。她对于这个规则，无论坦然处之，或力加反抗，或坚决拒不执行；但都无效而非实现不可。她虽想探究原因，也属徒然。强迫性神经病的这些症候、观念和冲动，既无人能知其来源，又能抵御正常的精神生活所不能反抗的阻力，所以即使由病人自身看来，也觉得它们像是来自另一世界的强有力的妖异，或混在人间旋涡中的鬼怪。我们在这些症候之中，显然可见有一个与其他方面相隔离的特别区域的精神活动。换句话说，这些症候大可为潜意识的证据；正因为这个理由，所以只承认意识心理学的临床精神病学，对于这些症候也束手无策，只能称之为特种退化的象征。强迫观念和冲动的本身原与强迫动作的实行相同，都不是潜意识的。因为它们如果不侵入意识，必不至于造成症候。但是由分析而发觉的那些前行的精神历程和因解释而发现的连锁关系则确为潜意识的，至少，在病人未因分析研究而明白其经过之前是这样的。

此外请再考虑下列各点：(1)各种神经病的各个症候都足以证实这两个例子的所有事实；(2)病人无论何时何地都不知道症候的意义；(3)由分析看来，这些症候起源于潜意识的精神历程，但是在各种顺利的状况下，这些历程又可一变而为意识的。因此你们可知精神分析如无心灵的潜意识部分，便无所施其技，而且我

们还习惯于以潜意识为实有的东西而加以处理。也许你们还得承认,那些只知有潜意识一词,而从未分析,或从未释梦,或从未探究
236 神经病症候的意义和目的的人们,对于这一问题简直没有发言的资格。我愿再三申明此事以唤起你们的注意;精神分析既可发现神经病症候的意义,可见潜意识的精神历程的存在有着不可否认的证据——或者,我们至少似有作此假定的必要。

但是还有一层。我们因为布洛伊尔的第二个发现——这是他一个人的功绩,我以为比第一个发现更为重要——就更明白潜意识和神经病症候的关系了。原来不仅症候的意义总是潜意识的;而且症候和潜意识之间还存在一种互相代替的关系;而症候的存在只是这个潜意识活动的结果。关于这一层,你们不久便可领会。我和布洛伊尔同有下面的这个主张:就是,我们每遇一个症候,便可断定病人心内有某种潜意识的活动,包含着症候的意义。反过来说,这个意义必先为潜意识的,然后症候才可发生。症候不产生于意识的历程;只要潜意识的历程一成为意识的,症候必将随而消灭。你们由此立即可以知道这里就是精神治疗的出路,就是消灭症候的一个方法。布洛伊尔曾用此法使他的病人恢复健康,或消除症候的束缚;他发现了一个方法,使病者把含有症候意义的潜意识历程引入意识,那些症候就随之消灭了。

布洛伊尔的这个发现并不是推理的结果,而是由于病人的合作,然后才能进行这个幸运的观察。你们不要勉强将此事和你们已知的事互相比拟以求有所了解;你们应当承认这基本上是一种新事实,可用来说明许多旁的事实。因此,我还要把此事加以引申如下。

症候的形成实为潜意识中他事的代替。有些精神历程，在正常的状况下，必待发展到病人在意识内明白知道才罢。假使不能如此发展；或假使这些历程忽然被阻而成为潜意识的，那么症候便随之而起。因此，症候就是一种代替物；假使我们能用精神疗法而 237
使这个历程重新还原，那么我们就可完成消除症候的工作了。

布洛伊尔的发现仍然是精神分析疗法的基础。由后来研究的结果看来，可以证明症候消灭于潜意识的历程成为意识的历程之时，虽然要实行这个话，必将有出人意料之外的困难。我们的治疗工作就是将潜意识的某事转化为意识的某事；只有这个变化产生之后，我们的工作才可完成。

现在要再说几句题外的话，不然你们会推想这个治疗的效果未免完成得太容易了。依据我们已得的结论，神经病乃因不知道其所应当知道的精神历程而成。这很像苏格拉底的罪恶成于无知那句名言了。在分析的时候，有经验的分析家常很容易知道病人的潜意识情感究竟为何种。所以治疗起来应当没有多大困难，你只须告诉他这个知识，免除他的无知便够了。症候的潜意识的意义至少有一方面容易用此法治疗，虽然另一方面——即病人生活的已往经验与症候的关系——是不容易由此推测而知的；因为分析家本来不知道病人的所有经验，只好等病人记起来再告诉他。但就这一层说，有许多时候，也可假道以求。我们或可向病人的亲戚朋友探问他已往的生活；他们往往知道什么事引起他的创伤；或能将病人所不知道的事诉述出来，因为这些事发生于病人的幼童时期。现在如果将这两种方法合用起来，则病人的无知的病源或许不难在短时间内得到消除。

要是这样就好了！但事情又出于我们的最初意料之外。这个知和那个知互不相同。知的种类不一,在心理学上绝没有同等的价值。莫里哀说得好"Il y a fagots et fagots"[人各不同]。医生方
238 面的知和病人方面的知不同,也没有相同的效果。医生将自己所知道的告诉病人,那是没有效果的。这样说也许不够确切。我们可以说这个办法确不足以使症候消失;但是它另有一种效果,使分析得以进行,而其第一个结果往往是一种坚决的否认。病人已经知道了前所未知的事——即症候的意义,但是他所知道的仍很有限。因此,我们乃知道无知也不止仅有一种。我们对于心理学问题须有深湛的了解,才可知道这些无知的区别。然而"知道症候的意义便可使症候消失"这句话,仍不失为真理。其所必需的条件是:这个知识必须以病人内心的改变为基础,而这个内心的改变又只成于以此为目的的精神治疗。我们于是在此碰到许多问题,不久就可视为症候构成的动力学了。

这里我不得不打住话头,而要问你们不觉得我所说的话太深奥而杂乱吗?我有没有往往说了一段话又加以限制;引起一连串思想,又任它掉落;以致使你们莫名其妙?假如真是如此,那我感到非常抱歉。但是我很不愿意为求简单而牺牲真理,我宁愿使你们充分觉得这个学科的复杂和困难,而且相信我告诉你们的话如果你们一时不能领受,那也是毫无妨碍的。我知道每一听众和读者都能将所听见和所读到的事实整理排列得适合自己的心意,缩长为短,化繁为简,而将自己想要记得的摘略出来。大概地说,这句话是不错的:那就是,开始时听得越多,最后所得也越丰富。因此,我希望我的话虽很繁杂,但是你们却已懂得我所说的关于潜意

识、症候的意义，以及二者的关系等各个要点了。你们也许还懂得我们此后的努力将循着两个方向进行：(1)知道人们如何得病，如何对于生活采取一种神经病的态度：这是一个临床的问题；(2)知道他们如何由神经病出发而产生病态的症候：这仍然是一个精神动力学的问题，这两个问题必定有一个互相接触之点。

今天我不想再进一步讨论了；但因下课时间未到，请你们注意 239
上面两个分析的另一特性；那就是**记忆缺失**或健忘症(the memory gaps or amnesias)，这又是以后才可完全明白其重要性的一点。你们已知道精神分析的治疗可归纳为下面一个公式：那就是，凡属潜意识内的病原都须进入意识之内。现在这个公式又可代以另一公式：就是，病人所有的记忆缺失都必须加以补充，换句话说，我们必须设法消灭他的健忘症；你们听到这话，或许不免惊怪。其实这话的意思还是一样；即我们必须承认，症候的发展和健忘症之间有一种重要的关系。但是假使你们考虑前所分析的第一例的病人，你们就会发现这个健忘症的观点难于证实；因为那唤起强迫动作的情境，病者尚未淡忘，却仍明白记得；对于形成症候的他种因素也未曾忘记。就第二个例，那举行强迫仪式的少女而言，其记忆也相同，不过较欠明了而已。她前几年的行为如坚持将父母和自己的卧房之间的门开着，使母亲不再睡在父亲的床上等事，她都确实未曾遗忘，而且明白记得，只是自觉不安而已。特别值得注意的是第一例的病人，她虽曾无数次地实践她的强迫动作，但从未有一次觉得它和结婚之夜以后的情景有类似之点；即当要求她直接探索其强迫动作的起源时，她也不曾记起此事。同样，就第二例的少女而言，不仅其仪式夜夜照例重行排演，即其仪式所由产生的情境也无

不如是。二者都没有真正的健忘或记忆缺失;但是那理应存在无恙而可用以引起记忆的线索却都已被剪断了。这种记忆的障碍便足以产生强迫性神经病了;至于癔病,则有所不同。癔病常以范围较大的遗忘为其特征。大概地说,对癔病的每一单独症候的分析,都可引起已往的整个印象的线索;这些印象在被记起以前,可说是真正地被遗忘了。这个线索一方面追溯而至最早的幼年,所以癔病的遗忘,好像和婴儿期的遗忘有一贯的关系,我们所以不明白精
240 神生活的最早印象,就是由于婴儿期的遗忘。另一方面,使我们惊奇的是,病人所有最近的经验也易被淡忘,尤其是致病或使病加重的诱因,若不完全遗忘,也必至少有一部分记不起来。那些重要的细节或者完全忘掉,或者为假象所代替。大概地说,那些新近经验的回忆,总设法躲开分析者的注意,而使病人的整个经验留下一个引人注目的缺口;一直要到分析行将结束之前,新近经验的回忆才在意识中浮现出来。

这些记忆能力的损坏,我已说过是癔病的特征,而且有时症候性状态(即癔病的侵袭[the hysterical attacks])虽已发生,却不必留有可以回忆的痕迹。因为强迫性神经病与此不同,所以我们可以推定这些遗忘的现象,乃是癔病的心理性质的一部分,而不是一般神经病的通性。这个区别的重要性可因下面的讨论而减少。一个症候的意义系由两种因素混合而成;即其来源(its whence)和趋势或原因(its whither or why),换句话说,即(1)症候所由发生的印象和经验,及(2)症候所欲达到的目的。症候的来源可分析而为种种印象,这些印象都来自外界,当初必曾经是意识的,后来可因被遗忘而成为潜意识的。至于症候的原因或趋势则常为内心的历

程，最初或可为意识的，但也可永远不为意识的，始终逗留于潜意识之内。所以症候的来源或症候所赖以维持的印象是否也被遗忘，和癔病一样，都是不大重要的；至于症候的趋势，一开始既可能是潜意识的，所以足以使症候有赖于潜意识。这在癔病和强迫性神经病中都莫不如此。

我们既然如此看重精神生活的潜意识，当然不免引起人类对于精神分析的怨恨。你们不要因此惊异，以为这个反抗是由于对潜意识不易了解，或者不易求得潜意识存在的证据，我相信它有一种更深的动机。人类的自尊心曾先后从科学手内受了两次重大的打击。第一次是知道我们的地球不是宇宙的中心，仅仅是无穷大 241
的宇宙体系的一个小斑点，我们把这个发现归功于哥白尼，虽然亚历山大的学说也曾表示过近似的观点。第二次是，生物学的研究剥夺了人的异于万物的创生特权，沦为动物界的物种之一，而同样具有一种不可磨灭的兽性：这个“价值重估”的功绩成于我们这个时代的查理·达尔文、华莱士及其前人的鼓吹，也曾引起同时代人的最激烈的反抗。然而人们的自尊心受到了现代心理学研究的第三次最难受的打击；因为这种研究向我们每人的“自我”证明就连在自己的屋里也不能自为主宰。而且只要能得到少许关于内心的潜意识历程的信息，就不得不引以自满了。其实要人类观察内心的，也不仅是我们精神分析家，更不是从我们才开始的；我们不过是坚决地主张这是自己的本分，并坚决地用各人视为秘密的经验证据作出支持罢了。世人普遍地非难精神分析，甚至于不顾学者的态度和严谨的逻辑，就是由于这一主要原因。除此之外，我们又在另一方面，被迫扰乱了世界的安宁，这一层你们不久便可知

道了。

242

第十九讲　抗拒与压抑

我们对于神经病要更有所了解，则所需要的材料也更多；有两种观察是随手可得的。它们都很特别，开头还很令人惊异。我们去年曾做过预备工作，现在来讲必定容易了解了。

我们去治疗病人的症候时，病人将始终对我们作强有力的抗拒，这种情形非常奇怪，简直使人难以置信。最好不必将此事向病人的亲友谈起，因为他们总以为这是我们的托辞，想用来掩饰治疗上的持久或失败。病人表示这种抗拒，也不承认它是抗拒；我们如果能使他认识这一事实而予以承认，那就是治疗上的一大进步了。你想病人既因症候使自己和亲友如此不安，为了治疗又在时间、金钱和精神上遭受如此重大的牺牲，结果却为病症而拒绝一切的援助。这个话岂不是太不近情理了吗？但事实确系如此，假使你们责备我们不近情理，那么我们只须举一件类似事情就可作出答复；一个人因牙痛往见牙医，当牙医拿起钳子去对付他的腐齿时，他可又设法推脱了。

病人所表示的抗拒方式多而巧妙，往往难以认识；分析家须不断地小心提防。我们在精神分析治疗中所采用的方法，想来你们已因释梦而熟悉了：我们设法使病人处于一种安静的自我观察的境地，不必试想任何事件，然后将内心所觉得的一切如感情、思想、记忆等，依其浮现于心中的先后次序一一报告出来。我们明白地
243 警告他，不许对于观念（联想）有所选择或取舍，无论是因为那些

观念太“讨厌”或太“无聊”而说不出口，或因为它们太“不重要”，或太“无关系”或太“无意义”而没有诉述的价值。我们要使他只注意浮现在意识表面上的观念，放弃任何方式的抗议；又告诉他治疗的成功，尤其是治疗时间的长短，都随他是否力守这个基本的规则而定。由释梦的方法看来，我们知道凡属力加怀疑或否认的联想，常包含着导致发现潜意识的材料。

这个规则建立之后，随着发生的第一件事就是病人以它为抗拒的第一目标。病人用种种可能的方法以求逃脱它的束缚。他先说心内一无所有，其后则说想到的太多了，以致无从选择。其次，我们惊诧地觉得他现在忽而批驳这一观念，忽而批驳另一观念；这由他谈话时有时间的停顿可以推想而知。最后，他乃宣称自己确实不能诉说自己感到羞惭的事，于是这个情感就使他不再遵守信约了。或者，他想起一件事，但这件事是与他人而不是与自己有关，所以可以不必照规则行事。或者，他刚想到的事，实在太不重要、太无意义或太荒谬绝伦，以为我绝不至于要他报告这种思想。他这样拖延着，忽而用这个方法，忽而用那个方法，他不断地回答要说出一切，结果等于一事未说。

无论哪一个病人，总设法将自己思想的某一部分隐藏起来，以提防分析者的进攻。有一病人平时非常聪敏，就用这种方式把他一度至为亲切的恋爱隐藏达数星期之久；我说他不应破坏精神分析的规则，他辩白说，这是他的私事。精神分析的治疗法自然不能容许病人有这种庇护权，假使照此办理，那么就等于我们一面设法逮捕罪犯，又先允许在维也纳城内设一特区，并禁止在市场或圣斯
蒂芬教堂旁边的广场上抓人。这个罪犯自然只能隐身于这些安全 244

的处所了。我从前也曾有一次决定允许给某人以这种例外的权利;因为他须恢复他的做事能力,而他是一个文官,因受誓约的束缚,不能将某种事件告诉他人。他对结果确实感到满意,但我却感到不满意;从此,我乃决心不再施术于这种条件之下了。

强迫症的病人常因多心或疑虑而易于使我们施术的规则几归无用。焦虑性癔病的病人有时使此规则变成荒谬可笑,因为他们只引起一些牛头不对马嘴的联想,使分析无从着手。但是我并不愿意告诉你们这些治疗上的困难。你们只须知道我们由于决心和坚忍,终于能使病人稍稍遵守施术规则;然而他们的抗拒又完全换了一个方向。此时表现为理智的批判了,用逻辑作工具,将一般人对精神分析学说所指出的困难和不可靠之点引为己用。因此,我们就不得不从每一病人口内,听到科学界对我们共同施加的一切批判和抗议。外界批评家对于我们的指摘,没有一点新的东西。这确是小茶杯里的风浪。然而病人仍然可以理喻;他很喜欢我们去教导他、驳倒他,且指出若干参考书给他,好使他有进一步的了解;总之,分析如不牵涉他在内,他就立即成为精神分析的拥护者。但是就在这个求知欲中,也可看出他的抗拒;原来他是想借此逃避面前的特殊工作,我们当然是不能允许的。就强迫性神经病而言,其抗拒还利用一种特殊的策略,那是在我们意料之内的。分析既顺利进行,不受牵掣,所以病案中的所有问题逐渐明了,直到最后我们才开始奇怪这些解释为什么没有实际效果而使症候获得相当的改善。结果才发现强迫性神经病的抗拒又回复到以怀疑为特征,使我们变得束手无策。病人似乎在对自己说下面一类的话:“这都是很有趣的。我很愿意继续受分析。假使它都是真的,当

然对我有许多好处。然而我一点都不相信，既不相信，我的病就绝不会受影响。”如此既久，终于这一点耐性也没有了，于是又表示出坚决的反抗。

理智的抗拒不是最坏的一种；我们常常能战胜它。然而病人却知道如何在分析本身范围内力加抗拒；所以征服这些抗拒乃是分析法上最艰苦的工作。病人不回忆已往生活中的某种感情和心境，而是将这些感情和心境再行表现出来，复活起来，通过所谓“移情作用”(transference)反抗医生和治疗。假使他是一个男人，他便常借助于他和父亲的关系，而使医生权代其父；他力争个人独立和思想独立以示反抗，或由于野心而反抗，野心的最早期的目的就是争取与父亲平等或胜过父亲，或且因不愿再次负感恩图报的责任而反抗。有时我们觉得病人想找分析家的过错，使他自觉无能，企图击败他，并完全消灭他的治疗疾病的好心好意的愿望。妇女们为了达到抗拒的目的，便巧于移爱于分析家；当这个爱好达到了某种强度，则对于实际治疗的一切兴趣及治疗时的一切束缚都消灭了。随此而来的妒忌以及受到无论如何婉转的拒绝后而发生的怨恨，都不得不破坏她和医生的私人关系，因此，分析乃失去了一种最强大的推动力。

我们对于这种抗拒不应严加谴责。因为这些抗拒包含有病人已往生活中许多重要的材料，而且这种材料的流露方式这样地使人信服，所以分析家的技术若很精巧，就可把这种抗拒直接转为对自己的莫大帮助。我们要注意的，就是这种材料常先作为一种抗拒、一种伪装，而有碍于治疗。我们还可以说病人用以反抗治疗的就是他的自我的性格特性和个人态度。这些性格特性随神经病的

246 状况和要求而呈现出来，我们因此观察到了一些平常不轻易明白出现的材料。你们也不要以为我们将这些抗拒的出现视为威胁分析治疗的意外危险。其实，我们知道这些抗拒是势必出现的；只有当它们不能明确地被唤起而足以使病人明白其为抗拒的时候，我们才感到不满。因此，我们知道了克服这些反抗，乃是分析的重要工作，是使治疗稍见成效的明证。

除此之外，你们还须注意病人往往利用分析时所有偶然发生之事——如分散注意的事物，或朋辈中他所信仰的人对于精神分析的指摘，或足以增加神经病强度的一切机体失调等——以阻挠分析的进行；甚至于病状每一改善都可引为反抗治疗的动机。由此，你们大概可以知道分析时必须遇见和克服的抗拒究竟有何种力量和方式了。关于这一点，我所以如此不厌其详，是因为我要告诉你们，我们关于神经病的动力学概念，就是根据于我们所有病人对自己症候的抗拒治疗的经验。布洛伊尔和我原来用催眠术作为实施心理治疗的工具。布洛伊尔的第一个病人完全受治疗于催眠暗示的状态中；我最初也采用这个方法。我承认那时我的工作进行得比较顺利，时间也较为经济；但其疗效常有反复而不持久；因此，我最后放弃了催眠术。我知道催眠术只要仍被应用，这些病症的动力学就没有了解的可能。因为在催眠时，病人的抗拒是医生观察不到的。催眠打消了抗拒的力量，固然可以开辟一部分地盘供分析的研究，但是，反抗力因此积聚在这部分的界线之上，无法攻破；便与强迫性神经病的怀疑产生了相同的影响。因此，我可以说只是丢了催眠术之后，精神分析才算真正开始。

假使抗拒的测定有如此的重要性，那么与其太草率地假定它

的存在，就不如慎重从事为好了。也许有些神经病确因其他原因 247
而联想停滞，也许对于我们学说的那些驳斥的确值得我们严重的注意，也许我们不应随便将病人的理智的抗议视为抗拒的表示而置之不理。不错，但是我要告诉你们，我们对于这件事的判断，并不是草率从事的；我们有机会观察这些批判的病人在他们的抗拒出现之前及其抗拒消失之后。受治疗的时候，抗拒的强度不断发生变化；当我们迫近一个新问题的时候，他的反抗力常随而增加；当我们加以研究的时候，其反抗力乃升到最高度；当研究完毕的时候，其反抗力也随而消失。假使我们不犯有方法上的错误，必不至于立即引起病人可能的充分反抗。所以在分析的时候，我们可以明确地看出，同是一人，在分析的过程中，再三地忽而批判反驳，忽又默尔而息。我们如果让病人特别感痛苦的某些潜意识材料侵入他的意识，他便极端地表示抗议；即使他以前曾有所了解而已接受了许多，但是此时也不免前功尽弃；在他尽力反抗的时候，他的行为正类似于智力缺陷或“情绪性迟钝”（emotional stupidity）者的行为。假使他因我们的帮助而克服了这个新的抗拒，他就重新获得了理解的能力。他的批判力不能独立行使，所以我们不必加以重视；它只是情绪的奴隶，受着抗拒的支配。凡是他不欢喜的事情，他很巧妙地加以驳斥；凡是合乎脾胃的事情，立即信以为真。也许我们都是如此的；一个受分析的人，其理智所以显然受感情生活的支配，就是因为他在分析时受到如此有力的压迫。

我们对于这个事实，对于病人奋力反对症候的解除和心理历程恢复常态这一事实，究竟如何解释呢？我们说这里遇见的是一种强力的余波，在反对治疗的进行；当时引起病症的也必定是这同

样的力量。当症候形成的时候,必定也有过某种历程,这种历程的性质如何则可由我们治疗的经验推想而得。由布洛伊尔的观察看来,我们已知道症候的存在必须先有某种精神历程在常态时没有
248 进行到底,以致不能引起意识;症候就是这种未完结的历程的代替物。我们现在知道那些我们猜想在工作着的力究竟在哪里。病人必曾努力使有关的精神历程不能侵入意识,结果乃成为潜意识的;因为是潜意识的,所以有构成症候的能力。在分析治疗时,这同样的努力又活动起来以反抗化潜意识为意识的企图。这就是我们所知道的抗拒的方式。由抗拒而可想见的致病历程则称之为压抑(repression)。

现在要更精确地来叙述这个压抑历程的概念。这个历程是症候发展的主要的先行条件,但是它与他种历程不同,它没有平行的现象。试举例说明,有一冲动或精神历程想要实现而成动作:我们知道这是可因动作者的"拒绝"或"责难"而遭受抵制;那时精神历程的所有力量因退缩而减弱,但是仍能存留于记忆中。这整个决断的经过是动作者自我(Ego)所充分认识的。假使这同样的冲动受到压抑,结果将大不相同。冲动的力量仍然存在,但在记忆上会不留痕迹;自我虽无所知,而压抑的历程仍可完成。因此,这个比较仍不足以使我们对于压抑的性质有较深入的了解。

压抑一词可因某些理论的概念而有较明确的意义,我现在就来说明这些概念。为了达到这个目的,第一要从"潜意识"一词的纯粹叙述的意义进而叙述其系统的意义(systematic meaning);这就是说,我们决计认为一种心理历程的意识或潜意识仅仅是该历程的属性的一种,但不必是决定性的。假定这种历程是潜意识的,

那么其不能侵入意识也许仅是它所遭遇的命运的一个信号，而不必就是它最后的命运。为了获得这个命运的更具体的观念，我们可以说每一心理历程——可是有一例外，以后再说——先存在于潜意识的状态之内，然后发展而变成意识的状态，正好像照相先是一张底片，然后印成正片，变成图像。但不是每一底片一定都印为 249
正片，同理，每一潜意识的精神历程也不必都化为意识的。这个关系最好说明如下：每一单独的历程都先属于潜意识的心灵系统；然后在某种条件之下，由这个系统更进而为意识的系统。

关于这些系统的最粗略而便利的概念是一种空间的概念。因此，潜意识的系统可比作一个大前房，在这个前房内，各种精神兴奋都像许多个体，互相拥挤在一起。和前房相毗连的，有一较小的房间，像一个接待室，意识就停留于此。但是这两个房间之间的门口，有一个人站着，负守门之责，对于各种精神兴奋加以考察，检验，对于那些他不赞同的兴奋，就不许它们进入接待室。你们立即可以知道，那守门人究竟是在门口逐出任何冲动，或究竟是等到冲动侵入接待室之后才将它们赶出，那都不大重要；因为那只是他在辨认上的周密敏捷的程度问题。这个比喻现在可用以扩充我们的名词。前房内，潜意识内的兴奋不是另一房子内的意识所可察知，所以它们开始是逗留在潜意识内的。它们如果进迫门口，而为守门人赶出来，那么它们就**不能成为意识的**；那时我们便称它们为**被压抑的**。但是就是被允许入门的那些兴奋也不一定成为意识的；只是在能够引起意识的注意时，才可成为意识。因此，这第二个房间可称为**前意识的系统**（the preconscious system）。而且因此，这变成意识的过程可保留为纯粹的叙述的意义。我们如果称任何一

种冲动是被压抑的，意思就是说它因为守门人不许它侵入前意识，以致不能冲出潜意识。至于守门人乃是指我们在分析治疗时去解放被压抑的意念而遇到的抗拒。

你们或将以为这些概念既粗略而又古怪，不是科学的叙述所可允许的。我知道它们失之简略；甚至知道它们是不正确的，但是除非我错了，否则我们还有较高明的概念来代替它们；至于那时你
250 们是否仍然以为它们是古怪的，我就不知道了。无论如何，它们暂时总可以作为解释的有用的帮助，就像安培的游泳在电流中的侏儒，只要它们有助于说明，就不应被我们所蔑视。然而我仍以为这些简略的假说，这两个房间及二者中间的门口的守门人，这站在第二个房间末端作为观察者的意识，都与实际的情形大致相似。而且我愿意你们承认我们的潜意识、前意识、意识等名词，比起其他学者所提出的或应用的下意识（sub-conscious），交互意识（inter-conscious）和并存意识（co-conscious）等名词更较少偏见，而且比较容易自圆其说。

假使是如此，那么我认为更重要的是，你还可以进而推想到，我们用来解释神经病症候的心理系统的假说就能具有普遍的效用，从而使常态的机能更为明显。这自然是很对的。这个结论，我们暂时不能详述；然而假使我们可以因病态心理的研究，而对于向来神秘莫测的常态心理的机能更有所了解的话，则我们在症候形成的心理学上的兴趣，必将大大增进了。

再说，你们难道还没有看出这两个系统及其与意识的关系那些概念的根据吗？潜意识和前意识之间的守门者就是使显梦形式受其支配的稽查者。那唤起梦的刺激的白天遗留的经验，是前意

识的材料;这个材料在夜间睡眠时,受到潜意识以及被压抑的欲望和激动的影响;从而利用本身的力量,加上联想的关系,造成梦的隐义。这个材料在潜意识系统的支配之下,受意匠的经营,如压缩作用和移置作用,其经过的情况,连常态的精神生活即前意识的系统都无从得知,也难以承认。这个机能的不同乃是这两个系统的区别;前意识和意识的关系是一个永久的特性;所以从它对意识的关系便可决定任何一种历程属于这两个系统的哪一个。梦也不是病态的现象;每个健康的人睡眠时都会做梦。关于梦和神经病症候的每一推论,也都可应用于常态的精神生活。

现在关于压抑作用的话已经讲过了。它只是症候形成的一个 251
必要的先决条件。我们知道症候是被压抑作用所驱回的某些其他历程的代替物;然而即使给我们以压抑作用,我们仍然要有长时间的研究才能了解这个代替物的形成经过。压抑作用还有其他方面的问题,例如:哪一种精神的激动才被压抑?压抑背后究竟有什么力量?有什么动机?我们对于这些问题,只在某一点上略有所知。当我们研究抗拒作用的时候,知道抗拒的力量出自自我,出自明显的或潜伏的性格特性:所以,也就是这些力量造成压抑作用或者至少起了一部分压抑作用。现在我们知道的仅以此为限。

我想要叙述的第二种观察现在可以帮助我们了。我们利用分析,常可发觉神经病症候背后的目的。这对于你们自然不是一种新的事实:我已在前面讲过的两种神经病里指出了这个事实。然而两个神经病例子究竟能指出什么呢?你们当然有权要求两百个或无数例子来加以说明。但是我可不能同意。因此,你们不得不依赖亲身的经验或信仰,至于这种信仰,则可用各精神分析家所公认的证据为基础。

你们记得，就前二例而言，由于症候分析的结果，使我们深入到病人秘密的性生活。第一例症候的目的或趋势特别显著；第二例或许受了另一因素的影响而稍嫌模糊；这另一因素留待以后再述。从这两个例子可以推知其他受分析的例子都莫不如此。无论何时，我们都会因分析而推知病人的性的经验和欲望，无论何时，我们都不得不肯定症候是为了达到同样的目的。这个目的就是性欲的满足；病人想用症候来达到满足性欲的目的；所以，症候实际上是不能获得的满足的代替物。

试再考虑第一例病人的强迫动作。这个女人不得不和所热爱的丈夫分居；因为他的缺陷，她不能和他共同生活。她又不得不对
252 他忠实；因此，不能用他人顶替丈夫的位置。她的强迫性症候正好满足了她的私欲；她可因此抬高丈夫，否认而辩护他的缺点，尤其是他的阳痿。这个症候基本上是一种欲望的满足，正和梦相同；它尤其是性爱欲望的满足，而梦则不常如此。就第二例病人而言，你们知道她的仪式的目的在于阻止父母的性交或再生一个孩子；你们或许以为她基本上是想借此仪式使自己代替母亲。因此，这个症候的目的也在于想排除性欲满足的障碍，以满足病人的性欲。第二例的复杂之点，不久即可细述。

这些话不是可以在以后普遍应用的；我请你们注意我所说的关于压抑作用、症候形成和症候解释的话都得自三种神经病的研究，现在可应用的也只限于这三种神经病——即**焦虑性癔病**（anxiety hysteria）、**转变性癔病**（conversion hysteria）和**强迫性神经病**。这三种病，我们常合称为**移情神经病**（transference neurosis），都可以接受精神分析的治疗。其他神经病则尚未如此严密地经过精神分析的研究;就其中某一类病而言,其所以无人研究,显然是因为没有受治疗影响的可能。你们不要忘记精神分析还是一门很年轻的科学,它的研究还需要许多时间和麻烦,而且不太久以前,还只有一个人在实施此法;但是我们现在正从各方面对于非移情神经病的症状有了较深切的了解。我希望将来能告诉你们,我们的假说和结论如何因适应这种新材料而逐渐发展,还能表明这些进一步的研究在我们的知识上并不产生矛盾,反而增加了我们知识的统一性。因此,前面说过的一切仅适用于这三种移情神经病,我现在想加上一句,将可使症候的意义更增加其明了的程度。对于致病的情境若加以比较的研究,便可产生下面的结果,而这个结果可以简化为一个公式——就是,这些人之所以得病是因为现实不容许他们满足性欲而使他们感到某种**缺失**。你们将会看到这两个结论是如何完美地互相补充。于是症候乃可被解释为生活中所不能 253
满足的欲望的代替满足了。

我说神经病的症候是性的满足的代替物;这句话确可引起种种抗议。今天我只准备讨论其中的两种。假使你们有人曾经分析过大量的神经病人,你们或许会摇头说:“这句话对有些症候就不适用;因为这些症候似乎含有一种相反的目的,想要将性的满足加以排拒或制止。”你们这个意见,我不想争辩。就精神分析而言,事情要比想象的复杂得多,否则也用不着精神分析来解释了。前举第二例病人的仪式确有许多动作可视为有这种禁欲的意味;如将时钟移开以防止夜间阴核的勃起,又如提防器皿跌碎,意欲保存她的童贞。就已被分析的上床的他种仪式而言,这种禁欲的意味更为显著;其整个仪式似仅为反抗性的回忆和诱惑的防御工作。然而我们由精神分析早已知道,相反之事并不构成矛盾。我们或可扩充这个说法,以为症候的目的不是性的满足就是性的制止;癔病以积极的欲望满足为要点,强迫性神经病则以消极的禁欲意味为要点。症候可用以达到性欲满足的目的,也可用以达到禁欲的目的,因为这个**两极性**(polarity)在症候机制的某一因素上有极其妥适的基础,只是这个机制,我们还没有机会提到而已。其实,症候乃是两种相反的互相冲突的倾向之间**调和**的结果;它们一方面代表被压抑的倾向,一方面代表那抑制其他倾向而引致症候的主动倾向。这两个因素必有一个在症候中较占优势,但另一个也不必因此完全失去地位。就癔病而言,这两种倾向常合现于同一症候之内,就强迫性神经病而言,这两个部分常有分别;那时的症候是双重的,含有两种相互抵消的动作。

254 至于第二种抗议便较难处置了。你们如果将症候的解释统统加以讨论,你们首先会以为性的代替满足的概念必须极力扩充才可以包括这些解释在内;也会指出这些症候不能提供实在的满足,它们只是再生一个感觉或实现一个由某种性的情结而引起的幻想。再者,你们还会以为这个明显的性的满足往往是幼稚的、无价值的,也许近似一种自淫的动作,或者使人想起早在儿童期久已制止的丑恶的习惯。而且你们还会表示惊奇,认为为什么竟有人将虐待的或令人骇怕的或不自然的欲望的满足也都看成是性的满足。其实,我们对于这些问题不会有一致的意见,除非先对人类的性生活作彻底的研究而规定“性的”一词的范围。

第二十讲　人们的性生活 255

“性的”一词究竟有何种含义，你们一定会以为是无可怀疑的。第一，所谓“性的”，当然是不正当的，是不应出之于口、见诸笔墨的。从前有一个著名的精神病学者，他有几个学生想要使老师相信癔病的症候常有性的意味。为了达到这个目的，他们引他到一个患癔病的女人床边。这个女人的症候显然是摹仿着生孩子的动作。但是那老师说：“生孩子一事不见得就是性的啊。”那当然是对的，生孩子不一定就是不正当的事啊。

我知道你们不赞成我对于这种重大的问题也说笑话。但是，这句话也不全是笑话。老实讲，要给“性的”一词下一确切的定义，那是不容易的。也许，只有和两性差异有关的事才可用作“性的”一词的定义；但是，你们要知道那又是太空泛而不确定了。假使你们以性的动作本身为一中心点，你们也许以为“性的”意即指由异性的身体（尤其是性的器官）上所得到的快感的满足；就最狭义说，意即指生殖器的接合和性的动作的完成。但是照这么说，你们几乎以为“性的”和“不正当的”有同一的含义，而生孩子一事真的与性无关了。假使你们以生殖的机能为性生活的要义，那么你们不免会将手淫甚至接吻等事也排斥于“性的”定义之外，但是手淫、接吻虽不以生殖为终点，却无疑是性的。我们已知道要下定义总不免引起困难；这里就不必再作这种尝试了。我们或可怀疑
“性的”这个概念必不能有完善的定义。但是笼统地说，“性的”一 256
词的意义究竟如何，又是大家都知道的。

据一般的见解,“性的”含义兼指两性的差别、快感的刺激和满足、生殖的机能、不正当而必须隐匿的观念等。这个见解在一般生活上虽然适用,但在科学上就不够了。因为艰苦的研究(当然,这种研究只有克己自制的精神才有可能)已经表明,有些人的性生活与常人不同,这些人可称为“性的倒错者”(the perverts),他们当中有一种人似乎在生活里没有什么两性的差别。由他们看来,只是同性的才可引起性欲;异性(尤其是异性的生殖器)对于他们绝对没有性的刺激,甚至于成了一种恐怖的对象。因此,他们完全没有生殖的机能。这种人可称为同性恋者。他们往往在别方面的心理发展,无论是理智的或伦理的,都有无可指摘的高尚标准,只因有此特点而略感缺陷。科学家称他们是人类的一个特种,即所谓“第三性”(“third sex”),与其他两性有均等的权利。这个意见,以后或可有机会加以批判。他们自然不是他们自己乐于自诩的人类中的“优异者”;他们里头至少也有与其他两性一样多的低劣的和无用的个体。

这些性的倒错者原也至少因有情欲的对象而达到常人所欲达到的目的。但是他们当中有许多种变态的人们,他们的性活动和一般人所感兴趣的相离很远。这些人的种类既多,情形又很怪诞,所以或可与布劳伊格赫尔所画用以表示圣安东尼的诱惑的种种怪物,或福楼拜所描写的在他的悔罪者面前所走过的一大队衰老的神像和崇拜者相比拟。这乱七八糟的一群,如果不使我们完全迷惑,我们便须加以分类。因此,他们遂被分为第一类,其**性的对象**
257 已变,与同性恋者相同;第二类,其**性的目标**已变。属于第一类者,
都不要生殖器的接合,而以对方的其他器官或部位代替其生殖器

(例如以嘴或肛门代替阴道),既不管有无妨碍,也不问是否可耻。另一些人虽仍以生殖器为对象;但并不是因为它们的性的机能,而是因为他种相近的机能。就这些人而言,他人视为不雅驯的排泄机能也足以引起他们的整个性的兴趣。还有些人完全不以生殖器为对象;但以身体的其他部分,如妇人的胸部、脚或毛发等,为情欲的对象。还有些人,甚至以为身体的部分也无意义,反而一件衣服、一只鞋或一袭衬衣尽可满足他们的情欲;这些人无异于拜物教的信徒。等而下之,还有些人大体上虽也要有对象;然而他们的要求采取一种特殊的方式,太可怕了——甚至求之于不能抵抗的死尸,由于受犯罪的强迫观念的驱使,竟以此为满足欲望的工具。这些骇人听闻的事不必多说了!

属于第二类的性的倒错者,其性欲的目标仅为常人所做的一种性的预备动作。有些人或看或抚摩,或窥视别人最秘密的行动,以求性欲的满足;有些人则裸露身体所不应裸露的部分,模糊地希望对方也报以类似的动作。还有些不近人情的虐待狂者,专门想给对方以苦痛和惩罚,轻一点的,只是想使对手屈服,重一点的,直至要使对手身体受重伤。与虐待狂者相反的是被虐待狂者,他们只求为对手所屈服,或惩罚,无论是实在的或象征的。还有些人兼有这两种病态的现象。最后,我们还知道属于这两大类的性反常者每类又可分为两种:第一种是在实际上求其特殊方式的性欲的
满足,第二种仅在想象中求满足,不必有实在的对象,而代之以创 258
造的幻想。

这些癫狂的、怪诞的、骇人听闻的活动确实构成了这些人的性生活的活动,是毫无可疑的。不仅他们自己是这么想,承认它们的

代替性质;而且我们也不得不承认这些活动在他们生活上所占的地位,正如常态的性的满足在我们的生活上所占的地位一样;具有同等的或更大的牺牲。我们还可以约略地或详尽地描绘出这些变态现象究竟在哪里和常态的相混同,在哪里和常态的有歧异。你们还要知道性的活动所有不正当的性质在这些方式里仍然存在着:有时其强度增加到令人厌恶的地步。

我们现在对于这些变态的性的满足方式究竟应采取何种态度呢?我们如果表示愤怒厌恶,并自信没有这些欲望,那是没有多大用处的。这不是问题的要点。这种现象和他种现象正相类似;你如果借口以为这些现象是古怪的、不常见的,所以想置之不理,避而不谈,那是容易被驳倒的,因为这些现象是很普遍的,到处可见。但是假使你们以为这些现象都仅为性本能的变态,我们对于人类的性生活的理论不必因此修改,那就不得不有一种严肃的答辩了。我们如果不能了解这些性的病态的方式而使它们和常态的性生活联系起来,那么常态的性生活也必没有了解的可能。总之,我们在理论上须完满地解释一切倒错的存在及其和常态的性生活的关系。

为了达到这个目的,我们可利用一个观点和两种新证据的帮助。那个观点应归功于伊凡·布洛赫;在他看来,“一切倒错是退化的征兆”之说是不可靠的;因为无论什么时代,由远古而至现代,无论什么民族,由最原始的而至于最文明的,都无不有这种性的目标和对象的变态,而且这种变态现象有时也为一般人所容许。
259 至于那两种证据则得自精神分析对于神经病人的研究;它们在性的倒错的理论上有重大的影响,那是毫无可疑的。

我们已说过神经病的症候是性的满足的代替；也说过，要从症候的分析来证明这句话，是不免有许多困难的。老实说，我们要把那些所谓“倒错的”性的需要看成是一种性的满足才对；因为症候的解释用这个话为根据是太频繁了。同性恋者自夸是人类的优秀阶级，但是假使我们知道每一个神经病人都有同性恋的倾向，而大部分的症候又都是这种潜伏的同性恋倾向的表现，便可见这种夸耀就马上站不住脚了。那些公然自称是同性恋者的人，只是他们同性恋的倾向是自觉的或明显的；这些人的数目，比起仅有潜伏的同性恋倾向的人来，实在是微乎其微。事实上，我们一定要把选择同性为对象这一回事看成是爱的能力的一个常型，而且正日益知道这个事实的特别重要。同性恋和常态的区别当然并不因此而取消；这些区别在实际上仍然重要，但在理论上的价值却大大减少了。我们甚至于要下一结论，以为妄想狂（paranoia 是精神错乱的一种，现在已不再属于“移情神经病”）常因企图抑制其强有力的同性恋的倾向而起。你们或许还记得前述的一个病人，在强迫的动作中，摹仿一个男人——即和她已经分居的丈夫——的行为，神经病的女人常产生这种以女装男的症候。如果这在实际上不能归因于同性恋，但确实与同性恋的起源有极密切的关系。

也许如你们所知道的，癔病这种神经病能在身体的各个系统（如循环、呼吸等）发生症候，因此，可扰乱身体上的一切机能。根据分析的结果，我们知道那些以其他器官代替生殖器的所谓倒错的冲动都在这些症候里表现出来。因此，他种器官也可为生殖器的代替：我们正是由于对癔病的症候的研究，才知道身体器官，除了它们原有的机能之外，都兼有性的意味，而且性对它们的要求若

260 太强大，则原有机能便受牵掣。所以，在与性无关的器官中，我们遇到的作为癔病的症候的感觉和冲动都不外是变态性欲的满足。由此，我们更可知营养器官和排泄器官究竟如何可用以产生性的激动。性的倒错也可有同类的征象；只是性的倒错的症候较易辨认，而癔病的症候的解释则煞费周折。此外，你们还要以倒错的性的冲动属于病人人格的潜意识的部分，而不属于意识。

在强迫性神经病的许多症候中，最重要的是因精力过度而造成的施虐狂的性的倾向的目标的变态。这些症候依据强迫性神经病的组织，主要用于抗拒那些变态的欲望，或表示其满足和拒绝之间的冲突。然而满足是不走捷径的；它知道如何在病人的行为中回环曲折以达到其目的，而使他宁愿自讨苦吃。这种神经病还有他种方式，如过分烦愁和深思等；又如过分地将常态中仅属预备的动作，视为性的满足：例如窥视、抚摩及探索的欲望。于此，我们乃可说明这种病为什么以接触的恐惧和强迫的洗手占很重要的地位。大多数的强迫性动作都是变了样子的手淫，而手淫则可视为各种性的幻想的唯一的基本动作。

我本不难更详尽地说明倒错和神经病的关系，但是我相信我所说的话已达到了我们的目的。我们也不要因为倒错的倾向在症候的解释上占一重要地位，便过高估计人类的这些倾向的常见性和强烈性。你们已经知道常态的性的满足的缺乏可以引起神经病。实际上由于这种缺乏的结果，性的需要乃不得不使性的激动

261 寻求变态的发泄。此事经过如何，你们以后便可了解。无论如何，你们总可以知道这种“侧面的”阻遏势必增大倒错冲动的势力，所以常态的性的满足实际上如果没有妨碍，则倒错冲动的力量必较

为薄弱。此外在明显的倒错状态中还看到一种类似的成因。就许多例子而言，性本能或因暂时的受阻，或因永久的社会制度的障碍，而很难获得常态的满足，则倒错的状态便可引起。就其他例子而言，则倒错的倾向与这些条件全无关系；它们好像就是某人性生活的原本状态。

你们也许暂时觉得这些话不足以解释常态性生活和倒错性生活的关系，反而增加混乱。但是你们要记得下面这一论点。假使性的满足的实际障碍或缺乏，确能使那些原来不暴露出倒错倾向的人们现在表现出这种倾向，那么，我们便不得不断定这些人较易招致倒错的症候；或者换句话说，他们的体内潜伏有倒错的倾向。因此我们就达到了上面所说过的第二种新证据。根据精神分析的研究，我们已知道儿童的性生活也有研究的必要，因为分析症候而引起的回忆和联想常可追溯到儿童期的最早年月。由此所发现的一切，近来已一一为对儿童的直接观察所证实。因此，我们乃知道一切倒错的倾向都起源于儿童期，儿童不仅有倒错的倾向，而且有倒错的行为，和其尚未成年的程度正相符合；总之，**倒错的性生活意即婴儿的性生活**，不过范围大小和成分繁简稍有不同罢了。

现在你们可以用完全不同的眼光来看倒错现象，而不再忽略它和人类的性生活的关系了；然而，这些骇人听闻的新发现可能会引起你们不快的情绪！第一，你们肯定要否认一切——否认儿童也有所谓性生活，否认我们的观察的真确，否认儿童的行为和后来倒错的行为有任何关系的那个论证。现在先来说明你们抗议的动机，然后再略述我们由观察而得的事实。你们要说儿童没有性生 262
活——如性的激动、性的需要、性的满足等，只是到了十二岁至十

四岁才突然获得，那是不符合一切观察的结果的，在生物学上是无意义的，同假定他们生来本没有生殖器，只是到青春期内才开始勃发一样地荒谬。其实，青春期所引起的是生殖机能，这个机能呈现作用之后，乃利用身体和精神中已有的材料以达到其原有的目的。你们的错误在于分不清性生活和生殖，因此，不能了解性生活、倒错的症候和神经病。这个错误还包含着一层意义。奇怪得很，这个错误的起因在于你们自己都曾经做过孩子，而且做孩子时，都曾受教育的影响。教育的最重要的社会任务之一是使那作为生殖机能的性本能接受个体本身的约束和控制（这便是社会的要求）。所以，社会为了自己的幸福，就要使儿童的充分发展暂时延缓，等到他在理智的成熟上有相当的程度再说，因为可教育性实际上是随性本能的完全发动而停止的。反之，性本能失去控制，必将溃决而不可收拾，则苦心建设而成的文化组织将被扫荡而去。但是控制也不是容易的事；控制的成功常微不足道，有时却又嫌太大了。社会的基本动机是属于经济的；因为社会的各分子没有工作，社会便无法维持他们的生活，所以社会总希望不工作的分子越少越好，而且把精力都离开性的活动而从事于工作。——这个从原始时代存在的永久的生存竞争当然仍见于今日。

教育家因经验的结果，已知道儿童的性的意志的陶冶，须及早开始，我们应控制儿童的性生活于其青春期之前，而不应等到本能势力爆发之后。因此，凡属婴儿的性的活动都加以禁止，并使儿童感到不快；教育的理想就是要使儿童的生活化为“无性”（asexual），久而久之，就连科学也深信儿童是没有性生活的了。为了使已有的信仰和目的不与事实相抵触，于是儿童的性生活被忽视

了——顺便说,这可不是一个小成就——而科学也自圆其说以求 263
自足。小孩子于是被假设为纯洁的、天真的:谁说一个“不”字,谁就是非圣侮法的诽谤者。

只有孩子们才不管这一套常规;他们都顺其自然地暴露自己的兽性,可见所谓“纯洁的天性”实由学习而得。奇怪得很,那些否认儿童性生活的人们,却最不愿意放松在教育上控制儿童的性的工作;他们虽不愿承认儿童的性生活的存在,但仍用十二分严厉的态度处理儿童的每一性的表示。还有一层,那最足以和“儿童没有性生活”的偏见相冲突的是在五六岁的时候,而五六岁恰恰是多数人遗忘了的时期;这一段遗忘虽只有分析的研究才可召回意识,但也有成梦的可能。这在理论上都是极有兴趣的。

我现在可要叙述儿童的最显而易见的性的活动了。我想最好先请你们注意“**里比多**”(libido)这个名词。里比多和**饥饿**相同,是一种力量,本能——这里是性的本能,饥饿时则为营养本能——即借这个力量以完成其目的。其他名词如性的激动和满足等则不必有定义。神经病的解释多与婴儿的性的活动有关,那是你们不难知道的;你们当然也以此作为反对的一个理由。这个解释是以分析的研究为基础,由某一症候逆溯其起因。婴儿的初次的性的激动似和其他重要的生活机能有密切的关系。你们知道,小孩的主要兴趣在于营养的吸收;当婴儿在怀抱内熟睡而感到满足的时候,他那舒服的神情和成年时经验到性的满足后的神情仿佛相似。这当然还不足以作出结论。但是,我们知道婴孩们喜欢反复地做吸收营养时不可缺少的动作,而并没有真正地吸收任何营养;所以他们并不是由于饥饿而被迫这样做的。我们称这种动作为“lut-

schen”或“ludeln”（德文中这两个字的意思是为吸吮而吸吮的享乐——如吸橡皮乳头[a rubber“comforter”]）；婴儿做这种动作便重新舒服地入睡，可见吸吮动作本身已可以使婴儿获得满足。而
264 婴儿不先有这种吸吮动作就不愿入睡。布达佩斯的儿科医生林德纳是第一个主张这个动作带有性的意味的。保姆和管理婴儿的人们虽不谈学理，但对这种为吸吮而吸吮的动作似也有同样的主张。他们都深信这个动作的唯一目的是求快感；且称这种动作为小孩的“恶作剧”；假使小孩不自动地取消这种动作，他们就用严厉的方法强迫他予以放弃。因此，我们乃知道婴儿的动作除求快乐之外并没有旁的目的。我们且相信这个快乐最初是在吸收营养时而觉得的，但婴孩不久便知道离开营养也可享受这种快乐。这种快感的享受以嘴和嘴唇为重要的区域；因此，我们称身体的这些部分为性觉区（erotogenic zone）而认为得自吸吮的快乐具有性的意味。至于这个名词的用法，我们还要予以相当的理由。

假使婴孩能表达自己的思想，他必将承认在母亲怀中的吸乳动作是他生命中最重要的事；因为小孩的这种动作，确实同时满足了生命中两种最大的欲望。由精神分析的研究，我们又不无惊异地知道，这种动作在精神上的重要性是如何地终身保留而不失。吸乳乃是整个性生活所由起的出发点，是后来各种性的满足的雏形；到了需要的时候，幻想往往借此以自慰。吸乳的欲望实含有追求母亲的胸乳的欲望；所以母亲的胸乳是性欲的第一个对象，至于这第一个对象在后来各种对象的选择上究竟如何重要，而对于他种不同的精神生活究竟如何因改造、代替而有重大的影响，那我就不能尽述了。但是婴孩一旦能为吸吮而吸吮，这个对象即被抛弃

而代之以自己身体的一部分；婴孩就自吮其拇指或口舌了。他于是不必乞助于外界的事物也能获得快感，而且将兴奋的区域扩大到身体的第二种区域，以增加快感的强度。性觉区所能产生的快感原不能有同等的强度；正像林德纳医生所说的，婴孩在自己的身体上四面抚摩，觉得生殖器的区域特别富于刺激，因此弃吸吮而手淫，所以这是一个重要的经验。

关于吸乳动作的性质的这种评价现在把我们的注意引向到婴 265
孩性生活的两个要点。婴孩为了满足自己机体的基本欲望，乃有一种**自淫**的行为，那就是说，他在自己身上追求性的对象。营养的吸收最显明不过地看得出来，排泄作用在一定程度上也不例外。我们乃断定婴孩在大小便中都有快感的经验，而且他们不久便故意做这些动作，以期在这些性觉区中伴随而起的皮膜兴奋，可给他们以最大可能的满足。但是，像卢·阿德里安所曾指出的，外界的压力不许小孩有追求这种快感的欲望而加以干涉——于是小孩才初次约略地察觉到成人才经验到的内外冲突。他不得随意排泄；排泄的时间须由他人指定。成人们为了使他放弃这些快感，就告诉他，关于大小便的一切都是“不文雅”的，必须隐讳。他这才不得不放弃自己的快乐以换取他人心目中的价值。其实，他自己对于排泄的态度开始时是大不相同的。他自己的粪便本不足引起他的厌恶；他原来把粪便看成自己身体的部分而不愿遗弃，而且想把它作为第一种“礼物”，赠给最敬爱者。就连在受教育的陶冶而放弃了这些倾向之后，他依旧视粪便为“礼物”和“黄金”，而撒尿也似乎是值得特别骄傲的东西。

我知道你们早已想打断我的话头，而喊道：“够胡说了！肠的

蠕动竟被婴孩用来作为快感的性的满足的根源！粪便竟成为大有价值的物品，而肛门竟成了生殖器的一种：我们怎能相信呢？但是，我们却因此懂得儿科医生和教育家为什么要如此坚决地拒绝精神分析和它的理论了！”完全不对；你们不过是暂时忘记了我刚想告诉你们的婴孩性生活的事实和性的倒错的事实之间的关系。你们难道不知道有许多成人，无论是同性恋的或异性恋的，都确曾在性交时以肛门代替阴道吗？你们难道又不知道有许多人终身保
266 留着排泄时的快感而视为要事吗？你们也许听到过年龄稍大而能谈论这些问题的儿童，说自己对于大便有怎样的兴趣，而且看着人家大便又有怎样的快乐。假使你们事先一贯地吓唬这些儿童，他们自然懂得不再说这类话了。至于你们不愿意相信的其他事情，我可要请你们去查阅精神分析的证据以及对儿童所有直接观察的报告，你们要知道对于这个问题要不为成见所蔽而能持不同的观点，那是很需要有伟大才力的。你们以为儿童的性的活动和成人的性的倒错关系确实令人惊骇，那我倒也毫不引以为憾。这种关系本来是自然就有的；因为儿童除了一点点模糊的迹象外并没有将自己的性生活化为生殖机能的能力，所以儿童若有一种性生活，这种性生活就势必是倒错的性质。而且生殖的目的的放弃乃是一切倒错的共同特点。性活动是否为倒错的，其标准要看它是否止于性的满足，而不以生殖为目的。由此，你们当可知道性生活的发展要点便在于顺从生殖的目的了。凡未发展到此程度的，和凡不愿遵从这个目的而仅以求满足为止的一切性的活动，都蒙有不名誉的“倒错”的称呼，而为人所蔑视。

因此，请仍回过头来叙述婴孩的性生活。我或可对其他各种

器官也作同样的研究,以补充前述两种器官的观察。儿童的性生活全在于种种本能的活动,这些本能有的在本人的身体上求满足的,也有在一个外界对象上求满足的,总之是各自追求,不相为谋。在身体的各器官中,自然是生殖器官最占势力;有些人从婴孩期一直到青春期或青春期后,不断地手淫以求自身生殖器的快乐的满足,而不假其他生殖器或对象的帮助。但手淫的问题却不易尽行细述;因为它可供我们讨论的材料的方面很多。 267

我虽然希望限制这个讨论的范围,但儿童对于性的好奇一事也不得不略加叙述。这种窥探是儿童的性生活的特征,是神经病症候造成的要点,所以不能略而不述。儿童对于性的窥探,起源很早,有时在三岁之前。性的窥探不必以异性为对象,性别差异在儿童看来是不算什么的,因为他们——至少就男孩而言——以为两性同有男性的生殖器。一个男孩若偶然看见小姊妹或小朋友的阴户,他马上会否认所见为真,因为他想象不出像他一样的人何以竟没有这个重要的器官。后来,他知道了确系如此,却又大为惊恐;于是从前对于这个小器官的恐惧,现在乃开始觉得了。他于是处于"阉割情结"(the castration complex)的控制之下;他若保持健康,这个情结就是他的性格的成因;他若变得病弱,这个情结就是他的神经病的成因;他若受分析的治疗,这个情结就是他的反抗的成因了。至就小女孩而言,我们知道她们因为缺乏一个有目共睹的阴茎,所以深感欠缺,从而妒恨男孩的得天独厚;因此,就产生了想成为男人的欲望,后来如不能有相当的女性发展,这个欲望可复见于神经病。还有一层,在儿童期内,女孩的阴核等于男孩的阴茎;因为它也是一个特别富于刺激的区域,可用以自求性的满足。

女孩若进而为妇人,则须及早将这个刺激的感受性由阴核降位到阴道口。所谓性感迟钝的妇女,就是阴核常保留这种刺激的感受性而不失。

儿童的性的兴趣初专注于分娩的问题——与斯芬克斯的怪谜[①]背后的问题相同。对于这个问题的好奇多由于为了自我的利益而怕其他孩子出生而起。育儿室常常答复这个问题说:小孩是由鹳鸟衔来的,但是小孩对于这话的怀疑程度常超出于我们的意料之外。儿童知道自己受成人谎话的欺骗,于是想自求解决。但是这又谈何容易。他的性的构造既未发展,所以了解这个问题的
268 能力大受限制。他最初以为儿童是由某种特殊的物体和消化的食物混合而成;他也不知道只有女人才能生育。后来他又知道这是不对的,于是儿童成于食物的观念便被放弃,虽然神话中仍保留着这个观念。后来他又想到父亲和制造小孩必有关系,但是关系如何,他可不能发觉。假使他偶然看见父母的性交,他也以为这是男人企图制服女人,或竟是一场争斗。这都是以虐待解释性交,当然不免错误;可是他不知道这个动作和生孩子的关系;假使他看见母亲的床上或内衣上有血,他便以为这就是父亲伤害了母亲的铁证。再过几年之后,他也许揣测男子的生殖器,在制造孩子上占一重要地位,但仍不知道这个器官还有排尿之外的他种机能。

凡属儿童最初都相信孩子的出生是由肠子造成的;这就是说,小孩的造成就像一团粪便。儿童直至对肛门区的兴趣完全衰退之

① 希腊神话传说:斯芬克斯为一狮身女怪,她编造一个谜语,以难行人。这个谜语是“清晨用四足走路,中午用两足走路,晚上用三足走路,这是什么?”——译者注

后，才放弃了这个理论，而代以另一假定，以为肚脐或两乳之间为生孩子的区域。由此渐进，对于性的事实乃略有所知，除非是因为没有知识，对于这些事实不加注意，通常在青春期之前，接受了一种不完全而不真确的印象；这常常就是他后来发病的创伤原因。

你们现在或已知“性的”一词，在精神分析家的手里，无保证地扩充其意义，目的乃在于精神分析所有关于神经病的性的起源和症候的性的意义的说法可以维持不坠了。这种扩充究竟有无道理，你们现在总可以自由判断了。我们把性的概念加以扩充，目的只是要包括倒错者和儿童们的性生活；这就是说，我们已经恢复了性的意义的原有范围。至于精神分析之外的所谓“性”，则仅应用于称为常态的，属于生殖机能的狭义的性生活。

第二十一讲　里比多的发展与性的组织 269

我知道自己还未能使你们深信性的倒错在性生活的理论上的重要。因此，我现在愿意尽力之所及，将关于这个问题已说过的话，加以修正和补充。

你们不要以为我们之所以改订“性”的意义，以致引起激烈的反对，只是因为有倒错的现象。其实，关于儿童的性的研究对此甚至更有关系；而性的倒错和儿童的性的一致尤其值得我们参考。婴孩的性的表现，在后几年的儿童期内虽然显而易见，但其最早的方式确似逐渐消逝，无从捉摸。假使你们对于演化的事实及分析的结果不愿加以注意，那就会否认儿童的那些表现含有性的意味，从而以为它们只有他种模糊不定的属性了。你们要记得一种现象是否有性的意味，还没有一致承认的标准，除非生孩子的机能也可视为标准之一——但是以生殖为性的定义，我们因为嫌它太褊狭，已不再采用了。弗里斯所提议的生物学标准如二十三天和二十八天的周期性也引起很大的争辩；也许性的历程有一些特殊的化学性质，但是这些性质也还未为人所发现。至于成人的性的倒错现象则明显而确定。它们之有性的意味，是无可怀疑的；无论你们称之为退化现象或其他什么，可是绝没有人敢否认它们不是性的现象。即使单独根据这种现象看来，也足见我们可以主张性和生殖机能不是同一回事，因为性的倒错足以妨碍生殖的目的。

270 这里有一平行的事实颇值得我们注意。人们大多数以为“心理的”意即为“意识的”，但是我们则扩充“心理的”一词的含义，以包括心灵的非意识的部分。就“性的”一词而言，也是如此；大多数人以为这个词和“生殖的”——或者更精确地说，和“生殖器的”——含义相同，至于我们则把不属于生殖器的以及无关于生殖的各事也可认为是“性的”。这两件事原只是形式上的类似，但也不无更深刻的意义。

但是，假使性的倒错现象的存在在这一问题上有着如此有力的理由，为什么不早有人完成这个工作，解决本问题呢？我可不能对此有什么可说的。在我看来，性的倒错已早成为一个特殊的禁区，隐约地形成一种理论，甚至干扰了科学对这个题材的判断。似乎谁也记得倒错现象不但是令人厌恶的，而且是荒唐可怕的，似乎他们发出一种诱人的力量，根本上有一种隐秘的妒恨要绞死那些与倒错者友好的人——这种情感正与著名的讽刺诗 Tannhäuser 中的坐而判断的伯爵所自供的一样：

在爱神山上，良心、义务就这样都被淡忘！

注意，这种事是与我无关的！

实际上，性倒错的患者很像一个可怜虫，他不得不付出痛苦的代价，以换取不易求得的满足。

性的倒错虽似有不自然的对象和目标，但显然含有性的意味，因为满足倒错欲望的动作，通常最后也可达到色情的最高点而至于泄精。这自然是就成人而言；儿童既没有色情的最高点，也没有泄精的可能；他们虽有一种近似的行动作为代替，可是这种代替，也不能被确定为是性的。

我还要补充几点，好使我们对于性的倒错有正确的了解。这些现象虽为一般人所鄙视，与常态的性的活动大不相同，但从简单的观察就会看出，在正常人的性生活中，也难免有这种或那种倒错的存在。譬如接吻最初或可称作一种倒错的动作，因为那时是双方嘴唇上性觉区的接触，而不是生殖器的接触。然而，从没有人谴 271
责接吻为倒错；在剧场中，此事且被视为一种美化的性的动作。不过接吻确也不难成为一种绝对的倒错动作——譬如当其刺激的强度很大，以致也伴有色情的最高点和泄精的现象，这种情形也是屡见不鲜的。又如某人要有性的享乐，不得不注视并抚摩他的对象，另一人则在性的极端兴奋之时，不能不有手捏口咬的行动；还有些人的色情的最大激动，不是由对方的生殖器而引起，而是由其身体的其他部分而引起；诸如此类不胜枚举。我们自然不能把单有这种特癖的人们屏之于正常人之外，而置之于倒错者的队伍之中；其实倒错的实质，并不在于性的目标的转移，也不在于生殖器的被取代，甚至也不在于对象的变换，而仅仅在于以变态的现象为满足，

而完全**排斥**以生殖为目的的性交。至于为了增进或预备常态性交的完成而做出倒错的行动,这些行动实际上就不再是倒错了。由这种事实看来,可大大减缩正常的性与倒错的性的鸿沟;而且显然可以推断出,正常的性生活乃由婴儿的性生活演化而成,其演化的经过是先删削某些无用的成分,然后集合其他成分使之从属于一种新目的即生殖的目的。

这个关于倒错现象的观点,现在可以更深入而明确地用来研究或说明婴孩的性生活问题了;但在没有作此研究或说明之前,请先注意二者之间的一个重要的区别。大概地说,倒错的性生活是异常集中的,它的整个活动都趋向于一个——大多数是唯一的——目标;有一个特殊部分的冲动(component impulse)占最重要的地位;也许只有这个冲动,也许为了本身的目的而支配着其他冲动。就这一点说,倒错的性生活与正常的性生活实互相一致,只是其占优势的部分冲动和性的目标彼此不同而已。二者都各构成
272 一个富有组织的系统。只是统治的势力彼此互异。至于婴孩的性生活则大致缺乏这种集中和组织,他的各部分冲动同等有效,各自独立地追求自身的快乐。由这种集中(在儿童期中)的缺乏和(在成人期内)的存在看来,可见正常的性生活和倒错的性生活都起源于婴孩的性生活。还有许多倒错的现象和婴儿的性生活更相类似,因为它们里头有许多"部分本能"(component instincts)及其目标,都各自独立地发展起来,甚至永远保存下来。不过就这些现象而言,与其称之为性生活的倒错,不如称之为性生活的幼稚病,反较正确。

有了这种预备,我们现在可进而讨论一些迟早总要发生的疑

问。譬如说:“对于成人的性生活所由发展的儿童期的表现,你既承认它们是不明确的,为什么一定宣称它们是性的呢?又为什么不满足于仅仅描写它们的生理方面,不满足于仅仅说婴儿早已有了为吸吮而吸吮及恋恋于粪便等的活动,借以表示他们是**在器官中求快乐**的呢?这样,你便可不必主张婴孩也有性生活以致引起人们的反感了。”对此,我只能回答说,“求快乐于器官之内”这个话自然只能说没有异议;我原知道性交的至高无上的快乐也只是一种身体的快乐,得自生殖器官的活动。但是你们能否告诉我,这个原来无足轻重的身体的快乐,究竟到什么时候才获得后期发展所应有的性的意味呢?我们对于这个“器官快乐”的知识是否更多于关于性的知识吗?你们的回答将以为生殖器起作用时,才可有性的意味;性只意味着生殖器的。你们甚至要回避倒错现象这个障碍,指出尽管倒错不必假手于生殖器的接触,但毕竟较多以生殖器来达到性欲的最高点。假使你们由于倒错现象存在的结果,否定生殖与性的本质特征的关系,而同时强调生殖的器官,你们的立场就较有进步了。那时,我和你们的分歧就没有那么大了;这不过是生殖器官和他种器官的争论罢了。他种器官本可代替生殖器以求性的满足的证据很多,例如常态的接吻,淫荡的倒错生活,或 273
癔病的症候,你们究竟如何处置呢?就癔病而言,原宜属于生殖器官的刺激现象,感觉,冲动,或甚至于生殖器勃起的活动等,常常转移到身体上的他种器官(例如自下而上地转移到头部和面部等)。由此,你们所视为性的主要特征的东西,都不再存在了;于是你们乃不得不下决心,跟着我的做法,扩充“性的”一词的含义,以包括早年婴儿期旨在求“器官快乐”的一切活动了。

现在请再提出两点来支持我的学说。你们知道早年婴儿期所有求快感而不大明确的活动,我们都称之为“性的”,因为在分析症候而回溯到这种活动的时候,我们所利用的材料都显然无疑是“性的”。姑且假定它们本身不一定因此就是“性的”;但是请让我们借用一个比喻吧。设有两种不同的双子叶植物——如苹果树和豆科植物——其由种子发展的经过,我们确实无法观察;但假使我们想象这两种植物都可以由充分发育的植物逆溯其发展的经过直到当初为双子叶时的种子植物。就双子叶说,很难辨别;两种植物的双子叶看起来完全一样。但我是否因此可以断定它们最初本完全相同,只是**后来**植物发展时才产生种类的差异呢?或者是否可在生物学上更正确地相信,这个差异虽在双子叶里看不出来,但**原已**存在于种子植物中呢?我们称婴孩求快感的活动是“性的”,也就是这个道理。至于每种器官快感是否都可称为“性的”,或者除了“性的”之外,是否还有他种快感不能称为“性的”,我都无法在此讨论。关于器官快感和它的条件,我们知道的实在太少;所以根据逆溯分析的结果,现在对于最后所得的成因还不能作明确的分类,那是不足为怪的。

还有一层:你们纵能使我相信最好不要以为婴孩的活动有性的意味,但是大概地说,你们却很少证据能证明你们所急于主张的“婴孩无性生活”之说。因为婴儿由三岁起,即显然无疑地有了性
274 生活。那时生殖器已开始有兴奋的表现;或有周期做手淫或在生殖器中自求满足的活动。至于性生活的精神的和社会的方面也不容忽视:对象的选择,如独爱某人,或偏爱某一性别,及嫉妒之情等都先于精神分析而为公正的观察所证实;这类现象是有目共睹的。

你们会争辩说，你们原不否认儿童早有情感的表示，只是怀疑这种情感有性的意味而已。三至八岁的儿童，确已知道将自己情感中的这个元素隐藏起来；然而你们若留心观察，便可收集充分的证据，以证明这个情感有“肉欲的”(sensual)色彩；至于你们的注意所不能及的各点，则可由分析的研究而加以充分的补充。这个时期的性的目的和上面说过的性的窥探有极为密切的关系。儿童此时还不懂得性交的目的，所以这些目的的倒错症，也有若干是儿童未成熟的组织的自然结果。

儿童由六岁或八岁起，性的发展便呈现一种停滞的或退化的现象；这实在是一种达到高度文明的标准，这个时期可称为**潜伏**期。潜伏期有时也可完全缺乏；而在这整个时期中，性的活动也不必完全停止。在潜伏期以前所有心理的经验和激动，那时多渐被淡忘；这便是前已讨论过的幼儿期经验丧失，我们因此就不再能回忆最幼小时期的经验了。每一精神分析的目的，就是要将这个遗忘了的时期召回到记忆之内；我们不能不假定此时开始的性的生活乃是这个遗忘的动机；换句话说，这个遗忘就是压抑作用的结果。

儿童由三岁起，其性生活和成人的性生活已有许多相同之处；所不同的，是(1)因生殖器尚未成熟，以致缺乏稳定的组织；(2)倒错现象的存在；(3)整个冲动力较为薄弱；这都是我们所已知道的。然而在这个时期之前，性的发展的各阶段，或如我们称之为**里比多发展**(libido-development)的各阶段在理论上是最饶有兴趣的。这个发展进行很快，所以非直接的观察所能捉摸。只是由于精神分析对神经病的研究的帮助，我们才有可能把里比多的发展 275

追溯到初期现象而明了其性质。这些现象原仅由理论上推想而得,但是在实施精神分析的时候,你们便可知这些推想实各有其需要和价值。而且更可知道一种病态的现象常可使我们明了那些在常态中所易忽略的现象。

因此,我们乃可确定儿童在生殖器统治其性冲动之前性生活所采取的方式了;这个统治势力在潜伏期之前的最初婴孩期内,便已有了基础,从青春期起就有了永久的组织。在初期中,存在着一种散漫的组织,可称为生殖前的(pre-genital),因为此时最占势力的不是生殖的部分本能,而是虐待狂的和肛门的(sadistic and anal)。雄性和雌性的区别那时尚未占重要地位;占重要地位的是主动和被动的区别,这个区别可视为性的"两极性"(sexual polarity)的前驱。这个时期从生殖器的立场来看,所有雄性的表现易转变为支配的冲动,有时且易转变为虐待的行为。至于有被动目的的冲动则多与这个时期很重要的肛门的性觉区有关,窥视欲和好奇的冲动也很占势力;生殖器则仅掌理排尿的机能。此时的部分本能也不无对象,但是这些对象不必仅为一物。这个虐待的,肛门的组织就是恰在生殖区统治前的一个阶段。根据较周密的研究,还可以知道这个组织在后来成熟的构造中究竟保留着多少,而这些部分本能又是被迫经过一些什么途径而能在新的生殖组织(genital organization)中占有相当地位的。在里比多发展的虐待的,肛门期的后面,还可以窥见一个更原始的发展期,以口部的性觉区为主要的部分。可以猜想得出,为吸吮而吸吮的性的活动就属于这个阶段。试看古时埃及人的艺术,画中的儿童都以手指放在嘴内,即使画神圣的贺鲁斯(按:即埃及的鹰头神)也是这样,其

对于人性的了解不能不令人赞赏。阿伯拉罕近来刊行一书，说这个原始的口部的性的感觉在后来的性生活中依然保留着。

我知道你们必将以为这最后关于性的组织的话，与其说是知 276
识，不如称为胡说。我或者又讲得太详细了；然而，请你们忍耐一下。你们刚才听到的话到后来会更有用处。此时，你们要记得性生活——我们称之为里比多机能——不是一经发生就有最后的形式，也不是遵循着它的最初形式的途径而扩大起来的，而是经过了一系列各不相同的形象；总之，它经过的变化很多，和毛虫变为蝴蝶的所有变化不相上下。这个发展的关键就是在使一切关于性的部分本能受生殖区统治势力的支配，而且同时又使性生活从属于生殖的机能。在这个变化发生之前，性生活好像是一些单一的部分冲动的各自独立活动，每一冲动各自追求器官的快感（即求快乐于一身体的器官之内）。这个无政府状态因企图达到“生殖前”（pregenital）的组织，而有所减轻，生殖前的主要组织是虐待的，肛门的时期，在其前还有口部的时期，这或许是最原始的了。此外还有各种历程，关于这种历程，我们知道的有限，因为有这些历程，所以一种组织乃得进而为较高一级的组织。里比多发展所经过的这许多时期对于神经病的了解究竟有何意义，读了下文，便可知道。

今天我们还可进一步叙述这个发展的另一面——那就是性的部分冲动和对象的关系；但是对于这一发展部分，我们只能作快速的观察，以便多留一些时间来研究其较后产生的结果。性的本能的所有部分冲动，有些开头便有一个对象，而且坚持不变：例如支配的冲动（施虐狂）及窥视欲。有些和身体的某一特殊性觉区有关的，只在开头依赖那些属于性以外的机能时，才有一个对象，等到脱离了这些机能的时候，才放弃这个对象。譬如性本能的嘴的部分的第一个对象是母亲的乳房，因为乳房可以满足婴孩营养的需要。这性爱的成分，在为营养而吸吮时原也可以满足，但在为吸吮而吸吮的动作里，便宣告独立，放弃了体外的人的对象，而代以小孩自己身体的一部分。于是嘴部的冲动乃成为**自淫的**(auto-erotic)，和肛门及他种性觉区的冲动一开始便为自淫的正相类似。
277 简要地说，此后的发展计有两个目的：第一，放弃了自淫，再以体外的一个对象代替本身所有的对象；第二，将各个冲动的不同对象组合起来，造成一个单独的对象。这自然是可以做到的，只要这单独的对象是完整的，也和本人一样有一身体；但也不易完成，假使自淫的冲动不抛弃其若干无用的部分。

对象的追求一事也颇复杂，还没有人完全了解。为了我们的目的，可着重下面这个事实：这个历程在儿童期的潜伏期之前若已达到某一阶段，则其所选取的对象，几乎与其嘴部的快感冲动由于营养而选取的第一个对象是一致的；就是说，对象就是母亲，虽然不是母亲的乳房。因此，我们称母亲为**爱**的第一个对象。我们所说的爱，着重在性的冲动的精神方面，暂时不问或暂时丢掉冲动的物质的或性的方面的要求。大约在以母亲为爱的对象的时候，儿童已开始受压抑作用的影响，已忘掉了自己的性的目标的某一部分。这个以母亲为爱的对象的选择名为**伊谛普斯情结**在神经病的精神分析的解释中已占一很重要的地位，也许已成为大家反对精神分析的一个同样重要的原因了。

欧战时有一故事可附述于此。在波兰国内的德国前线上，有一个信仰精神分析的医生。他常对病者有出人意外的影响，所以颇引起同事们的注意。当有人问他时，他承认自己用精神分析的方法，并且毫不迟疑地同意把有关知识传授给同事们。因此，军营里的医生及其同事和上级官佐等每晚集合静听他演讲精神分析。起初，一切都很顺利；但当他讲到伊谛普斯情结时，有一个高级军官站起来说他不能相信，讲演者把这等事告诉为国捐躯的勇士及做父亲的人，未免行为下流，因此，他禁止进行演讲。结果，这个分析家只得移驻到前线的另一部分。但是由我看来，假使德国军队 278
的胜利依靠着这样一种科学的“组织”，那就不是一个好现象了，而且在这种组织之下，德国的科学是不会繁荣起来的。

这个骇人听闻的伊谛普斯情结究竟含义如何，你们现在怕急不可待地想知道吧。其实，见其名便可知其意；你们都知道希腊神话伊谛普斯王的故事。他命中注定要弑父娶母，但是他尽力之所能，避免神谕所预言的命运，但当他发现于不知不觉间竟犯了这二重大罪，深自忏悔，乃自刺双目而失明。索福克勒斯根据这个故事编成悲剧，我相信你们很多人已深受此剧的感动。据他的剧本，伊谛普斯犯此两罪之后，因长时间的精巧的询问，及新证据的不断发现，其事乃渐暴露；其询问的经过和精神分析法略相类似。其母约卡斯达既被诱惑而为妻，在谈话中颇不以持续询问为然；她说有许多人都梦见娶母，然而，梦是无关重要的。但在我们看来，梦却非常重要，尤其是许多人常做的有代表性的梦；我们深信约卡斯达所讲的梦和神话中可怕的故事有很密切的关系。

索福克勒斯的悲剧并未引起听众的怒骂，那是大可惊异的，但是如果他们发出怒骂的反应，应比那迟钝的军医更有理由。因为这究竟是一个不道德的戏剧，描写出一种神力规定某人应犯某罪，

虽有道德的本能以反抗犯罪的行为，也都无济于事，结果使个人对于社会的法律不负责任。我们或许可以相信作者借这个神话故事以表示其控诉命运和神的意思，在非难神的欧里庇得斯的手里，或许确有这种控诉。然而以虔敬的索福克勒斯则绝不至怀有此意；他以为尽管神预定我们应犯某罪，我们也须顺从他们的意志，才算是最高尚的道德；因为有这种宗教的考虑，他就解决了剧中的问题。我不相信这种道德就是此剧的美德之一，而且也不足以减弱剧本所产生的影响；看戏的人并不因此受了感动；他所反应的不在此，而在于神话本身的隐义和内容。他们的反应好像用自我分析而发觉自己内心也有伊谛普斯情结，知道神和预兆的意志就是他
279 自己潜意识的光荣的化装物；好像是他记起了自己也有驱父娶母的愿望，而又不得不憎恶这个念头。由他看来，索福克勒斯的意思好像是说：“你纵然否认曾经有过这个念头，或者你尽管自称曾经怎样地抵抗这些恶念，结果都不免徒劳无功。但你仍不能无罪；因为你绝不能打消这些恶念；它们将仍留在你的潜意识之内。”这确是心理学的真理；一个人虽然已经把恶念压抑到潜意识之内，自以为不再有这些恶念而深感欣慰，但是，他虽然看不出这个罪恶的基础，却仍不免有罪恶之感。

神经病人所常深感惭愧的罪恶之感，显然以伊谛普斯情结为其重要的原因之一。此外，1913 年我撰一书，名为《图腾与禁忌》(Totem und Tabu)，刊布一种关于最原始的宗教和道德的研究，那时我就怀疑有史以来人类的整个罪恶之感，或许得自伊谛普斯情结而为宗教及道德的起因。关于这一层，我原想多说一点，但是最好暂时到此为止；这个问题既经提起，便不容易轻轻放下，我们必

须回头来讲个体心理学。

儿童在潜伏期之前选择对象的时候，我们若对他们作直接的观察，则他们的伊谛普斯情结究竟有何种表现呢？我们不难看见小孩要独占母亲而不要父亲；见父母拥抱则不安，见父亲离开则满心愉快。他常坦直地表示自己的情感，而允许娶母亲为妻；这事似乎不足以和伊谛普斯故事相比拟，但事实上却尽够相比了；两件事的中心思想是相同的。有时这同一儿童也对父亲表示好感，这常使我们迷惑不解；然而这种相反的——或两极性的（ambivalent）——情感在成人或可引起冲突，但在小孩则可长时期并存不悖，这和此种情感后来永远存在于潜意识中的状态是相同的。你们也许会抗议，以为小孩的行为受自我动机的支配，不足以为伊谛普斯情结说的证据；而母亲照料孩子的一切需要，为了孩子的幸福，自不能为他事而分心。这话固然很对，但即就这种或其他类似 280
的情境而言，自我的兴趣也只是对爱的冲动提供相当的机会。当小孩子公然对母亲表示性的好奇，或想夜间和母亲同睡，或坚欲在室内看母亲更衣，或竟表示出一种诱奸的行动——这是做母亲的常常看见而笑着叙述的——时，这种对于她性爱的意味就肯定无疑了。还有一层，我们也不能轻易放过；就是，母亲照料女孩子的需要和照料男孩并无不同，然而绝不产生同样的结果；父亲对于男孩的照料也常无微不至不亚于他的母亲，但是得不到孩子对母亲那样同等的重视。总而言之，无论如何批评，都不足打消这个情境所有性爱的成分。由儿童的自我利益的观点看来，他若只许一个人而不许两个人照料，那岂不太愚蠢了吗？

你们要知道我仅描写了男孩和其父母的关系；反过来就女孩

子说，也是如此。女孩常迷恋自己的父亲，要推翻母亲取而代之，有时并且仿效成年时的撒娇，我们或只觉得她可爱，却忽略了由这种情境而可以产生的严重后果。做父母的往往也引起孩子的伊谛普斯情结，因为他们对于孩子的宠爱也作性别的选择；例如父亲溺爱女儿，母亲溺爱儿子：但就是这种溺爱也不足以使婴孩的伊谛普斯情结的自发性受重大的影响。到了有新孩子的时候，伊谛普斯情结乃扩充而成一种家庭的情结。其自我的利益因此受到妨碍，于是对于新孩子不免产生一种厌恶之感，而有去之而后甘心的欲望。大概地说，这些怨恨的情感比起和父母的情结有关系的情感，更无所隐蔽地流露出来。假使这种欲望得到满足，不久新孩子果然死去，那么后来的分析就会表明，这种死亡对于儿童，是一个重大的事件，但不必留存于记忆之中。假使他的母亲产生另一个孩
281 子，使他变成了次要人物，开始与母亲隔离，他便很难宽恕她了；此时在成人心中所可视为痛恨的情感，都在他的心内引起，而且常成为永远隔膜的基础。至于性的窥探及其结果和这些经验常有关系，我们已说过了。当这些新弟妹稍稍长大的时候，那孩子对于他们的态度便有一种非常重要的变化。一个男孩子也许把妹妹作为爱的对象以代替他那不忠实的母亲；假使有几个哥哥争夺一个小妹妹的爱，那么在后来的生活中占重要地位的敌对情感便可见于育儿室之内。当父亲对于女孩不再有与前相同的温柔对待时，女孩也引她的哥哥作为代替；或者她幻想把小妹妹权作自己产自她的父亲的孩子。

现在若对儿童作直接的观察并讨论他记得清楚的事，而不使受分析的影响，就可以看到许多类似的事实。在这些事件之外，你

们还可推想到儿童在兄弟姊妹行列中的次序，对于他后来生活也很重要，凡作传记的时候都应考虑到这一因素。但更为重要的是：这些论点随手可得，你们读后，若回想起科学上解释禁止亲属相奸的理论，便不免哑然失笑了。为了解释此事，什么方法全都用尽了！据说，同一家庭的异性成员因为从小时起同居已惯，所以异性之间不再引起性的诱惑；又因在生物中有反对纯种繁殖的趋向，所以在心理上有对乱伦的恐怖！殊不知道人们若确有自然的障碍以抵抗乱伦的诱惑，那么法律和习惯便没有作出严重惩戒规定的必要了。真理却在相反的方面。人类对于性的对象的选择第一个常为亲属，如母亲或姊妹，要防止这个幼稚的倾向成为事实，便不得不有最严厉的惩罚。就现仍生存的野蛮的和原始的民族而言，其乱伦的禁令比我们的更加严格；赖克最近在他的著作中说，野蛮人以青春期为“再生”（rebirth）的代表，青春期所举行的仪式，意即那孩子已摆脱了对母亲的乱伦的依恋，而恢复了对父亲的情感。

神话证明，人们虽对乱伦深觉恐怖，可是不假思索地允许他们
的神有此权利。读了古代的历史，你们便可知道，兄弟姊妹的乱伦 282
婚娶乃是帝王们的神圣义务（例如埃及和秘鲁的国王），这是普通
人不能享有的特权。

娶母弑父乃是伊谛普斯的两种罪恶。人类的第一个社会的宗教制度就是图腾制度，而图腾制度便深以此二罪为戒。现在请再由关于儿童的直接观察进而讨论关于患神经病的成人的分析研究。分析的结果对于伊谛普斯情结的知识更有何种贡献呢？这个问题，我们立即可以答复。由此而发现的情结与由神话中所发现的正相一致；这些神经病人没有一个不是伊谛普斯，或者换句话

说，他们在反应这个情结时都成了哈姆雷特。由分析而发现的伊谛普斯情结比起婴孩所有的更为扩大而显著，他们不是稍微有一点怨恨父亲，而是想他死去，对于母亲的情感显然是以娶母为妻为目的了。儿童期的情感真的是如此浓厚强烈吗？还是在分析时无意中引进了一个新因素而使我们受骗了呢？其实这个新因素是不难发现的。无论何时，无论何人，若描写过去的一件事，纵使他是一个历史家，也不免于无意中使过去的时期混有现代和近时的色彩，因此，过去的事件便不免失其真相。就神经病人而言，以现在解释过去是否完全出于无意也毕竟可疑；我们将来还可以知道此事也有其动机，而这整个“逆溯往昔的幻想”（the retrogressive phantasy-making）问题，也不得不加以研究。我们还可以立即知道对于父亲的怨恨，因起源于他种关系的种种动机而变本加厉；对于母亲的性爱的欲望也取得儿童梦想不到的方式。然而我们如果想用“逆溯往昔的幻想”和后来所引起的动机，来解释整个伊谛普斯情结，那就不免徒劳无功了。这个情结虽不无后来加入的成分，但是它在幼稚时的根基仍然保存未动，这是可用对儿童的直接观察加以证实的。

因此，由分析伊谛普斯情结而得到的临床事实，实际上变得极为重要了。我们知道性本能到了青春期开始以全力求其满足，它
283 一再以亲属为对象，来发泄里比多。婴孩对于对象的选择好像只是出于儿戏，然而它却奠定了青春期选择对象的方向。在青春期，有一种很强烈的情感的流露以反映伊谛普斯情结；但是因为意识已知道严于防御，所以这些情感的大部分不得不逗留于意识之外。一个人从青春期起就必须致力于**摆脱父母的束缚**，只有当这种摆

脱有所成就之后，他才不再是一个孩子，而成为社会中的一员了。就男孩而言，这个工作即在于使性的欲望不再以母亲为目标，而在外界另求一个实际的爱的对象；此外假使他仍敌视父亲，那么他必须力求和解；假使他因反抗不成而一味顺从，那么他就必须力求摆脱他的控制。这些工作是大家都免不了的；然而做得理想的，即在心理上及社会上得到完满解决的，则寥寥无几；这是大可注意的事。至就神经病人而言，这种摆脱是完全失败的；做儿子的终身屈服于父亲，不能引导他的里比多趋向于一个新的性的对象。反过来说，女孩子也是如此。从这个意义上说，伊谛普斯情结确可视为神经病的主因。

你们当知道关于伊谛普斯情结，还有许多在实际上和理论上非常重要的事实，我只能作一不完全的记载。至于其他的种种变式，我都略而不述了。关于它的较不直接的结果，我只想指出一个，可是这一结果对文学创作却有深远的影响。兰克在他的一本很有价值的著作里曾说过，各时代的戏剧作家多取材于伊谛普斯及乱伦的情结及其变式。还有一层也值得一说：就是，远在精神分析诞生以前，伊谛普斯的两种罪恶早已被人认为是不可驾驭的本能的真正表现了。在百科全书派学者狄德罗的著作里，有一著名的对话名为《拉摩的侄儿》，由大诗人歌德译成德文。下面的几句话是要你们注意的：假使这个小野蛮人（按：即指小孩子）自行其是，保持其一切弱点，而于孩提时期缺乏理性之外，复加以三十岁成人所有的激情，他将不免扭伤其父的颈项，而和其母同睡了。 284

还有一事，不能不附带一述。伊谛普斯的妻子并母亲实可用以释梦。你们不记得梦的分析的结果，那成梦的愿望常有倒错和乱伦的意味,或表露出对于亲爱者的出人意外的仇恨吗?这种恶念的起源那时尚未加以解释。现在你总可以明白了。它们都是里比多的倾向,也就是里比多在其对象上的“投资”,虽说是起源很早,早已在意识生活中被放弃,但入夜之后仍然出现,且有一定的活动能力。因为这种倒错的、乱伦的、杀人的梦不仅为神经病人所特有,且为一般常人所同有,所以我们可以推想现在的正常人们,也必曾有过倒错的现象和伊谛普斯情结;所不同的,只是由正常人的梦的分析所发现的情感,在神经病人身上则变本加厉而已。我们之所以要把梦的研究作为神经病症候研究的线索,这也是原因之一。

285 第二十二讲　发展与退化的各方面、病原学

里比多机能要经过多方面的发展,然后才可行使正常的生殖职能,这是前面已讲过的。现在我想指出这个事实在神经病起源上的重要性。

根据普通病理学的原则,我们可以说这种发展包含着两种危险:即停滞和退化(inhibition and regression)。换句话说,生物的历程本有变异的趋势,所以不必都由发生、成熟而消逝,一期一期地经过;有些部分的机能,也许永远停滞于初期之中,结果在普通的发展之外,还有几种停滞的发展。

我们还可以用其他方面的事实来比拟这些历程。设有一个民族要离开故乡去寻求一新地盘(这是人类初期的历史上常有的事),必然不能全体都到达新目的地。除了因其他原因而死亡者外,这些移民总有一小部分停滞在中途,定居下来,其余则继续前进。或者,再就近取个譬喻吧,你们都知道精液腺本来深深地位置于腹腔之内,在高等哺乳动物中,其精液腺在胚胎的某一发展期中开始一种运动,结果便移植于盆腔顶端的皮肤之下。有些雄性动物的这一对器官或其中一个停留于盆腔之内,或永远阻滞于其所必经的腹股沟管之内,或这个腹股沟管在精液腺通过之后,本应闭塞而竟未闭塞。当我年轻做学生时,在布吕克的指导之下,开始作 286
科学的探索,所要考察的对象是一个很古式的小鱼脊髓的背部神经根的起源。这些神经根的神经纤维由灰色体后角内的大细胞产生出来,这个情形是不再发现于其他脊椎动物身上的。但是,后来我发现整个后根的脊髓神经节上的灰色体外都有类似的神经细胞,因此,我乃断定这个神经节的细胞是由脊髓沿神经根而运动的。由进化的发展看来,还可推知下面一个事实:就是这个小鱼的神经细胞在经过的路线上,也有许多半途停滞的。不过这些比喻的缺点,只须加以更缜密的研究,马上就会看得出来。因此,我们只好说各个性的冲动的单独部分都可停滞于发展的初期之内,虽然其他部分可同时到达目的地。可见每一冲动都可视为一条川流,由生命的开始时起,便不断地流动着,而且这个流动可设想为各个继续向前的运动。你们以为这些概念尚须进一步加以说明,那是对的,但是恐怕就不免离题太远了。现在姑且将一部分的冲动在其较初期中的**停滞**叫做(冲动的)**执着**(a fixation)。

这种分阶段的发展还有第二种危险名为**退化**。那些已经向前进行的部分也容易向后退回到初期的发展阶段。一种冲动的较为发展的机能,若遇有外界强有力的障碍,使它不能达到满足的目的,它便只有向后转的一个办法。我们还可以假定执着和退化是互为因果的;在发展的路上执着之点越多,则其机能也越容易为外界的障碍所征服而退到那些执着点之上;换句话说,越是新近发展的机能,将越不能抵御发展路上的外部的困难。譬如一个迁移的民族,若有大多数人停滞在中途,则前进最远的那些人,假使路遇劲敌或竟为敌所败,也必易于退回。而且,他们前进时停在中途的人数越多,也越有战败的危险。

287 你们要懂得神经病,重要的是应该把执着和退化的这个关系牢记在心,然后才能可靠地研究神经病的起因(或病原学)这个问题,这是我们不久就要讨论的。

此刻我们暂以退化的问题为限。关于里比多的发展,你们已略有所闻,因此,你们可推知退化约有两种:(一)退回到里比多的第一种对象,我们已知这种对象常为乱伦的性质;(二)整个性的组织退回到发展的初期。这两种都发生于"移情的神经病"(the transference neuroses),而且都在它们的机制中起着重要的作用。而第一种退化尤其是神经病人常有的现象。假使把另一类自恋神经病(the narcissistic neuroses)也加以讨论,那么关于里比多的退化将有更多的话可说;但是我们现在不想多说。这些病状既可予我们以尚未提到的关于里比多机能的他种发展历程的结论,又可向我们表明与这些历程相当的新的退化的方式。但是我以为此时你们最好注意退化作用和压抑作用的区别,而且要明了这两种作用的关系。你们当记得,一种心理的动作本可成为意识的(这就是说,它本属于前意识的系统),但被抑为潜意识而降落入潜意识的系统,这种历程叫做压抑。又如潜意识的心理动作,在意识阈的门口，为检查作用所排拒，因此不得闯入前意识的系统，这种历程，我们也称之为压抑。所以，压抑这个概念不必和性发生关系，这一层你们须特别注意。压抑作用纯粹是一种心理历程，甚至可视为有位置性的历程，所谓位置性，就是指我们所假定的心灵内的空间关系；或者假使这些简陋的概念仍然无助于成立学说，那么我们再换一个说法，就是指关于几种精神系统里的一种心理装置的结构。

刚才说过的比喻表明，我们用的压抑一词是狭义的，而非广义的用法。假使我们采取广义的用法，用来指由高级的发展阶段降而为低级的发展阶段的历程，那么压抑作用也将隶属于退化作用之下了；因为压抑作用也可看成一种心理动作发展中所有回复到较早或较低阶段的现象。只是压抑作用的退回方向是无关重要 288
的，因为一个心理历程，在离开潜意识的低级阶段之前，若停滞而不发展，我们也可称之为动的压抑作用。所以，压抑作用是一种位置的，动力的概念，至于退化作用则纯粹是一种叙述的概念。但是，我们前曾与执着作用相提并论的退化作用，乃是专指里比多退回到发展的停顿之处的一种现象，那就是说，它的性质和压抑作用在实质上大不相同或毫无关系。我们可不能称里比多的退化作用是一种纯粹的心理历程，也不知道这退化作用在精神机制中的地位究竟在何处；因为退化作用虽然对于精神生活有很强大的影响，但其中机体的因素仍最为显著。

这种讨论每易使人有枯燥无味之感；因此，我们可以举临床的实例以求有一种较明确的印象。你们知道移情的神经病，有癔病和强迫性神经病两种。就癔病而言，其里比多固然时常退化到主要以亲属为性的对象，然而很少，或竟没有退回到性的组织的较早阶段。因此，癔病的机制以压抑作用占重要的地位。假使我可用推想以补充这种神经病的已有知识，或可描述其情境如下：在生殖区统治之下的部分冲动，业已联合起来，然而这种联合的结果，却遇到来自和意识相关联的前意识系统的抗力。所以，生殖的组织可应用于潜意识，而不能应用于前意识，而前意识排拒生殖组织的结果，造成了一种类似于生殖区占优势前的状态。然而在实际上却又不同。就这两种里比多的退化作用而言，其中退回到性组织的前一阶段的那一种，则更可使人惊异。因为这一种退化作用不见于癔病，而我们关于神经病的整个概念，又过分地受当前有关癔病的研究的影响，所以我们承认里比多退化的重要，远在压抑作用之后。将来若在癔病和强迫性神经病之外，加上他种神经病（如自恋神经病）的讨论，我们的观点或将有进一步的扩充和修改。

289 至于就强迫性神经病而言，里比多回复到从前虐待的，肛门组织的阶段实为一最明显的因素，而且决定了症候所应有的方式。这时爱的冲动必须化装为虐待的冲动。“我要谋杀你”的那个强迫的思想（当它离开了某些附加而不可省略的成分）意即“我要享受你的爱了”。你们如再想到，这个冲动既又回复到原来的主要对象，同时只有最亲近而最亲爱的人才满足这个冲动，你们当可想见病人因这些强迫观念而引起何等恐怖，而这些观念又如何是他的意识所不能解释的了。然而压抑作用在这种神经病的机制中也不无相当的地位，而且这个地位不是刹那间的观察就能说明的。里比多的退化作用，没有压抑作用，必不能引起神经病，仅足以产生一种倒错的现象。由此，你们将可知道，压抑作用乃是神经病的最重要的特征。我或者有机会把有关倒错现象的机制的知识对你们说一说，那时你们便可知这些现象并没有像我们在理论上所揣想的那么简单了。

假使你们将这个关于里比多的执着作用及退化作用的说明视为神经病病原学的初步研究，你们对于这个说明或立即可以接受。关于这个问题，我已经给你们的只是这片断的知识：就是，人们若没有满足自己里比多的可能，就容易患神经病——所以我们说人们是由于被“剥夺”才得病的——而且他们的症候乃是对失去的满足的代替。这当然不是说任何种里比多满足的被剥夺都可使人们产生神经病，而不过是说，就一切已被研究的神经病而言，剥夺这个因素是有目共睹的。因此，这句话不能反过来说。想来你们一定知道这句话的意思，并不是想揭示神经病病原学的全部秘密，不过是用以强调一个重要而不可缺少的条件而已。

现在为了要将这个命题作进一层的讨论，我们还不知道究竟应从剥夺的性质说起，还是从被剥夺者的特殊的性格说起。剥夺
本不是包罗一切的绝对可以致病的因素，若要致病，则被剥夺而去 290
的，必须恰好是那人所渴望而可能的唯一的满足方式。大概地说，人们可以有许多方法来忍受里比多满足的缺乏而不至于发病。我们还知道有许多人能自制其欲而无害；他们那时或不能愉快地过日子，或忍受着不满足的期望，然而绝不因此而得病。所以，我们不得不断定性的冲动异常地富于弹性，假使我们可以用弹性这个名词的话。这一冲动可进来代替另一冲动，假使这一冲动实际上不能予以满足，那么另一冲动常可提供充分的满足。它们彼此的关系好像一组装满液体的水管，互相连接成网状，虽然它们都受生殖欲的控制（这一受控制的条件很不容易想象得出）。而且性的

部分本能，和包含这些本能的统一的性冲动都能彼此交换对象——换句话说，即都能换到一种容易求得的对象；这种互相交换和迅速接受代替物的能力，当然对剥夺的结果产生一种强有力的相反的影响。这些防止疾病的历程，其中有一种在文化的发展上占着特殊重要的地位。因为有了这个历程，所以性的冲动乃能放弃从前的部分冲动的满足或生殖的满足的目的，而采取一种新的目的——这个新目的虽在发生上和第一个目的互相关联，但不再被视为性的，在性质上须称之为社会的。这个历程，叫做**升华作用**(sublimation)，因为有这个作用，我们才能将社会性的目的提高到性的(或绝对利己的)目的之上。顺便说一句，升华作用不过是一个特殊的例子，表明性的冲动和其他非性的冲动的关系。关于这一层，等将来再讲。

你们如果以为忍受性的不满足既有这么多的方法，那么性满足的剥夺就是一个不足轻重的因素了。但这又不然，它仍然保持着致病的能力。处理性的不满足的方法虽然不少，但常感不敷应用。一般人所能承受里比多不满足的程度究竟有限。里比多的弹性和自由灵活性，不是我们大家都能充分保存的；不必说许多人的
291 升华能力都微乎其微，即使有升华作用也仅能发泄里比多的一部分。在这些限制当中，关于里比多的灵活性显然特别重要，因为一个人所可求得的目的和对象，数目非常有限。你们要记得里比多的不完满发展，可使它**执着**于较早期的性的组织及(大都是实际上不能满足的)对象的选择，这些**执着**的范围很大(有时数目也不少)；由此可知里比多的**执着**是第二个有力的因素，和性的不满足合起来共同造成神经病的起因。我们对于这一层，可概括如下：在

神经病的起因中,里比多的执着代表内心的成因,而性的剥夺则代表体外的偶因。

我想借这个机会,劝告你们不要在无谓的争论上表态。人们在科学的问题上,常把真理的一面当作整个的真理,然后因为支持真理的这一元素,怀疑真理的其他部分。精神分析的运动有几部分已如此的横遭离析了;有一班人只承认自我的冲动而否认性的冲动;还有些人仅看见生活上现实事业的影响,而忽视了个体已往的生活,诸如此类,不必尽述。此外还有一个未决的两难问题:就是,神经病究竟起因于内呢,还是起因于外呢?——换句话说,神经病究竟是某种身体构造的必然结果呢,还是个人生活中某种“创伤”(traumatic)的经验的产物呢?范围狭一点说,神经病究竟起因于里比多的执着和性的构造呢,还是起因于性的剥夺的压力呢?这个疑问的可笑似正与下面的一个疑问相同,就是,小孩子产生于父亲的生殖动作呢,还是产生于母亲的怀孕?你们或许以为这两个条件都不可缺。神经病的条件与此尽管不相同,却也很相类似。由原因的观点看来,神经病可排成连续不断的一个系列,在这个系列内,其两个因素——即性的构造和经验的事件,或者你们若愿意,就说它们是里比多的执着和性的剥夺吧——若有一个较占优势,另一个则按比例而退居不显著地位。在这个系列的一端,有这些可举的极端例子:这些人因为里比多的发展与常人大不相同,所以无论有什么遭遇或什么经验,或无论生活如何适意,结果
总不免得病。在这个系列的另一端,则可有另一些极端的例 292
子——生活若不使他们有这样那样的负担,他们总不至于得病。介于此二者之间的例子,则倾向的因素(即性的构造)和生活的有

害经验互相消长混合而成比例。假使他们没有某些经验,则其性的构造不足以产生神经病;假使他们的里比多有不同的构造,则生活的变化也不足以使他们致病。在这个系列内,我或许侧重性的构造的因素,但是这也要看你们究竟在哪里为神经过敏划一界线而定。

这里我可要你们知道这一个系列可定名为互补系(complemental series),还要预先告诉你们,在其他方面也会有这种互补系。

里比多往往执着于特殊的出路和特殊的对象而不变,这就叫做里比多的"附着性"(the adhesiveness of the libido)。这附着性似乎是一个独立的因素,随各人而不同,它的决定性条件尚未为我们所尽知,但它在神经病的病原学上的重要性却是无可怀疑的了。同时,它们相互间的关系也极为密切。正常人在许多条件下,其里比多也可有类似的附着性(至于原因如何则尚未可知)。在精神分析诞生之前,也有人(例如比纳)发现在这些人的回忆中,常清楚地想起幼年时所有的变态本能的倾向或对象的选择的印象,后来里比多便附着于此,终身不能摆脱。这种印象对里比多为什么能有这种高度的吸引力,往往是很难解释的。我想举自己亲身所观察过的一个人为例。此人对于女人的生殖器及其他一切诱惑,现在都漠然无动于衷,但只有某种样式的穿鞋子的脚,可引起他不能遏制的性欲;他还记得六岁时的一个事件,造成了他的里比多的这种执着,那时他正坐在保姆旁的凳子上,保姆教他读英文。她是一个平常年老的妇人,眼蓝而湿,鼻塌而仰,这一天她因一只脚受伤,穿着呢绒的拖鞋,把脚放在软垫之上,腿部则很端庄地藏而不

露。其后到了青春期，他既偷偷地尝试了正常的性活动之后，只有 293
类似于保姆的瘦削而有力的脚才成为他的性的对象；假使还有他种特点使他记起那英国保姆，他便更深受吸引。然而这个里比多的**执着**不足以使他成为神经病，只是使他变成倒错。我们说，他成了一个脚的崇拜者（a foot-fetichist）。由此，你们可知道里比多的过分的、未成熟的**执着**，虽说是神经病的不可缺少的条件，其影响所及，却远超出于神经病的范围之外；然而单有这个条件也不一定致病，这和前面所说的性的剥夺相同。

因此，神经病起源的问题似乎更为复杂了。其实，由精神分析的研究，我们已见到一个新因素，这个因素在病因中尚未论及，只是在因为突然患神经病而失去健康的人们身上才最容易显示它的存在。这些人常表现出与欲望相反的或**精神冲突**的症候。他的人格一部分拥护某些欲望，另一部分则表示反抗。凡属神经病都必定有这么一种**矛盾**。这也似乎没有什么特别的；你们知道我们大家的精神生活中都常有有待解决的矛盾。所以在这种矛盾能够导致疾病之前似乎必先有些特殊的条件有待实现；现在可以追问这些条件究竟是什么？心灵中究竟有哪些力量参加这些致病的矛盾？而矛盾和其他致病的因素又有什么关系？

我希望能予这些问题以差强人意的答案，虽然不免失之简略。矛盾乃由性的剥夺而起，因为里比多得不到满足，就不得不寻求他种出路和对象。然而这些出路和对象可使人格的一部分引起反感，由于形势所限，新的满足就不可能实现。这便是症候形成的出发点，以后还要再说。性的欲望既被禁止，乃采取一种迂回的道路前进，而且要打破这个阻力还得经过种种化装的方式。所谓迂回的道路乃是指症候形成而言;症候就是因性的剥夺而起的新的或代替的满足。

精神矛盾的含义还可作另一种表述,就是:**外部的**剥夺必须辅以**内部的**剥夺,才可成病。假使二者果相辅而行,那么外部的剥夺
294 和内部的剥夺必将与不同的出路及不同的对象互相关联;外部的剥夺取消了满足的第一种可能,而内部的剥夺又取消了另一种可能,正是这第二种可能成了精神矛盾的症结。我所以要如此陈述,也有一种用意;就是说内部的障碍在人类发展的初期中,原本是由现实的外部的障碍而引起的。

然而禁止性欲所需要的力量或致病的另一组矛盾,究竟来自哪里呢?广义地说,我们可以说它们是一些非性的本能,可总括于**自我本能**(ego-instincts)这个名词之下。关于移情的神经病的分析,原来没有对我们提供这些本能作进一步研究的充分机会;充其量,也不过从病人反抗分析而略略看出这些本能的性质。所以,致病的矛盾就是自我本能与性本能的矛盾。在一系列病案中,不同的纯粹性的冲动之间似乎也有一种矛盾;然而产生矛盾的那两种性的冲动之间,将常有一种为自我所赞许,另一种为自我所反抗。归根到底,这仍然是同一回事。所以我们仍可以称之为自我和性的矛盾。

当精神分析认为心理历程是性本能的一种表示之后,学者都再三愤怒地提出抗议,以为精神生活中除了性的本能和兴趣之外,必定还有他种本能和兴趣,又以为我们不能将一切事件都溯源于性;等等。其实,一个人只要能和反对者表示同意,那也是一种真正的快乐。精神分析从未忘记非性的本能的存在;精神分析本身

就建立于性本能和自我本能的严格区别之上；人家无论如何地反对，可是它所坚持的并**非**神经病起源于性，而是神经病起源于自我和性的**矛盾**。它虽研究性本能在疾病和普通生活上所占的地位，但绝没有想去否认自我本能的存在或重要性。所不同的，就是精神分析以研究性本能为本身第一重要的工作，因为这些本能在移情的神经病中最易研究，而且因为精神分析必须研究人家所忽略的事件。

因此，我们便不能说精神分析全不管人格所有的非性的部分
了。由自我和性的区别看来，自我本能的重要发展显然不能不有 295
赖于里比多的发展，而且对于里比多的发展也不无相当的影响。我们对于自我发展的了解，实远不及对里比多发展来得充分，因为我们只有关于自恋神经病的研究，才略有了解自我构造的希望。但是费伦齐（参阅他所著《对精神分析的贡献》，“Contributions to Psycho-Analysis”，第八章，第181页，琼斯翻译的英文本）也曾力图在理论上测定自我发展的几个阶段；我们至少有两点可以用来作为进一步研究这个发展的稳定基础。我们绝不以为一个人的里比多的兴趣，一开始便与自我保存的兴趣互相冲突；其实，自我在每一阶段上都不得不力求与性组织的相当阶段互相调和而求适应。里比多发展的各期的持续或许有一个规定的程序；但是这个程序也可受自我发展的影响。我们还可以假定这两种发展（即自我和里比多的发展）的各期之间有一种平行或相关的现象；这种相关一经破坏，便可成为致病的因素。尤其重要的是下面这个问题：里比多若在发展中有力地**执着**于较早的一个阶段，则自我将采取何种态度呢？也许它容许这种**执着**，因此乃造成倒错的，或幼稚的现

象;但是它也可以不愿意里比多有这种执着,结果是里比多若有一种执着,则自我必有一种压抑的行动。

因此,我们乃可下一结论:神经病致病的第三个因素,即对矛盾的易感性(the susceptibility to conflict),其与自我发展的关系正等于它与里比多发展的关系;于是我们对于神经病起因的见解就扩大了。第一是性的剥夺这一最普通的条件,第二是里比多的执着(迫使性神经病进入特殊的途径),第三是自我的发展既拒斥了里比多的特殊的激动,于是乃产生矛盾的易感性。因此,这个事实
296 并不如你们所揣想的那么神秘而难解。然而我们在这方面的工作也还未能完成;因为还要增加许多新事实,还有一些已知事件要作进一步的分析。

为了说明自我发展对于矛盾的趋势从而对神经病的产生的影响,我可要举一个如下的例子,这个例子虽全出于想象,但未必即无其事。我可给它一个内斯特罗的滑稽剧名称:《楼上和楼下》(On the Ground-floor and in the Mansion)。假设有一佣工住在楼下,富有的主人住在楼上。他们都有孩子,我们可假定那主人允许他的小女孩和佣工的小女孩自由玩耍而不加监视:她们的游戏很容易变为"顽皮的",即带有性的意味;她们装作父亲和母亲,互相窥视大小便或更衣的动作,互相刺激生殖器官。佣工的女儿也许装扮诱惑人的女人,因为她虽仅五六岁,但已知道不少关于性的事件。这些游戏的动作,虽为时很短,但已足以引起这两个孩子的性的激动,而在游戏停止之后,有若干年的手淫行为。她们的经过虽然相同,但结果大不一样。佣工的女儿或将持续手淫的行为,直到开始行经时为止,那时停止手淫当无困难;几年之后,找到一个爱

人，或许生一个孩子；在生活上，东寻出路，西寻出路，也许成了一个著名女演员，而以贵族夫人终其余生。也许她的一生没有这么显赫的成功，然无论如何，绝不会因未成熟的性活动而受其害，她不但没有神经病，而且能舒服过活。至于那主人的女儿则大不相同。她在孩子时，很快就有罪恶之感；不多时后，她就竭力摆脱了手淫的满足，但内心总仍不无闷闷之感。等到年稍长大而略知性交时，乃不禁产生无名的恐怖，希望最好永无所知。也许她又会觉得有不可遏制的手淫冲动，不过她不愿意告诉他人。当她可以结婚时，神经病会突然发作，使她反对结婚和生活的享乐。假使我们由分析而了解这种神经病的经过，就会发现这个受良好教育的、聪 297
明的、理想的女子已经完全压抑了性的欲望；然而这些欲望可无意识地附着于她在幼时和游伴所共有的若干邪恶的经验之上。

这两个女子虽有相同的经验，但有不同的结局，其所以如此，是因为一女子的自我有一种为另一女子所没有的发展。就佣工的女儿而言，性的活动无论在她的幼时或年长时，都似乎自然而无害。主人的女儿既受良好的教育，乃采取她所受教育的标准。她的自我受如此刺激之后，乃形成一种女人的纯洁寡欲的理想，与性的动作不能并存；而她的理智的训练又使她轻视自己应尽的女性的义务。她的自我中的这种高尚道德的和理智的发展，便使她与性的要求互相矛盾。

关于里比多的发展还有一个方面，我想在今天加以探究，这不仅因为由此可以扩大眼界，而且由此也可证明我们所定的自我本能与性本能的严格而不易了解的界限，是有相当道理的。现在若讨论自我和里比多的发展，便不得不特别注意前所疏忽的一个方面。老实说，二者都由于遗传，都是全人类在远古及史前的进化的缩影。就里比多的发展而言，这个种系发展史的起源，我想是显而易见的。试想有些动物的生殖器和嘴有很密切的关系，有些动物的生殖器和排泄器不分界限，有些动物的生殖器则为其运动器官的一部分；波尔希的名著描写这些事实颇饶兴趣，可供参考。可以说，动物因为性组织的形式而有种种根深蒂固的倒错现象。至于人，则这个种系发展史的方面不很显著，这是因为基本上属于遗传的性质都要重新由个体习得，而这也许是因为原来引起这种习得的条件，现在仍然存在并对各个体产生影响。我以为它们本来产生一个新反应，现在则引起一个倾向了。除此之外，每一个体的既定发展途径，也可因受外界的印象而有所变动。但是使人类不得

298 不有这种发展而现在仍能维持不变的势力，那是我们已经知道的；这就是现实所要求的剥夺作用；或者假使我们要给它一个真名，就可称为**必要性**，或生存竞争。必要性是一个严厉的女导师，教会我们许多事情。神经病患者却是这种严厉产生的恶果；无论何种教育都不免有此危险。这个以生存竞争为进化的动力的学说，不需要削减“内部的进化趋势”(inner evolutionary tendencies)的重要性，假使这种趋势是存在的。

性本能和自我保存的本能遇到现实生活的必要性时所表现的行为不一样，那是值得注意的。自我保存的本能和一切隶属于自我的本能，都较易控制，很早就接受必要性的支配，而且使其本身的发展适应现实的旨意。这是可以了解的，因为它们若不服从“现实”的旨意，便不能求得所需要的对象，而个体若没有这些对象，便不免于死亡。至于性的本能则较难控制；因为它们从来就不

感觉到对象的缺乏。它们既好像是寄生地附丽于他种生理机能之上,同时又可在本身求得满足,所以它们最初本不受“现实”必要性的教育影响;就多数人而言,其性本能可以在这一或那一方面终身保留这种固执性,或“无理性”,不受外界的影响。而且一个青年的可教育性,大概在性欲勃发的时期即告结束。教育家都知道这一点,而且都知道如何应付;但是他们也许肯接受精神分析的结果的影响,而把教育的重心移到吸乳期起的幼年。小孩常在四五岁时已经成为一个完成的生物,只是后来才逐渐显现其所禀赋的才能而已。

我们若要充分了解两组本能的含义,便不得不稍稍离开主题,而将那些可视为**经济的**方面之一也包括在内;这是指精神分析的一个最重要的,而又最不易明白的部分。我们或可提出下面的一个问题:心理器官的工作,是否有主要的目的?我们的答案以为其目的在于求乐。我们整个的心理活动似乎都是在下决心去**求取快乐而避免痛苦**,而且自动地受**唯乐原则**(the pleasure-principle)的 299
调节。我们最想知道的就是何种条件引起快乐,何种条件招致痛苦,但这种知识正是我们所欠缺的。我们只能揣想:心理器官内刺激量的减少、降低或消灭,便足以引起快乐;而刺激量的增高,便足以招致痛苦。无可怀疑的是,考虑到人类所可能的最强烈的快乐,乃是性交的快乐。因为这种快乐的历程,系于心理激动及能力分量的分配,所以我们称这种考虑为**经济的**。我们似乎可在侧重快乐的追求之外,用其他较普通的文字描写心理器官的动作。那时,我们可以说心理器官是用来控制或发泄附加于本身之上的刺激量或纯能量的。性本能的发展显然自始至终都以追求满足为目的;

这个机能可以永远保存不变。自我本能最初也是如此；但因受必要性的影响，立即知道用他种原则来代替唯乐原则。它们既认为避免痛苦的工作和追求快乐的工作同等重要；于是自我乃知道有时不得不舍弃直接的满足，延缓满足的享受，忍耐某些痛苦，甚至不得不放弃某种快乐的来源。自我受了这种训练之后，就变成了“合理的”，不再受唯乐原则的控制，而顺从**唯实原则**（the reality-principle）去了。这个唯实原则归根结蒂也是在追求快乐——不过所追求的是一种延缓的、缩小的快乐，因为和现实相适应，所以不易消失。

由唯乐原则过渡到唯实原则，乃是自我发展中的一个最重要的进步。我们已知道性本能后来也随着勉强地经过这个阶段；不久还可以知道人的性生活的满足仅因为有了外界现实的这种微弱的基础，将会有何种结果。现在在结论中还可提出关于本问题的一句话。假使人类的自我有和里比多相类似的进化，那么你们如果听说自我也有所谓退化作用，就不至于惊异了，而且还会希望知道自我回复到发展的初期阶段在神经病中究竟能占何种地位。

300

第二十三讲　症候形成的过程

由一般人的眼光看来，症候是疾病的本质，治愈就是意味着症候的消除。在医学里，症候和疾病有严加区别的必要，症候的消灭，并不等于疾病的治愈。但是症候消灭之后，剩下的形成新症候的能力，就是疾病的唯一可以捉摸的成分。因此，我们暂时可采取一般人的观点，以为我们若知道了症候的基础，就等于了解了疾病的性质。

症候——这里所讨论的自然是精神的（或心因性的）症候及精神病——对于整个生命的种种活动是有害的，或至少是无益的；病人常感觉症候的可厌而深以为苦。症候加害于病人的，主要在于消耗病人所必需的精神能力，而且病人要抵抗症候，又不能不消耗许多能力。症候的范围如很扩大，则病人在这两方面努力的结果，就会大大削弱精神的能力，以致不能处理自己生活上重要的工作。大概地说，这个结果主要依消耗的能力的分量而定，所以你们可知“病”在本质上是一个实用的概念。但是假使你们用理论的眼光来看，而不问这个程度大小的问题，那就可以说我们都不免有神经病，因为症候形成所需要的条件都是常态人所共有的。

就神经病的症候而言，我们已知道它们是矛盾的结果，而矛盾的产生，则在病人追求里比多的一种新满足的时候。这两种互相抵抗的能力重新会合于症候之中，同时因为在症候形成中可以妥协互让，而收互相调解之效。症候之所以有如此抵抗的能力，便由 301
于此；至于得以维持而不灭则有赖于两力的相抗。我们还知道这两个互相矛盾的成分，有一种是未满足的里比多，这个里比多既为“现实”所阻遏，乃不得不另求满足的出路。假使“现实”是毫不容情的，那么尽管里比多要采用另一对象以代替那力所不及的对象，结果也不得不退回，而寻求满足于一种以前已经克服过的组织或一个从前已被遗弃了的对象。里比多于是退回到以前发展中曾经停滞过的那些执着之处。

倒错的过程和神经病的过程有明显区别。假使这些退化作用不引起自我方面的制止，结果便没有神经病的形成；里比多仍然可以得到一种实在的，虽不是常态的满足。然而，如果自我不仅仅控制意识，而且兼要统御运动的神经支配和心理冲动的实现，假使它不赞许这些退化，结果便不免产生矛盾。里比多既横被阻遏，便不得不另求发泄能力的出路，以顺从唯乐原则的要求；总而言之，它必须避开自我。而现在在退回的发展路上越过的执着点——这些执着点，自我以前曾借压抑作用加以防止——正可供逃避之用。里比多既退回而重新投入这些被压抑的“位置”，于是摆脱了自我及自我法则的支配；但同时也遗弃了前所得之于自我指导下的一切训练。假使里比多眼前得到满足，便易于控制；假使它受外部剥夺和内部剥夺的双重压迫，便倔强难御，而迷恋于已往幸福的日子了。这就是它的主要的、不变的性质。此时里比多所依附的观念属于潜意识系统，因而也有此系统所特有的历程——即压缩作用和移置作用。因此，其形成的条件酷似梦的形成时所有的条件。里比多在潜意识中所依附的观念（即所谓“里比多的代表”，“libido-representatives”）不得不与前意识的自我的力量互相争衡，正好像隐梦那样，当它最初由思想本身形成于潜意识中，以满足潜意识的幻想的欲望时，就有一种（前）意识的活动加以检察，只许它在
302 显梦内造成一种和解的方式。自我既如此抗拒里比多，后者乃不得不采用一种特殊的表现方式，好使两方面的抗力都有相当的发泄。因此，症候乃得以形成，作为潜意识的里比多的欲望的多重化装的满足，也作为两种完全相反意义的巧妙选择的混合。只是就最后一点而言，梦的形成和症候的形成就有所不同；成梦时所有前意识的目的，仅在于保全睡眠，不许侵扰睡眠的刺激冲入意识；可是它对于潜意识的欲望冲动绝不采取严厉禁止的态度。其所以比

较缓和,是因为人在睡眠时的危险性较小,睡眠的条件本身即足以使欲望不能成为现实。

你们要知道里比多在遇到矛盾时,其所以仍能脱逃,就因为有执着点的存在。里比多既退回到这些执着点之上,于是巧妙地避开压抑作用,在保持着妥协的情况下,便可获得一种发泄——或满足。它用这种回环曲折的方法,通过潜意识和过去的执着点,最终成功地获得一种实在的满足,虽然这种满足极有限制,几不可辨。关于这一层,还有两点要注意。第一,你们要注意一方面里比多和潜意识,他方面自我、意识和现实,究竟有如何密切的关系,虽然它们之间的这种关系,原初本不存在;第二,凡我已讲过的以及将来还要讲的这个问题,都仅指癔病而言。

里比多究竟在哪里找到它所需要的执着点以冲破压抑作用呢?是在婴儿时的性的活动和经验里,以及在儿童期内被遗弃的部分倾向和对象里。里比多便在这些地方求得发泄。儿童期的意义是双重的;第一,天赋的本能倾向那时才初次呈现;第二,他种本能因经验着外界的影响和偶然的事件,才初次引起活动。由我看来,这双重的区分是很有理由的。我们原不否认内心倾向可以表示于外;然而由分析的观察的结果,使我们不得不假定儿童期内纯
粹偶然的经验也能引起里比多的执着。在这点上,我可看不出有 303
何种理论的困难。天赋的倾向当然是前代祖先的经验的遗产;它们也是某一时期中所习得的;假使没有这种习得性,那便没有所谓遗传了。习得的特性,本可传递于后代,怎么能想象一到后代就会忽然消失呢?但是我们往往由于注意祖先的经验和成人生活的经验,却完全忽视了儿童期经验的重要;其实儿童期经验更有重视的

必要。因为它们发生于尚未完全发展的时候,更容易产生重大的结果;正因为这个理由,也就更容易致病。由鲁氏等人对于发展机制的研究看来,一针刺入一个正在分裂的胚胎细胞团,便可使发展受到重大的扰乱;反之,幼虫或成长的动物若受同样的伤害,则可完全无恙。

成人里比多的执着,前已指出,是神经病的体质的成因,现在可再分为两种成分:即天赋的倾向和儿童期内习得的倾向。因为学生们都喜欢表格式的记载,所以这些关系,可列表如下:

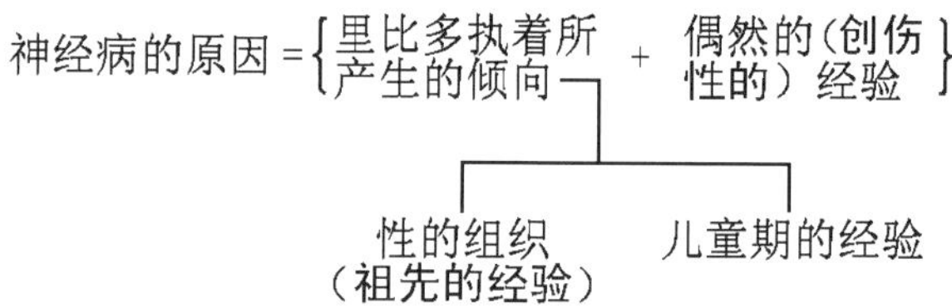

遗传的性的构造,由于其特别侧重点不同,有时为这种部分冲动,有时为那种部分冲动,有时只有一种,有时则混合成数种,因此,表现为许多不同的倾向。性的组织和儿童的经验合而成为另一种“互补系列”(complemental series),与前所述的由成人的倾向和偶然经验而形成的非常相似。在每一系列中,都各有相似的极端例子,而各成分之间也各有相类似的程度和关系。此时应当问
304 这两种里比多退化中的较显著的一种(即指回复到较早期的性的组织)是否为遗传的构造成分所控制;但是这个问题的答案最好暂时搁起,等讨论了多种神经病形式后再说。

现在可专门注意这个事实:即分析的研究表明神经病人的里比多是附丽于他们的幼时性经验之上的。由此看来,这些经验在成人的生活和疾病中占一很重要的地位;这个重要性,即就分析的

治疗工作而言,也没有降低。但是由另一观点看来,我们也不难知道这一层难免有被误解的危险,这个误解会使我们完全由神经病情境的观点来观察生命。假使我们一想到里比多是在离开新地位后才退回到婴儿经验的,则婴儿经验的重要性便终至于减弱了。而且由此或可得出相反的结论,以为里比多的经验在其发生时本不重要,它的重要性只是因后来的退化作用才获得的。你们要记得我们从前讲伊谛普斯情结时,也曾讨论过类似的非此即彼的问题。

要解决这一点也不算难。退化作用大大增加了儿童经验的里比多——因此也增加了致病力;这句话固然是正确的,但仅以此为决定因素,也可以引起误会。他种观点也得加以论列。第一,由观察的结果,可以深信幼时的经验有其特殊的重要性,这在儿童期中已很明显。其实,儿童也出现神经病;就儿童的神经病而言,时间上的倒置成分必然大大减少或竟完全不存在,因为神经病的发生是紧跟在创伤性的经验之后的。研究婴儿的神经病,可保证我们没有误解成人的神经病的危险,正好像儿童的梦可使我们用来了解成人的梦一样。儿童的神经病是常见的,较我们平常所推想的更加常见。我们常常忽视儿童的神经病,认为是恶劣行为或顽皮的表示,在幼儿园中常用威权压服;然而回想起来,这种神经病常易识别。它们所表示的方式常为焦虑性癔病;其意义以后当可知晓。当神经病发生于年纪较大的时候,分析的结果总是表明这种病为幼时神经病的直接继续,只是幼时可能表现为具体而隐微的 305
方式;但是前已讲过,就有些实例而言,儿童的神经过敏性也可终身持续不变。就少数的例子而言,我们固然可在神经病的状况之

下分析一个儿童，但更多的是我们不得不以成年得病的人而推想儿童所可有的神经病，只是在推想时须特别慎重，才可避免错误。

第二，假使儿童期没有什么可以吸引里比多的东西，那么里比多为什么常退回到儿童期呢？这一层是很费解的。发展的某些阶段上的执着点，只是当我们假定它附有一定分量的里比多时，才有相当的意义。最后，我还可以说，婴儿的及后来的经验的强度与病原上的重要性之间有一种互补的关系，与前所研究的其他两个系列之间的关系互相类似。有些例子，起病的原因全在儿童期内的性的经验；这些印象无疑有一种创伤性的效果，只须有一般的性的组织及不成熟的发展作为辅助，便足以引起疾病。另有些例子，起病的原因全在后来发生的矛盾，而分析之所以侧重儿童期的印象似乎仅仅为退化作用的结果。因此，我们可以有两种极端的例子，——即“停滞的发展”(inhibited development)和“退化作用”(regression)——而在二者之间又有各种程度不同的混合。

有些人以为教育若及时干涉儿童的性的发展，便可防止神经病；他们对于上述各事是有相当兴趣的。老实说，一个人要是只注意婴儿的性的经验，或以为只要性的发展被延缓，儿童不为这种经验所动摇，就算尽了预防神经病的能事了。但是我们知道导致神经病的条件远较此为复杂，而且我们若仅注意一个因素，则必不易收效。严格的督察在儿童期内是没有效果的，因为先天的因素，实在无法控制。而且要控制，也没有像教育专家所想象的那么容易；而且因此引起的两种新危险是不容忽视的。也许控制得太严密
306 了；儿童过分地压抑自己的性欲，结果是害多利少，而且无力抗拒青春期内才产生的性的迫切要求。因此，儿童期内预防神经病的

工作是否有利，或一种改变了的对现实的态度是否较易收效，都是大可怀疑的。

现在请回头来讨论症候。症候可使病人产生现实中所缺乏的满足；满足的方法则为使里比多退回到过去的生活，因为它和退化是不可分地联系着的，也就是退回到对象选择或性组织的较早阶段。我们前已知道，神经病人常摆脱不了过去生活的某一时期；现在才知道这个过去的时期正是他的里比多得到满足和感到快乐的时期。他回顾已往的生活史，不断地追求这一个时期，甚至于仅凭记忆或想象的帮助，以求回复到吃奶的时期。症候在一定程度上重复产生了那种早期婴孩的满足方式，虽然这种方式由于矛盾而带来的检察作用，不得不有所化装，或虽然也时常转化为一种痛苦的感觉，并含有致病经验的成分。随症候而来的满足，病人不但不知其为满足，反而深以为苦，唯恐避之不及。这种转化起源于精神矛盾，症候即形成于这种矛盾的压力之下；于是从前视为满足的，现在却不得不引起他的反抗或恐怖了。关于这种感情变化的简单而有意味的例子，是我们大家所熟悉的；一个孩子本来很喜欢吮吸母亲的胸乳，但几年之后，常对乳汁表示强烈的厌恶，经过训练也不易消失；假使乳汁或他种含有乳汁的液体表面形成了一层薄膜，这种厌恶竟可成为恐怖。这层薄膜可能使他记起从前所曾酷爱的母亲的胸乳；同时断乳时的创伤性经验也可有了影响。

还有一层也使我们对于症候作为满足里比多的一种方法觉得奇怪而不可理解。我们日常所可视为满足的，没有一事见于症候。307
症候大都不依赖对象，因此与外界的现实失去接触。我们知道这是丢了唯实原则而返回唯乐原则的结果；但这也就是返回到一种

扩大的自淫病，也就是一种最早期的满足性本能的方法。它们不去改变外界的情境，只在体内求得一种改变；这就是说，以内部的行动代替外部的行动，以适应代替活动——从物种史的观点看来，这又是一个很重要的退化作用。假使我们将它和由症候形成的分析研究所发现的一个新因素合并讨论，这一点就可能更加清楚了。再者，我们记得在症候形成中和梦的形成一样，有同样的潜意识历程在起作用，即压缩作用和移置作用。症候正与梦相同，也代表一种幼稚的满足；但是或因为极端的压缩，这个满足可化为一个单独的感觉或冲动；或则因为多重的移置，这个满足可由整个里比多情结变为一小段细节。因此，我们不容易在症候中看出里比多的满足，就不足为怪了，虽然我们常可证实这个满足的存在。

前已说过，我们还得研究一个新的因素；这个因素确实令人惊奇。你们知道症候分析的结果，已使我们了解到里比多所执着的以及症候所由形成的幼儿经验。所可怪的就是这些婴孩经验未必尽属可信。其实就大多数实例而言，它们都是不可靠的；有时且与历史的事实绝对相反。你们要知道此事较诸其他一切事实，更易使我们怀疑这种结果所由产生的分析，或怀疑整个神经病的分析和了解所赖以建立的病人本身。除此之外，还有一事令人大惑不解。假使因分析而发现的婴儿经验都是真实的，那么我们就感到有了稳固的基础；假使它们都是病人的虚构和幻想，那么我们就得去掉这种不可靠的立足点而另寻出路。然而事实上两者都不是；
308 因为我们所知道的是在分析中回忆而得的儿童的经验，有时确属虚构，有时也信实可靠；就大多数的例子而言，都是真伪相混的。所以症候所代表的经验有时是千真万确，我们相信它对于里比多的执着大有影响；有时其所代表的只是病人的幻念，我们自然不能以这种幻念为起病的原因。这里要求有一妥善的办法确也不易。也许可在下面类似的事实里求得第一个线索。我们在分析前，在意识中所常保存着的关于儿童期内的模糊的记忆，也同样可以伪造，或者至少是真伪相混；其中错误之点随时可以看得出来，所以我们至少可以相信，对这个意外失望负责任的多少要归病人，而不是分析。

我们若略加思索，便不难知道这个问题的令人怪异之点究竟是什么。其实，这就是对于现实的轻视，对于现实和幻念的区别的疏忽；病人用捏造的故事，浪费我们的时间，实在使我们生气。由我们看来，幻念和现实之间的距离，不啻天渊之别；我们各给以不同的价值。病人的思想正常时，偶然也采取同样的态度。当他提出一些材料，引导我们到达所希望的情境（即建筑于儿童期的经验之上而为症候的基础）时，我们所研究的，究竟是现实或是幻念，那就非常可疑了。要解决这一层，只有根据后来的某种迹象才有可能，而且我们那时还要设法使病人知道真正的结果，哪些是幻念，哪些是现实。这个工作很不容易完成。因为假使我们开头就告诉他，说他现在所想到的就是他曾用以掩盖儿童期经验的幻念，正好像每一民族都将远古已经忘掉的历史杂以种种神话，他对于本问题的兴趣或许从此突然锐减，——他也想寻求事实而轻视所谓想象——结果就不免使我们大失所望了。但是假使我们姑且让他相信我们所研究的，是他早年时的真确事件，到分析完成时再说，那么我们就要冒后来发生错误的危险，同时他又会讥笑我们容易受骗了。他必须经过一个长时期才能了解这个提法，即幻念和

309 现实都可受同等待遇,而且在开始时,被研究的儿童期经验究竟属于这一类或那一类,都是无关紧要的。然而这显然又是对于他的幻念所应有的唯一的正确态度。其实幻念也是实在的一种。病人创造出这些幻念,那确是一个事实,就神经病而言,这个事实的重要性几乎不亚于他所确实经验过的其他事实。这些幻念代表与物质的现实相反的**心理的**现实。我们渐渐知道了**心理的现实,在神经病的领域里,乃是唯一主要的因素**。

神经病人在儿童期内所常发生的事件有几种具有特殊的意义,因此我以为值得特别注意。关于这些,我想举下列各事以为例:(一)对于父母性交的窥视,(二)为成人所引诱,(三)对于阉割的恐怖。你要以为这些事件绝不见于事实,那就大错特错了;其实,较年长的亲属们都能证明此事,毫不怀疑。譬如一个小孩子当开始玩弄自己的生殖器还不知必须隐蔽这种动作的时候,他的父母或保姆会恫吓他,说要割掉他的生殖器或砍断他的犯罪的手。做父母的被询问时往往承认此事,因为他们以为这种恫吓是义所当为的;有许多人对于这种恫吓还可在意识里引起清楚的回忆,如果此事发生于较后的儿童期中时则尤其如此。假使提出恫吓的人是母亲或其他女人,她便往往将执行惩罚的人说成是父亲或医生。从前法兰克福有一儿科医生霍夫曼,曾著《斯特鲁韦尔彼得》(Struwelpeter)一书,驰名于时,这本书所以驰名乃因作者对于儿童的性的及其他情结都有彻底的了解。在此书内,你们会看见作者提出以割大拇指为吮指头的惩罚,其实这便是用来替代阉割的观念的。由对于神经病人的分析看来,阉割的恫吓似很常见,然而事实上未必如此。我们不得不以为,儿童因受成人的暗示,知道自

淫的满足为社会所不许，又因看见女性生殖器的构造而受其影响，于是乃用这种知识作为编造上述恫吓的基础。同样可能的是，一个小孩子虽不曾有什么了解和记忆，但也可能亲眼看见过父母或其他成人的性交；我们有理由相信他后来能了解那时所受的印象 310
而引起相当的反应。但是假使他详述性交的动作，但实际则从未看过，或者假使他描写这种行动常由后面着力，那么他这种幻念必毫无疑问地由观察动物如狗的交媾而起，而且其动机在于儿童在青春期内的未曾满足的窥视欲。至于幻想他在娘胎中观察父母的性交，那简直是极尽幻想的能事了。

关于引诱的幻念则更有特殊的兴趣，因为这往往不是幻念，而是事实的回忆；但幸而它之成为事实没有像从分析的结果原来所想象的那么常见。受同年龄或较大的孩子的引诱较多于受成人的引诱；假使女子在叙述自己孩提时此事的经过，常说父亲为引诱者，其引起幻念的性质和产生幻念的动机，都不复可疑了。假使在儿童期内未受引诱，他便常用幻念以掩蔽那时的自淫活动；他因手淫而深感惭愧，乃在幻念中以为那时确有一个心爱的对象。然而你们也不要以为儿童受近亲引诱的事，纯属虚构。大多数分析家，在所治疗的病例中，都确有此事，不必置疑；只是这些事件实际上本属于较后的儿童期；而在幻念中则移到较早的儿童期而已。

凡此种种似乎只可引起这个印象：那就是，这种儿童期内的经验乃是神经病不可或缺的条件。假使它们确曾见于事实，那岂不是很好吗？然而假使在实际上，不曾有过这些经验，那么它们必起源于暗示而为意匠经营的产物。结果反正是一样的；在这些经验内占较重要地位的，无论是幻念或现实，我们现在也未能在结果中找到任何不同之处。这里又是前所讨论过的那些互补系的一种;不过是最奇异的一种。这些幻念的必要性和提供给它们的材料究竟从哪里来的呢?无疑源出于本能;然而同样的幻念总是由于同样的内容构成的,这又如何解释呢?对于这一层,我却有一个答案,这个答案,由你们看来,或者似乎是太荒唐了。我相信这些原始的
311 幻念(primal phantasies,这是我用以称这些幻念及其他一些幻念的一个名词)乃是物种所有的。凡是个体到了自己的经验不敷应用的时候,即利用古人所曾有过的幻念。由我看来,凡是今天在分析时所诉述出来的幻念,如儿童期内的引诱,见父母性交而引起的性的兴奋,及阉割的恐吓——或阉割本身——在人类史前的时期都是事实;而且儿童在幻念中只算是用史前实有的经验来补充个体实有的经验。我们于是再三引起怀疑:神经病的心理学比起无论哪一种学科,都更可供给我们以关于人类发展的最初模型的知识。

我们既讲到这些事实,便不得不更详细地讨论所谓“幻念形成”这种心理活动的起源和意义。你们知道,幻念在心理生活中的地位虽尚无人明白了解,但是大概地说,也很重要。关于这一层,我可细述如下。你们要知道人类的自我因受外界需要的训练乃逐渐赏识现实的价值,从而追求唯实原则,而且知道要这样做,便不得不暂时或永久放弃种种求乐欲望的对象和目标——不仅是关于性的。但是摒弃快乐常很困难;要做到这一层,势必不得不求有所补偿。因此,他乃逐渐产生一种心理活动,在这种活动里,凡属已被遗弃的快乐的渊源和满足的途径,都容许继续存在,脱离现实的要求或脱离所谓“考验现实”的活动。每一渴望都立即变成了满足的观念;在幻念中求得欲望的满足当然可以引起快乐,虽也

明知这并不是现实。因此人类仍能在幻念中继续享受着不受外界束缚的自由，这个在实际上早已舍弃了的自由。他于是更迭地忽为求乐的动物，忽又为理性的人类；因为得之于现实的微乎其微的满足是不能救饥解渴的。丰唐说过，“有所作为就会有连带而来的产物”。幻想的精神领域的创造完全与这样一种情况相类似：
就是在农业、交通、工业的兴旺发达而使地貌迅速失去原始形态的 312
地区，可以构成一种“保留地带”和“自然花园”。这些保留地带的目的在于保持，任何地方因必要而不幸牺牲了的旧有的事物，这些事物，不管是无用的或有害的都可以任意生长繁殖。幻念的精神领域也是从唯实原则手里夺回的保留区。

我们所曾见过的幻念的最为人所熟悉的产物叫做昼梦，它是野心、夸大和性爱欲望的想象的满足。实际上越是需要谦逊，幻想上却越发骄傲自满。由此可见，想象的幸福的实质乃是回到一种不受现实约束的满足。我们知道这些昼梦是夜梦的核心和模型；夜梦基本上也不过是昼梦，即通过夜里的心理活动肆行弯曲、而又通过夜里的本能兴奋放任自由而成为可能的。我们又已知道昼梦不一定是意识的，潜意识的昼梦也属常见；因此，这种潜意识的昼梦兼为夜梦和神经病症候的根源。

幻念在症候形成上的重要，你们读下文便可明白。我们已说过里比多因遭受了剥夺，乃复返于前曾离开过，但仍有少许能力附丽于其上的阵地。我们对于这句话并没有撤销或修改之意，只想在中间插入一个连锁的枢纽。里比多究竟如何能回到这些执着点上面的呢？其实里比多所丢掉的对象和渠道并不曾完全丢掉；这些对象或其副产物都仍逗留在幻念中，而多少保存着原有的强度。

里比多只须退回到幻念里面，即可寻路回到被压抑的执着点之上。这些幻念原为自我所宽容；它们和自我尽管相反，可是二者之间并没有矛盾，自我也因此得到发展，这本来依靠着某种条件的保持不变——这是一种数量性的条件，现在却因里比多回到幻念里面而被扰乱了。幻念因有能力附加进来，于是乃奋勇直前力求变成现实；那时，幻念和自我的矛盾就变得不可避免了。这些幻念从前虽
313 是前意识的或意识的，现在却不免一方面受自我的压抑，他方面又受潜意识的吸引。里比多乃由潜意识的幻念而深入到潜意识内幻念的根源——即又回复到里比多原来的执着点之上了。

里比多返回到幻念之上乃是症候形成的途径的一个中间阶段，我们应给它一个特殊的名称。荣格曾创造了一个很适用的名词“内向”（introversion），但是他滥用此词于其他事物。我们却坚持这个主张：里比多若偏离开实在的满足，而过分地积储于前本无害的幻念之上，这种历程便称为内向。一个内向的人虽还不是神经病人，但处于一种不稳定的状况之下；他的正在移转的能力一旦受到扰乱，便足以引起症候的发展；除非他能为被抑制的里比多另求他种出路。神经病满足的虚幻性以及对于幻念和现实的区别的疏忽，就是因为里比多停留于这个内向阶段之上而决定的。

你们知道我已在最后的几句话里，引进了一个新的元素于病因的线索之内——这就是一个关于数量的元素；这个元素，我们也必须常常加以注意，关于病因的一个纯粹的质的分析是不充分的：或者换句话说，关于这些历程的一个纯粹的动的概念是不够的，还需要有经济的观点。我们要知道两种相反的力纵使早已具有实质性的条件，也不必产生矛盾，除非二者都有相当的强度。又先天的

成分所以能引起人的疾病，也因为其部分本能有一种较其他更占势力的缘故；我们甚至可以说，人们的倾向就质说是大家相同的，只是因量而异。这个量的成分，就抵御神经病的能力而言，也很重要；一个人所以不患神经病，就要看他所有未发泄的而能自由保存的能力量究竟能有**多少**，而且究竟能有**多么大**的部分从性的方面升华而移用于非性的目标之上。心理活动的最后的目的，就质说，可视为一种趋乐避苦的努力，由经济的观点看来，则表现为将心理器官中所现存的激动量或刺激量加以分配，不使它们积储起来而引起痛苦。

关于神经病症候的形成，我已经讲过这么多了。但是我还要 314
告诉你们，今天所说的话都只是就癔病的症候而言。强迫性神经病的症候则有很大的差异，虽在本质上大致相同。在癔病里，自我对于本能满足的要求已表示反抗，这种反抗在强迫性神经病中更为显著，在症候上占一重要的地位。至于其他神经病，则差异的范围更大，不过关于那些神经病症候形成的机制，我们还没有加以彻底的研究。

在本讲结束之前，我还想请你们注意大家同感兴趣的一种幻念生活。幻念也有可返回现实的一条路，那便是——艺术。艺术家也有一种反求于内的倾向，和神经病人相距不远。他也为太强烈的本能需要所迫促；他渴望荣誉、权势、财富、名誉和妇人的爱；但他缺乏求得这些满足的手段。因此，他和有欲望而不能满足的任何人一样，脱离现实，转移他所有的一切兴趣和里比多，构成幻念生活中的欲望。这种幻念本容易引起神经病；其所以不病，一定是因为有许多因素集合起来抵拒病魔的来侵；其实，艺术家也常因患神经病而使自己的才能受到部分的阻抑。也许他们的禀赋有一种强大的升华力及在产生矛盾的压抑中有一种弹性。艺术家所发现的返回现实的经过略如下述:过幻念生活的人不仅限于艺术家;幻念的世界是人类所同容许的,无论哪一个有愿未遂的人都在幻念中去求安慰。然而没有艺术修养的人们,得自幻念的满足非常有限;他们的压抑作用是残酷无情的,所以除可成为意识的昼梦之外,不许享受任何幻念的快乐。至于真正的艺术家则不然。第一,他知道如何润饰他的昼梦,使失去个人的色彩,而为他人共同欣赏;他又知道如何加以充分的修改,使不道德的根源不易被人探悉。第二,他又有一种神秘的才能,能处理特殊的材料,直到忠实
315 地表示出幻想的观念;他又知道如何以强烈的快乐附丽在幻念之上,至少可暂时使压抑作用受到控制而无所施其技。他若能将这些事情一一完成,那么他就可使他人共同享受潜意识的快乐,从而引起他们的感戴和赞赏;那时他便——通过自己的幻念——而赢得从前只能从幻念才能得到的东西:如荣誉、权势和妇人的爱了。

316 第二十四讲　一般的神经过敏

在前讲中,既说了许多不易了解的话,现在可暂时离开本题,听听你们有什么意见。

我知道你们是不满意的。你们本以为精神分析引论和我所讲过的大不相同。你们期望的不是理论,而是生活中的事例;你们或许要告诉我,那关于楼上和楼下的两个小孩的故事或可用来说明精神病的起因,遗憾的这是我的臆造,而不是实际的事例。或者你

们还要告诉我，当我开头叙述那两种症候（我们希望这也不是想象的），而说明其经过及其和病人生活的关系时，症候的意义确因此而稍微明白了，你们曾希望我继续这样地演讲下去。然而我没有这样做，我给你们讲了许多冗长而很难领会的理论，而且这些理论又永远不能完结，总是要加以补充；我讨论了许多以前未介绍给你们的概念；我放弃了叙述的说明，采取了动的观点，然后又丢掉动的观点，再换一种所谓经济的观点；使你们很难领会这些学术名词究竟有多少相同的涵义，而互相调换只是为了悦耳而已。我又举了许多不着边际的概念，如唯乐原则、唯实原则及物种发展的遗传等，还没有加以说明以前，又把它们抛弃到九霄云外去了。

我要讲神经病，为什么不先讲你们大家都知道而感兴趣的神经过敏，或神经过敏者的特性，如待人接物的不可理解的反应，以及他们的激动性，不可信赖性，和完成任何事情的无能。为什么不从日常简单的神经过敏的解释讲起，而逐渐讲到那些不可了解的 317
极端的表现呢？

凡此种种，我当然不能否认，也不能说是你们的过错。我对于自己陈述的能力尚不至于如此夸许，竟想象每一缺点都有特殊的用意。我原以为换一个方法进行，或可对你们有利，老实讲，这确是我的初意。然而一个人往往不能实行一个合理的计划；材料的本身常常突然介入若干事实，使他不知不觉改变了初衷。材料虽很熟悉，但是陈述起来，也不能尽如作者之意；往往话已说过了，但为什么这样说而不那样说，事后又令我们大惑不解。

有一个理由也许是：我的论题，即精神分析引论，不包括这段讨论神经病的文字。因为精神分析引论包括过失和梦的研究；至于神经病的理论已经是精神分析的本论了。我并不以为我能在如此短暂的时间阐述神经病理论所包含的任何材料,我只能作简要的叙述,使你们在相当的上下文之中,了解症候的意义,及症候形成时所有体外和体内的条件和机制。这就是我所要做的工作;也就是精神分析现在所能贡献的要点。因此,我便不得不讲了许多关于里比多及其发展和自我发展的话,你们听了初步的若干讲之后,已知道了精神分析法的主要原则以及潜意识和压抑(抗拒)作用等概念的概观。在下面的一个演讲里,你们将知道精神分析的工作,究竟在哪一点上,找到了它的有机的衔接。我又明白地说过,我们所有的结果都仅得自单单一组神经病——即移情的神经病——的研究;而且即就此一组而言,我也仅详述了癔病症候形成的机制。你们虽或未能得到很彻底的了解和详尽的知识,但我总希望你们已稍稍知道精神分析工作的方法,及其非解决不可的问题和应当叙述的结果。

你们希望我在演讲神经病开始时,先描述神经病人的行为,以
318 及他如何患病,如何设法抵抗,又如何设法求得适应。这确是一个
很有兴趣的论题,既值得研究,也不难讲述;然而我们也有许多理
由不许我们从此入手。其危险就是潜意识将因此而被忽视,里比
多的重要性将因此而被看轻,而且一切事件都将根据病人的自我
的观点来判断了。病人的自我之不可信赖和不免有所偏袒,那是
尽人皆知的。自我总否认潜意识的存在,而且使潜意识受到压抑;
那么在和潜意识有关的地方,我们如何可信赖自我的忠实呢?而
且受压抑最厉害的是被否定的性的要求;所以用自我的观点,必不
能了解这些要求的范围和意义,那是最显而易见的。我们一旦知

道了压抑作用的性质,就不会允许这个自我,即胜利者,充当这个争衡的裁判了。我们要警惕自我告诉我们的话,不要上当受骗。如果由它自己提出证据,那么它好像自始至终是主动的力量,所以症候的发生,也好像由于它的愿望和意志;我们知道它大部分处于被动的地位,这是它要设法掩饰的事实。但是它也不常能维持这个虚伪的局面——在强迫性神经病的症候里面,它已不得不承认自己遇到一些必须努力抵抗的势力了。

一个人若不注意这些警告,而愿为自我的表面价值所欺,那么,一切显然都大可顺利进行了;精神分析侧重潜意识,性生活及自我的被动性所引起的抗议,他也都可以避免了。阿德勒说,神经过敏是神经病的原因,而不是神经病的结果,他也可以表示同意了;然而他却不能解释一个梦或症候形成中的一个细节。

你们要问我:我们可不可以既重视自我在神经过敏和症候形成中所起的作用,同时又不绝对忽视精神分析所发现的他种因素呢?我的答复是:那当然是可能的,迟早可以这么办;但是精神分析目前所要做的研究,不宜以这个终点为起点。我们自然可预先指出一点,将这个研究包含在内。有一种神经病叫做自恋神经病(the narcissistic neuroses),自我和自恋神经病,比起我们所曾研究的他种神经病,更有深切的关系。关于这些神经病的分析研究,将 319
可使我们正确而可靠地估计自我在神经病内所占的地位。

但是,自我和神经病之间,还有一种显而易见,开头便可明白的关系。这种关系似乎是各种神经病共有的,然而在创伤性神经病(这一种神经病,我们还很不了解)中尤为显著。你们要知道在各种神经病的起因和机制中都有同样的因素;只是就这种神经病而言,这种因素在症候的形成上占重要的地位,就另一种神经病而言,又是另一种因素占重要地位。正像剧团中的演员,每一演员都去演一个特殊的角色——如主角、密友、恶徒等;各人都选取不同的角色以适合自己表演的口味。所以,形成症候的幻念绝不像在癔病中的那么显明;而自我的“反攻”或抵抗首推强迫性神经病,至于妄想狂(paranoia)的妄想则以梦内所谓润饰的机制为特点。

就**创伤性神经病**,尤其是就起于战事的创伤性神经病而言,则自私利己的动机及自卫和对于自我利益的努力,给我们以特殊的印象;单有这些还不足以致病,然而病既形成之后,便依赖它们来维持了。这个趋势的目的在于保护自我,使不受引致疾病的危险;它也不愿恢复健康,除非危险已不再有重来侵袭的可能,或者虽受危险,反而有相当的酬报。

自我对于其他一切神经病的起源和延续都感有类似的兴趣;我们已说过症候有一方面可予压抑的自我趋势以满足,所以也受自我的保护。而且以症候的形成来解决精神矛盾,也是一种很便利的办法,最符合于唯乐原则的精神;因为症候可使自我免去精神上的痛苦。其实就某些神经病而言,就连医生也不得不承认,用神经病来解决矛盾,乃是一种最无害而最应为社会所容许的方法。医生有时承认他也同情正在从事治疗的疾病,你们听了能不感到惊奇吗?其实,一个人原不必在各色各样的生活情境里,都视健康
320 为最重要的事;他也知道世上除神经病的病痛外,还有**他种**痛苦,一个人出于需要的要求,也可牺牲自己的健康;他还知道一个人若有了这种病痛往往可以避免许多人的其他种种困苦。因此,我们虽可说每一精神病人都已**逃入疾病**,但也不得不承认有许多病例,

这种逃遁有着充分的理由，医生知道这种情形，便只好默许了。

然而我们可继续讨论，不必管这些特例。大概地说，自我既逃入神经病，便在内心中“因病而获益”；在某种情形之下，还可兼有一种具体的外部的利益，在实际上也稍有价值。试举一个最普通的例来说罢。譬如有一妇人受丈夫的暴力虐待，她如有神经病的倾向，这时往往就逃入病中。假使她太懦弱或太守旧而不敢偷情以自慰，假使她不很坚强，不敢公然反抗外界的攻击而和丈夫离异，再假使她没有独立生活的能力和没有希望找到一个更好的丈夫，最后，又假使她在性的方面仍强烈地依恋着这个蛮横的男人，那么她便除逃入疾病之外就没有其他方法了。疾病就是她抵抗丈夫的工具，可用以自卫，也可用以报复。她虽不敢抱怨婚姻，但可公然诉述病苦；医生是她的良友；本来异常粗暴的丈夫，现在不得不宽恕了她，为她用钱，许她离开家庭，稍稍放松他的压迫。假使由病而得的这种外部的“偶然的”利益非常显著，实际上又不能有相当的代替品，那么你们便不易有收治疗之效的希望了。

我曾反对神经病由于自我所欲和自我所创的说法；你们现在会以为我刚才告诉你们的“因病而获益”的话，又无异为这种说法辩护了。然而我要请你们少安勿躁。这话或许只有下面的意义：那就是，自我可欢迎自身任凭如何都不能避免的神经病，假使神经病有什么可利用之处，那么自我便尽量加以利用。这只是这个问题的一面。假使神经病是有利益的，自我当然很喜欢与它相安无事，但我们要考虑到，在利益中还有种种不利之处。大概地说，自
我因接受神经病显然是有所损失的。它能解决矛盾，可惜代价太 321
大了；随症候而来的病痛，和症候之前的矛盾，其苦痛的程度大致

相等,也许还要大些;自我希望避免症候带来的痛苦,但又不愿放弃由病而来的利益;这正是它所不能两全的事。由此看来,自我实在是不愿意如它最初所想的那样,要自始至终主动地关心这个问题。这是我们要很好记得的一件事。

假使你们是医生,对于神经病人有许多经验,那么你们便不至于再期望那些抱怨病痛最厉害的人们会最容易接受你们的援助——实际上常常相反。无论如何,你们总不难知道:凡是增进因病而获益的每件事,都足以加强由压抑而起的抗力,从而增加治疗上的困难。此外还有一种因病而得的利益,不伴随症候而来,而产生于症候发生之后。像疾病那样的心理组织,若持续的时间很久,便获得一种独立实体的性质;它有和自存本能相类似的功用;它构成了一种"暂时安排",与精神生活的他种力量互相结合,甚至根本相反的力量也不除外;它绝少放弃那些可以一再表现自身的有用和有利的机会,于是获得一种第二机能以巩固自身的地位。我们现在不必取例于病,暂从日常生活中举例如下:一个能做事的工人,在工作中因意外受伤而成残废。他不能再工作了,但因此按期领得少数的赔偿金,而且学会利用伤残讨饭度日。他的新生活虽较低贱,但正因旧生活的破坏才能得以维持;假使你要医愈他的残废,你就剥夺了他的维持生活的手段,因为他现在是否能再做从前的工作,已是一个疑问了。神经病如果也有这种附带的利益,我们便可使之和第一种利益相并列,而命名为由病而获得的第二重利益。

我要劝你们不要看轻了由病而获益的实际重要性,但也不必太重视它的理论的意义。除了前已承认的特例之外,这个因素常

可使我们想到奥伯兰德尔在《飞跃》(Fliegende Blätter)一书内所 322
举以说明动物智力的一个实例。一个阿拉伯人骑一骆驼，在高山中的狭路上行走。一转弯忽见面前有一头狮子正要向他猛扑过来。他这时无路可逃，一边是深谷，一边是峭壁；退避和逃走都不可能；他只得俯首待毙了。至于骆驼则不然。它纵身一跃，和骑者一同跳下深谷——狮子只好在一旁瞪眼了。神经病所能给病人的救济大概也不能比这样好些；也许因为用症候形成来解决矛盾，究竟只是一种自动的历程，不足以应付生活的要求，而且病人一接受这个解决，便不得不放弃他的最高等的才能了。此时假使还有选择的可能，那么，较荣誉的办法就是上去和命运作一种公正的搏斗。

我不以一般的神经过敏为出发点，究竟有什么动机呢？这一层我还要加以说明。你们也许以为由此讲起，将较难证明神经病起源于性；其实你们可想错了。就移情的神经病而言，其症候须先加解释，然后才看出起源于性；至于我们称之为实际神经病(actual neuroses)的一般形态，则其性生活的起因却是引人注意的显而易见的事实。我在二十多年前便知道这一事实，那时我开始怀疑在检查神经病人的时候，为什么将一切关于性生活的事都不加以考虑呢？我因为研究此事，于是逐渐引起病人的不满，但是不久之后，我的努力使我得出结论：性生活若是常态的话，就不会得神经病——我指的是实际神经病。这个结论固然一方面太忽略了个体的差异，他方面“常态”一词也还欠缺固定的意义；然而在大体上说，这个结论在今天仍有相当的价值。那时我能在某种神经过敏和某种受伤的性状态之间建立一种特殊的关系；假使我仍有类似

的材料以供研究,我当然仍能将这些关系重复一次。我常注意到一个人若满意于一种不完全的性的满足,如手淫,就会患某一种实
323 际神经病;又假使他采取另一种同样不完满的性生活方式,这种神经病也立即变为他种方式。因此,我可以由病人的病情改变,而推知他的性生活方式的变化。我要坚持这个结论,直到使病人不再说谎而作出证明为止。可是他们那时必将就医于那些对性生活不感兴趣的医生了。

那时我也未尝不知道神经病的原因不必总是性的;有些人固然因为性的境况受到损害而得病;但也有些人因为丧失了财产或最近患有一种严重的机体失调而致病。这些变化的解释,到后来自然明白,那时对于自我和里比多的关系将可有深切的了解;而且这个问题研究得越深刻,我们对于它的了解也越完满。一个人只有到了自我不能处理里比多的时候,才会患神经病。自我越强大,则处理里比多也越容易;自我的能力每一减弱,无论由于何种原因,都能使里比多增加要求;而使有患神经病的可能。此外,自我和里比多之间还有其他一些较为密切的关系,不过这些关系现在尚未到讨论的时候,暂时不谈。我们最要注意的是:无论就哪一病例而言,也不管起病的情境如何,神经病的症候所赖以维持的能量都由里比多所提供,于是里比多的用途随之失调了。

现在我应该告诉你们:实际神经病的症候和精神神经病(psycho-neuroses)的症候有绝对的区别;我们以前所讲的,大多关于精神神经病的第一组(即移情的神经病)。实际神经病和精神神经病的症候都起源于里比多;这就是说,症候乃是里比多的变态用法,也就是里比多满足的代替物。然而实际神经病的症候,——如

头痛，苦痛的感觉，某些器官的不安情况，某些机能的减弱或停止——在心灵中实无“意义”之可言。它们不仅多在身体上表现（即如癔病的症候也都如此），而且都纯粹是物质的历程；它们的发生和我们所知道的复杂的心理机制不发生交涉。所以以前以为精神神经病的症候和心理无关；现在实际神经病的症候才的确和
心理无关了。然而它们究竟如何才能成为里比多的表现呢？里比 324
多岂不也是在心灵内活动的一种能力吗？其实，对于这个疑问的答案是很简单的。现在姑且将反对精神分析的第一种理由重述如下。反对者以为我们的理论是想单用心理学来解释神经病的症候，因为从没有一种病可以用心理学的理论来解释，所以我们的希望是微乎其微的。但是这些批评家忘记了性的机能不纯粹是心理的，正如不仅仅是物质的一样。它的影响可兼及于身体的生活和心理的生活。我们已知道精神神经病的症候，是性的机能受了扰乱后的心理的结果，那么，我们若听说实际神经病是性的扰乱在机体上所产生的直接的结果，也就不必感到惊奇了。

临床的医学给我们一个有用的提示（为许多不同的研究家所公认），可借以了解实际神经病。就它们的症状的细节及其身体的系统和机能共同显示的特点而言，都与异质的毒素的慢性中毒或突然排除（即酒醉或戒酒后的状况）后所发生的病态，显然有互相类似之点。这两种病态更可用巴西多病（Basedow's disease，即突眼性甲状腺肿 exophthalmic goitre）的状况加以比较，因为此病也由于受毒的结果，只是毒素不是来自体外，而是来自体内的新陈代谢罢了。我以为由这些比拟看来，我们乃不得不以神经病为性的新陈代谢作用受了扰乱的结果，而它受扰乱的原因，或由于性的毒

素生产太多，已非病人所能处理，或由于内部的甚至于心理的状况不容许他对于这些物质作适当的处理。这种关于性欲的性质的假定，已早为远古的人所承认了；譬如酒可生爱，爱可称为沉醉——这些观念已多少将爱的动力移于身体之外了。我们在此还可记得性觉区(erotogenic zone)这一概念，并且可想起各种不同的器官都可发生性的兴奋。除此之外，关于性的新陈代谢或性的化学的问题还是空白的一章：关于此事，我们尚一无所知，也无从断定性的物质是否有雌雄两种，或仅假定一种性的毒素为里比多的各种刺激的动因就算满足了。我们所建立起来的精神分析的大厦，实际
325 上只是一种上层建筑，我们迟早还得为它建造有机的基础；然而关于这个基础，我们还欠缺知识咧。

精神分析之为科学，其特点在于所用的方法，而不在于所要研究的题材。这些方法可用以研究文化史、宗教学、神话学及神经病学而都不失其主要的性质。精神分析的目的及成就，仅在于发现心灵内的潜意识。实际神经病的症候或许直接起因于毒素的损害，所以它们不是精神分析所要研究的问题；精神分析既不能对于它们作任何解释，只好将此工作移交给生物学及医学的研究。我的材料所以选择这种排列，你们现在总可更好地了解了。假使我要讲神经病学引论，那当然要先讲实际神经病的简单形式，然后进一步叙述那些由里比多扰乱而起的更复杂的精神病，才算是正当的办法。那时，我便须由各方面收集关于前者的知识，至就后者而言，便当将精神分析引入，以为了解这些病态的最重要的技术方法。但是我所宣布的题目是精神分析引论；我想给你们以精神分析的观念，要比传授你们一些神经病的知识更为重要；因此，对于

精神分析的研究无所贡献的实际神经病，就不宜放在前面讲了。我又以为我这一选择对于你们较为有益，因为精神分析的知识值得一般受教育者的注意，而神经病的理论则仅为医学上的一章。

但是你们希望我对于实际神经病应加以注意也颇有理由；实际神经病和精神神经病在临床上有密切的关系，更足以使我们有加以注意的必要。我要告诉你们，实际神经病的单纯形式共计三种：(一)**神经衰弱**(neurasthenia)，(二)**焦虑性神经病**(anxiety-neurosis)，(三)忧郁症(hypechondria)。这种分类也不无可疑之处；这些名词虽然有用，但其涵义则殊难确定。有些医学家以为在神经病的乱七八糟的世界中，不能有任何分类，因此，反对临床上 326
所有病症的种类，甚至否认实际神经病和精神神经病的区别；我以为他们太过分了，他们所采取的方向绝不是进步的道路。前面所述的三种神经病形式有时单纯；但更多的是互相混合，而且兼有精神神经病的色彩。所以我们不必因此而放弃了它们彼此间的区别。你们要知道矿物学中的矿物和矿石有别；矿物可以一一分类，部分的原因无疑是由于它们常常是结晶体，和环境不同，矿石则为矿物的混合体，但其混合也不纯赖机会而都有相当的条件。就神经病的理论而言，我们对于它们的发展历程，所知有限，不能有与矿石相等的知识；然而我们若将可以辨认的临床的元素——这些元素可比拟为个别的矿物——先行提出，也未必不是正当的研究方法。

实际神经病与精神神经病之间还有一种大可注意的关系，对于后者症候形成的知识有一种重要的贡献；因为实际神经病的症候常为精神神经病的症候的核心和初期阶段。这种关系在神经衰弱症与移情神经病中的转化性癔病(conversion hysteria)之间，以

及焦虑性神经病与焦虑性癔病之间，都最属明显可见；但也可见于忧郁症与我们以后要讨论的一种神经病，即妄想痴呆（paraphrenia，包括早发性痴呆［dementia praecox］和妄想狂［paranoia］）之间。让我们举癔病的头痛或背痛为例。分析表明，这种疼痛乃是利用压缩作用和移置作用而成为里比多的幻想或记忆的代替的满足；但有时这种疼痛也不是出于虚造，乃是性的毒素的直接症候，也是性的兴奋在身体上的表现。我们原不想主张一切癔病的症候都有这么一个核心，然而这往往确是一个事实，而且性的兴奋在身体上所有的影响（无论为常态的或病态的）都特别宜于为形成癔病的症候之用。它们正好像一粒沙土，由牡蛎采取造成珍珠母的原料。凡性交时所有性的兴奋的暂时表现，都可以造成精神神经病症候的最适宜而最便利的材料。

327 还有一种历程，在诊断及治疗上同样特别有趣。有些人虽有

神经病的倾向，但大多数没有发展而成神经病，可是他们若一有病态的机体状况——也许是一种发炎或一种损伤——即常足以使症候从此形成；于是实际上的症候，立即被采用而为那些正想有所表现的潜意识幻想的工具。医生在这种情形之下，将先试用这一种治疗法，其次试用另一种治疗法；或将症候所依赖的机体的基础设法消灭，而不问其有无神经病的倾向；或竟治疗已形成的神经病，而置其机体的刺激于不顾。这两种手续有时这种有效，有时那种有效；至于就这种混合的病状而言，还没有所谓普通的原则可资遵循。

第二十五讲　焦虑 328

你们一定会以为我前次关于一般的神经过敏的讲演是最不完满的一次。这是我知道的；而且大多数的神经过敏者都抱怨以“焦虑”为苦，以为这是他们最可怕的负担。但我独对于焦虑一层，未曾提及，我想最足以使你们惊讶的当莫过于此了。焦虑或恐怖在实际上可变本加厉，成为最无聊的杞忧的原因。我希望在这个问题上至少不要潦草从事；我决定尽可能将神经过敏的焦虑问题明白提出，而详加讨论。

焦虑（anxiety 或**恐怖**［dread］）实无描写的必要；无论何人都有时亲身经验过这个感觉，或说正确点，这个情绪。但由我看来，神经过敏的人为什么比其他人特别感到焦虑，这个问题我们尚未加以认真的讨论。我们也许承认他们是应该如此的；“神经过敏”（nervous）或“焦虑”（anxious）两个名词可互相通用，好似有相同的意义，其实这是不对的；有些常感焦虑的人却不是神经过敏的，而症候很多的神经病人反而没有表现焦虑的倾向。

无论如何，有一事实是无可怀疑的：就是，焦虑这个问题是各种最重要的问题的中心，我们若猜破了这个哑谜，便可明了我们的整个心理生活。我虽不自以为能给你们一个完满的解决；但是你们总可期望精神分析采用一种不同于学院派医学的方法，来研究这个问题。学院派的医学所注意的是焦虑所由起的解剖的历程。329
我们知道延髓受了刺激，于是告诉病人说他在迷走神经上患了一种神经病。延髓确是一种好对象；我记得我从前研究延髓也曾费了许多时间和劳力。但是现在我不得不说，你们若要了解焦虑的心理学，最无关重要的事恐怕是莫过于关于刺激所经过的神经通路的知识了。

一个人也许花了很长时间讨论焦虑而不认为它是神经过敏。我把这种焦虑称之为真实的焦虑，以区别于神经病的焦虑，你们就会立即了解我的用意了。真实的焦虑或恐怖对于我们似乎是一种最自然而最合理的事；我们可称之为对于外界危险或意料中伤害的知觉的反应。它和逃避反射相结合，可视为自我保存本能的一种表现。至于引起焦虑的对象和情境，则大部分随着一个人对于外界的知识和势力的感觉而异。野蛮人怕炮火或日月蚀，文明人在同样的情境下，既能开炮，又能预测天象，自然就不用害怕了。有时因为有知识，能预料到危险的来临，知识反而可以引起恐怖，譬如一个野蛮人在莽丛中见有足迹则惧而退避，但由白人看来则无动于心，因为他不知道这就是野兽近在咫尺的标志。又如一个富于经验的航海家见天际上有一小块黑云，便知风灾将至，万分惊惧，而由乘客看来，则似乎是不足为奇的。

然而真实的焦虑是合理而有利的说法，仔细研究起来，也实有修改的必要。当危险迫近时，唯一有利的行为是先用冷静的头脑，估量自己所可支配的力量以和面前的危险相比较，然后再决定最有希望的办法是否为逃避、防御或进攻。至于恐怖实属无益，没有恐怖反而可以有较好的效果。你们还可知道过分的恐怖最为有害；那时各种行动都变得麻木，连逃避也不能举步了。对于危险的
330 反应通常含有两种成分：即恐惧的情绪和防御的动作，受惊的动物既惊且逃，其实，这里有利于生存的成分是“逃避”，而不是“害

怕”。

因此，我们势必以为焦虑实在是无益于生存；但是只有对于恐怖的情境作更详密的分析之后，我们对这个问题或可有较深切的了解。第一件事要注意的是对于危险的“准备”，那时知觉既较敏捷，而筋肉也较紧张。这种期望的准备，显然有利于生存；假使没有这种准备，也许要产生严重的结果。紧跟准备而来的，一方面是筋肉的活动，大多数为逃避，高一级的则为防御的动作；另一方面就是我们所谓的焦虑或恐怖之感了。恐怖之感的时间如果越短，短到一刹那只起信号作用，则焦急的准备状态也越易过渡而成为行动状态，从而整个事件的进行也就越有利于个体的安全。所以由我看来，在我们所谓的焦虑或恐怖之中，焦虑的准备（anxious readiness）似为有益的成分，而焦虑的发展则为有害的成分。

至于焦虑、恐惧、惊悸等名词在普通习惯上，是否有相同的意义，我不加以讨论。我以为焦虑是就情境而言，不问对象；恐惧则集中注意于对象；至于惊悸似乎有其特殊的涵义——它也是就情境而言，但危险突然而来，没有焦虑的准备。因此，我们或可说，有焦虑，便可无惊悸之虞。

你们总不免觉得“焦虑”一词的用法有某种浮泛而不明确之处。大概地说，这个词常用来指知觉危险时所引起的主观的状态；这种状态称为情感。那么，情感在动的意义上，究竟是怎么一回事呢？它的性质当然是很复杂的。第一，它含有某种运动的神经支配或发泄；第二，它包含某些感觉，这些感觉计共两种——即已经完成的动作的知觉，和直接引起的快感或痛感，这种快感或痛感给予情感以主要的情调。然而我绝不以为这种叙述已深入情感的实

质。关于某些情感,我们似可有较深切的了解,而且知道它的核心
331 连同整个复杂的结构,都是某种特殊的已往经验的重演。这种经验的起源很早,带有普通的性质,为物种史中的所有物,而不是个体史中的所有物。为使你们较易了解起见,我或者可以说,一种情感状态的构造和癔病很相类似,它们都是记忆的沉淀物。因此,癔病的发作,可比作一种新形成的个体的情感,而常态的情感则可比作一种已成为遗传的普遍的癔病。

你们不要以为我刚才告诉你们的关于情感的话乃是常态心理学的公共财产。其实,这些概念生长于精神分析的沃土之中,只是精神分析的土产。心理学对于情绪的理论——例如詹姆士－朗格说——在我们精神分析家看来,绝无意义之可言,也没有讨论的可能。但是我们也不以自己有关情感的知识是无可非议的;这不过是精神分析在这个朦胧领域内所作的第一次尝试。再继续讲下去吧:我们相信自己知道这个在焦虑性情感中重新发现的已往的印象究竟是什么。我们以为是关于出生的经验——这种经验含有苦痛的情感、兴奋的发泄及身体的感觉等适足以构成生命有危险时的经验的原型(prototype),且可再现于恐怖或焦虑状态之中。出生时的焦虑经验产生的原因是由于新血液的供给(内部的呼吸)既经停止,于是刺激乃异常增加——所以第一次的焦虑毒液的引起是有毒性的。Angst[焦虑]——angustiae,Enge意即狭小之地,或狭路——这个名词所侧重的为呼吸的紧张,而这种用力的呼吸乃是一种具体情境(按:即指子宫口等)所产生的结果,后来几乎总是与一种情感相伴而起。又第一次的焦虑是由于与母体分离而起,也很令人寻味。我们自然要相信有机体经过了无数代,已深深

埋有重复引起这第一次焦虑的倾向，所以没有一个人能免得掉焦虑性情感；纵使他像传奇中的麦克杜夫太早脱离了母胎，以致不能体验到出生的动作，也不足成为例外。至于哺乳动物以外的他种动物，其焦虑经验的原型究竟是何种性质，我们可不能乱说；我们也不知道他们究竟有什么复杂的感觉，相当于我们所感觉到的恐惧。

我说出生是焦急性情感的起源和原型，你们或许急于知道我 332
如何竟产生这么一个观念的。这可不是由于玄想；而是得自人们的直觉的启发。好多年前，有许多家庭医生正围餐桌而坐，我也在内。有一产科医院的助理告诉我们一些关于助产士毕业考试中的趣事。考试员问出生时羊水中若有婴儿的胎粪，那有什么意义呢？有一考生立即回答说“那是因为孩子受惊了”。她被嘲笑，因而落第了。但是我却暗暗同情她，由此才怀疑这个可怜的纯赖直觉的女人，以其准确的知觉，看出了一个非常重要的关系。

现在可回过头来讨论神经病的焦虑。神经病人的焦虑究竟有什么特殊的表现和状态呢？这里可有许多话要说。第一，这种焦虑里头有一种普遍的忧虑，一种所谓“浮动着的”（free-floating）焦虑，易于附着在任何适当的思想之上，影响判断力，引起期望心，专等着有自圆其说的机会。这种状态可称为**期待的恐怖**（expectant dread）或**焦虑性期望**（anxious expectation）。患有这种焦虑的人们常以种种可能的灾难为虑，将每一偶然之事或不定之事，都解释为不吉之兆。有许多人在其他方面，虽不能说有病，但也往往有这种惧怕祸患将至的倾向；他们可称为多愁的，或悲观的；但是属于实际神经病中的焦虑性神经病，总是以这种过度的期待的焦虑为不变的属性。

与这种焦虑相反，还有第二种焦虑，在心灵内较有限制，常附着于一定的对象和情境之上。这是各种不同的特殊的恐怖症的焦虑。美国著名的心理学家斯坦利·霍尔最近曾采用一些堂皇的希腊语命名这些恐怖症。它们听起来像埃及的十疫（the ten plagues of Egypt），只是它们的数目远多于十而已。你们要注意恐怖症的对象或内容可以有下列各种：黑暗、天空、空地、猫、蜘蛛、毛虫、蛇、鼠、雷电、刀剑、血、围场、群众、独居、过桥、步行或航海等。这些乱
333 七八糟的现象，或可分成三组。有许多对象和情境，即由我们常人看来也凶恶可怕，它们和危险确有一些关系；这些恐怖症的强度虽似过分，但仍可完全理解。譬如我们见蛇无不骇避。蛇的恐怖症可以说是人类所共有的。达尔文曾自称看见拦在一块厚玻璃板后面的蛇扑来，也不禁感到恐怖。第二组所有的对象和危险仍不无关系，但是这种危险是我们常常忽视的；大多数情境恐怖症属于这一组。我们知道在火车中比在屋内较易遇险——譬如火车互撞也间或有之；又知道船沉则乘客常有灭顶之祸；然而我们对于这些危险并未放在心上，游历时坐船乘车都不至于担忧。又如正在过桥时，桥忽断塌，我们在桥上也必落水，但是这种事件很少发生，它的危险也就不值得注意了。又如独居也有危险；在某种情形之下，我们虽不愿独居，但未必在任何情形中都不耐独居。其他如群众、围场、雷雨等都是如此。我们对于这些恐怖症不能理解的，与其说是它们的内容，不如说是它们的强度。随恐怖症而来的焦虑是绝对无法形容的。反过来说，神经病人对于我们在某些情境中感到焦虑的事情，实际上却丝毫不怕，虽然他们也同样地称它们为可

怕的。

此外还有第三组,就完全不是我们所能了解的了。譬如一个强壮的成人在本城内竟怕跨过一条街道或广场,一个健康的女人竟因一只猫擦过身旁或一只鼠在房内疾驰而过而大惊几乎失去知觉,我们如何能看出这些人所忧虑的危险呢?就这种“动物恐怖症”而言,就不是一般人的畏忌增加了强度的问题了;譬如有许多人不看见猫则已,一见便不禁抚爱它而引起它的注意。鼠原是大多数女人所畏忌的动物,然而同时也用来表示一个亲爱的小名;有 334
许多女子虽喜欢爱人称自己为“小鼠”,但一看见这小小的动物,便不禁惊骇大叫了。一个人怕过桥梁和广场,行为就像小孩子。小孩子因受成人的教训才知道这种情境的危险,而患空间恐怖症的人,若有朋友引导他走过空地,他的焦虑也可因此减轻了。

这两种焦虑,一为“浮动着的”期待的恐怖,一为附着于某物之上的恐怖症,二者各自独立,没有相互的关系。这一种不是另一种进一步的结果;它们很少合而为一,即使混合起来,也很偶然。最强烈的一般性忧虑也不一定造成恐怖症;反过来说,终身患空间恐怖症的人也不一定便有悲观的期待的恐怖。有许多恐怖症,例如怕空地、怕坐火车等,都是长大时习得的;还有些恐怖症,例如怕黑暗、雷电、动物等,则似与生俱来。前者为严重的病态,后者则为个人的怪癖;无论何人若有后者的一种,便可怀疑兼患同类的他种。我还要申明一句:所有这些恐怖症都应属于**焦虑性癔病**;换句话说,我们以为它们和所谓转化性癔病有密切的关系。

第三种神经病的焦虑是一种不解的谜;其焦虑和危险之间没有明显的关系。这种焦虑或见于癔病之中,而和癔病的症候同时产生；或起于不同刺激的条件之下，由这种条件我们本来知道会有某种情感的表现，但绝未料到是焦虑性情感；又或者和任何条件无关，只是一种无因而至的焦虑病，不但我们不懂，病人也莫名其妙。我们即使多方面研究，也看不出有什么危险或危险的蛛丝马迹之所在。由这些自发的病症看来，可见我们的所谓焦虑的复杂情况可分成许多成分。这整个病症也可以一个特别发展的症候为代表（来代替）——例如战栗、衰弱、心跳、呼吸困难等——而我们所认为焦虑的一般情感，反而消逝不见了。然而这些症状，可称之为“焦虑的相等物”和焦虑本身有相同的临床性及起因。

335 现在产生了两个问题：真实的焦虑是对危险的一种反应，神经病的焦虑则与危险几全无关系；这两种焦虑究竟有没有相关联的可能呢？神经病的焦虑又如何才能了解呢？我们现在姑且希望，凡是有焦虑出现，则必有其所可害怕的东西。

临床的观察有种种线索可用以了解神经病的焦虑，现可略加讨论如下。

（一）我们不难看出期待的恐怖或一般的焦虑与性生活的某些历程——或里比多应用的某些方式——有很密切的关系。关于此事，可举那些表现有所谓兴奋的受阻的人们为最简单而最可寻味的例子。他们这时强烈的性的兴奋经验着不充分的发泄，而缺乏完满的终结。例如男人当订婚之后，结婚之前，女人则因丈夫在性的方面没有充分的能力，或为避孕起见而草草地完成性交的行动，就发生上述的经验。在这种情形下，里比多的兴奋消失不见，而焦虑之感代之而起，或形成期待的恐怖，或形成焦虑相等物的症候。男人的焦虑性神经病多以**不尽兴的交合**（coitus interruptus）

为原因,女人甚至更是如此,所以医生诊察这种病症,须先研究有无这种起因的可能。无数的事例证明性的错误若能更正,则焦虑性神经病便可消失。

据我所知,性的节制和焦虑的关系,已为人所承认,即素来讨厌精神分析的医生们,也不再加以否认了。然而他们仍想曲解这种关系,以为这些人本有畏首畏尾的倾向,因此,在性的事件上也不免谨慎小心。可是这在女人身上,有绝对相反的证据,她们的性的机能实质上是被动的,所以性的进行全随男人如何对待而定。一个女人若越喜性交而越有满足的能力,则对男人的虚弱,或**不尽兴的交合**越容易有焦虑的表示;至于在性方面不感兴趣或性的要求不很强烈的女人虽受同样的待遇,却不致产生严重的结果。 336

性的节制或节欲,今天已为一般医生所热心主张了,可是里比多若没有满足的出路,一方面坚求发泄,他方面又无法升华,则所谓节欲也仅成为导致焦虑的条件。至于是否因此致病,那往往成为一个量的成分的问题了。丢开疾病不谈,就拿性格形成这一点而言,我们也不难看出节欲和焦虑及畏忌常如影之随形,而大无畏的冒险精神反而和性的需要的任意宽容有连带的关系。这些关系虽或可因文化的多重影响而改变,但就一般人而言,焦虑之与节欲有密切的联系,那是不容我们否认的。

里比多和焦虑在发生上的关系,证据很多,不能尽述。譬如有些时期,例如青春期和停经期,里比多的分量异常增加,对于焦虑便不能没有影响。在许多兴奋状态中,我们也可直接看得出性的兴奋和焦虑的混合,以及里比多兴奋终于为焦虑所代替。由此所接受的一切印象是双重的:第一,是里比多的增加而没有正常的利用机会；第二，只是身体历程的一个问题。焦虑究竟如何发生于性欲，现在尚未明白了解；我们只能说，性欲缺乏了，焦虑之感乃代之而起。

（二）通过对精神神经病，尤其是癔病的分析，可得到第二种线索。我们知道焦虑常常是这种病的症候之一，而没有对象的焦虑也可长期存在或表现于发病之时。病人不能说出他究竟害怕什么；于是常借润饰作用（见第十一讲）使之与最可怕的对象如死、发狂、灾难等联系起来。我们若分析他的焦虑或伴有焦虑的症候所由发生的情境，往往不难发现那横遭阻挠而为焦虑的表现所代替的，究竟是何种常态的心理历程。换句话说，我们可揣想潜意识的历程好像未受压抑，毫无阻碍地进入意识之内。这个历程本应
337 当伴有一种特殊的情感，现在却奇怪的很，这个理应伴随心理历程而进入意识的情感，无论何种都可为焦虑所代替。因此，我们面前若有一种癔病的焦虑，那么它在潜意识中的相当物，也可以是一种性质相类似的兴奋，如忧虑、羞愧、迷惑不安，也可以是一种“积极的”里比多的兴奋；也可以是一种反抗的、进攻的情绪如愤怒。所以每当相当的观念内容受了压抑的时候，焦虑简直是一种通用的钱币，可用以为一切情感的兑换品。

（三）有些病人的症候采取强迫动作的方式，似乎显然可免去焦虑，这些人可以给我们提供第三种线索。我们若禁止他们，使不做这些强迫性行动，如洗手，或他种仪式等，或他们想自动地取消一种强迫行动，他们便不免因受极度恐惧的压迫，被逼着去做出这种动作。我们知道他的焦虑隐藏在强迫动作之下，而其所以做这动作，只是为了要逃避恐怖之感。所以在强迫性神经病内，原来要

产生的焦虑乃为症候形成所代替；而我们若回头来看癔病，也可发现一种大致相同的关系——即压抑作用的结果，可产生一种单纯的焦虑，也可产生一种混有他种症候的焦虑，也可产生一种没有焦虑的症候。所以抽象地说，似可主张症候之所以形成，其目的仅在于逃避焦虑的发展。因此，焦虑在神经病的问题上占有一个非常重要的地位。

我们根据关于焦虑性神经病的观察，可得一结论如下：里比多失去自身正常的应用，便足以引起焦虑；其经过实以身体的历程为基础。由癔病及强迫性神经病的分析看来，还可得另一结论：心理方面的反抗也可使里比多失去常态的应用而引起焦虑。因此，关于神经病的焦虑的起源，我们知道的仅此而已。虽仍欠明确，但是暂时也无他法可增加我们这方面的知识。我们的第二步工作，在于求得神经病的焦虑（即用在变态方面的里比多）和真实的焦虑（即对于危险的反应）之间的关系，就似乎更难以完成了。有人或 338
许以为这两件事实无可比拟，但是神经病的焦虑的感觉与真实的焦虑的感觉又实在难以区别开来。

这个想求得的关系可借自我和里比多的对比的关系加以说明。焦虑的发展，乃是自我对于危险的反应，及逃避之前的预备，这是我们所已知道的；那么我们现在再进一小步，推想自我在神经病的焦虑中，也在作逃避里比多要求的企图，而且在对待体内的危险时，也像它对付体外的危险一样。如此则若有所虑必有所惧这样的一个假设就可被证实了。但是这个比喻还不止此。正好像逃避外界危险时的肌肉紧张，结果可站定脚跟以采取相当的防御，现在神经病的焦虑的发展也使症候得以形成，从而使焦虑有了稳固的基础。

不易了解之处仍别有所在。原来焦虑既意味着自我逃避自己的里比多，即等于假定焦虑的起源仍在里比多之内。这就未免太难领会了，我们须记得一个人的里比多，基本上是那个人的一部分，可不能视为体外之物。这是焦虑发展中的“形势动力学”（topographical dynamics）的问题，现在仍未明白了解——譬如消费的究竟是何种精神能力？或这些精神能力又属于何种系统？这些问题，我也不自称能够答复；但是我要另求两种线索，因此，我们就不免又要引用直接的观察和分析的研究来帮助我们的推想了。现在先在儿童心理学中求焦虑的源流，再叙述附着于恐怖症的神经病焦虑的起源。

忧虑在儿童心理学中是一种很普遍的现象，我们很不容易决定它究竟是真实的或神经病的焦虑。研究了儿童的态度之后，这两种焦虑的区别便确实成问题了。因为一方面，儿童害怕生人以及怕新奇的对象和情境，那是不足为奇的，我们只要一想起他们的柔弱和无知，便不难加以说明了。因此，我们以为儿童有一种强烈的真实焦虑的倾向；假使这种倾向得自遗传，那也只是因为合于实用的要求。儿童似乎只是在重演史前人及现代原始人的行为，这
339 些人因为无知无助，对于新奇的及许多熟悉的事物都经验着一种恐惧之感，然而这些事物在我们看来已不再是可怕的了。假使儿童的恐怖症至少有一部分被视为人类发展的初期的遗物，那也正符合我们的期望。

就他方面说，还有两件事不可忽略：（一）儿童的怕虑各不相等；（二）那些对各种对象和情境而异常畏怯的小孩，长大时往往

即转变为神经病者。所以真实的焦虑如果过分,则可为神经病倾向的标志之一;怕虑性似乎比神经过敏还要原始;我们因此得出结论说,儿童以及后来的成人,其所以经验着对自己的里比多的畏怯,只是因为他对于任何事都感到畏怯。因此,焦虑起于里比多之说将可取消;而且根据对于真实焦虑的条件的研究,在逻辑上,自然可得出下面一个结论:对于本身软弱无助的意识——即阿德勒所谓的“自卑感”——到年长时若仍然存在,便为神经病的根本原因。

这句话既如此简单动听,乃不得不引起我们的注意,因为我们用来研究神经过敏问题的观点确将因此而动摇了。这种“自卑感”——连同焦虑及症候形成的倾向——似乎确可持续到年长,但在特殊的病例中竟出现所谓“健康”的结果,那便不得不需要更多的解释了。然而对儿童的怕虑性的严密的观察,我们可得到何种知识呢?小孩子一开始就怕见生人,这种情境之所以重要,只是因涉及情境中的人,后来才牵涉到物。但是儿童畏惧生人,并不因为他以为这些生人怀有恶意,把自己的弱小,和他们的强大相比较,从而认为他们会危及自己的生存、安全和快乐。这种以为儿童疑忌外界势力的关于儿童的学说,实在是一种很浅陋的学说。其实,儿童见生人而惊退,乃因为他习惯于——因此希望着——一个亲爱而相熟的面孔,主要是母亲。他既感失望,便一变而成惊骇——他的里比多,既无可消耗,那时又不能久储不用,就变成惊骇而得以发泄了。这个情境乃是儿童焦虑的原型,是出生时与母亲分离的原始焦虑的条件的复现。 340

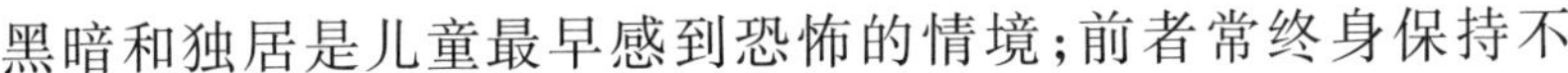

黑暗和独居是儿童最早感到恐怖的情境;前者常终身保持不

灭；不愿保姆或母亲离开的欲望则是二者都有的。我曾听见一个怕黑暗的孩子大呼："妈妈，对我说话吧，我怕极啦。""但是那有什么用呢？你看不见我。"那孩子回答说："如果有人说话，房内就会亮些。"因此，在黑暗中所感到的期望乃一变而为对黑暗的惊惧了。我们远未发现神经病的焦虑只附属于真实的焦虑而为其特殊的一种，相反地，我们却觉得小孩子的行为多少有些像真实的焦虑，其主要特性又和神经病的焦虑相同——即起源于得不到发泄的里比多。儿童在初生时似很缺乏道地的"真实的焦虑"。那些后来成为恐怖的情境如登高、过水上的窄桥、坐火车或轮船等，在小孩则毫无害怕的表示——知道的越少，害怕的也越少。我们也深愿他能由遗传而获得这些保存生命的本能；从而我们保护他而不使他受种种危险的照料工作也就可以减少许多了。然而实际上，你们要知道儿童总是过高估计自己的能力，他因为不识危险，所以在行动中毫无所惧。有时沿着河边跑，有时坐在窗台上，有时玩弄刀剪，有时以火为戏，总之，他的所作所为都足以伤害本身而使看护者不胜惊骇。我们既不能让他在痛苦经验中学习，所以便不得不完全依靠训练使他终于引起真实的焦虑。

假使有些孩子很容易因训练而知所惧怕，而且对于未受警告的事也能预知危险，那么我们便可揣想他们比别人在体质内一定有大量的里比多需要，否则他们也一定是坏在幼时受惯了里比多的满足。无怪那些后来变成神经过敏的人们，做孩子时，也属于这一类；我们知道一个人如果不能容忍大量的长期被压抑的里比多，那么他就最容易发生神经病。可见这里有一种体质的因素在起作用，我们也从未否认过。我们所反对的，只是从观察及分析的一致结果看来，体质的因素本无地位，或仅占一无足轻重的地位，而有些学者却偏要侧重这一因素而排斥其他因素。341

现将由观察儿童的怕虑性而得的结论概述如下：儿童的恐怖与真实的焦虑（即对于真正危险的畏惧）无关，而与成人所有神经病的焦虑有密切的关系。这种恐怖，也像神经病的焦虑，都起源于未能发泄的里比多；儿童一旦失去所爱的对象，便利用其他外在对象或情境作为代替。

你们现在当乐于知道恐怖症的分析所能告诉我们的，并没有超过我们所已知道的。儿童的焦虑如此，恐怖症也如此；总之，里比多若无处发泄，便不断地转变而为一种类似于真实的焦虑，于是把外界一种无足轻重的危险取来作为里比多欲望的代表。这两种焦虑的互相一致是不足为奇的；因为儿童的恐怖不仅是后来焦虑性癔病所表现的恐怖的原型，而且又是它的直接的先导。每一种癔病的恐怖，尽管因不同的内容而有不同的名称，然而都可溯源于儿童的恐怖而成为它的继承物；所不同的，在于它们所有的机制。就成人而言，里比多虽然暂时不得发泄，也不足以转变而成焦虑。因为成人早已知道如何保存里比多而不用，或如何应用于其他方面。但是，假使他的里比多附着于一种受过压抑的心理的兴奋之上，那么类似于儿童——在儿童尚未有意识和潜意识的区别——的所有情形便随而再起；因为这个人已退回到儿童时的恐怖，于是他的里比多便很容易变成焦虑。你们须记得我们已大略讨论过压抑作用，但是那时所注意的仅为被抑观念的命运；那自然是因为它较容易辨识和陈述，至于附丽在这个观念上的情感究竟如何结局，我们却忽略过去了，现在才知道这个情感无论在常态上将有何种

性质,但在此时它的直接命运却是转变为焦虑。这种情感的转变乃是压抑历程的一个更重要的结果。此事较难陈述;因为我们还不能主张潜意识情感的存在也像前所主张潜意识观念的存在。一
342 个观念,无论是意识的或潜意识的,总可保持不变;我们还讲得出相当于潜意识观念的东西究竟是怎么一回事;至于一种情感乃是一种有关能力发泄的历程;我们对于心理历程的假设若尚未有彻底的考察和了解,就不能说与潜意识的情感相当的究竟为何物——因而也不能在这里加以讨论。然而,我们可仍要保留着那已得的印象:那就是,焦虑的发展与潜意识系统有密切的关系。

里比多若受压抑,便转变而成焦虑,或以焦虑的方式而求得发泄,这是里比多的直接命运,我已经说过了;现在须补说一句如下:变成焦虑还不是受压抑的里比多的唯一的、最后的命运。在神经病中,还有一种历程,其目的在要阻止焦虑的发展,而且用来达到这个目的的方法不止一种。譬如就恐怖症而言,显然看出神经病的历程共分两期。第一期完成了压抑作用,使里比多转变而成焦虑,而焦虑则针对着外界的危险。第二期是建造种种防备的壁垒,以避免与外界危险的接触。自我既深觉里比多的危险,乃以压抑作用作为逃避里比多压迫的工具;恐怖症好像是一座城堡,可怕的里比多好像外来的危险,城堡便用以抵抗这种危险。恐怖症中的这种防御系统,其所以还存在有弱点,只是因城堡虽可御外,但仍不免有来自内部的危险;把来自里比多方面的危险投射于外,那是永远难以见效的。所以,他种神经病便利用其他的防御系统来阻止焦虑发展的可能性了;这是神经病心理学中一个最有趣味的部分。可惜要讨论这个问题,未免离题太远,而且要有特殊知识作基

础。因此，我现在只能约略地说几句。我已说过自我安设一种反攻的壁垒于压抑作用之上。这个壁垒必须保全，然后压抑作用才可持续存在。至于反攻的工作则为用种种抵御的方法，以免在压抑之后又有焦虑的发展。

再回过头来讲恐怖症吧：我现在希望你们已认识到仅仅解释
恐怖症的内容，仅仅研究它们的起源——例如造成一种恐怖的这
一对象或那一情境——而不管其他，那是绝对不够的。恐怖症的
内容的重要等于显梦——只是一种谜面。我们要承认，在各种恐 343
怖症的内容之中，无论如何变动，仍有许多内容因物种遗传的关
系，特别适宜于变成恐怖的对象，这是霍尔曾经讲过的。而且这些
恐怖的对象，除了和危险有象征的关系之外，和危险本身并没有
关系。

因此，我们乃深信焦虑的问题在神经病的心理学中占一中心的地位。我们还深深地觉得焦虑的发展和里比多的命运及潜意识的系统有密切的关系。只是还有一个事实：就是，“真实的焦虑”应视为自我本能用以保存自我的一种表示。这个事实虽无可否认，但它只是一个不连贯的线索，还是我们理论体系中的一个缺口。[①]

第二十六讲　里比多说：自恋 344

我们最近已一再讲过性本能和自我本能的区别了。第一，由

① 参阅第二十六讲末段，本书第 349—350 页。——译者注

压抑作用看来,我们知道这两种本能怎样地互相反抗,其后性本能又怎样地在表面上屈服,迂回曲折地求得满足,以补偿其损失。其次,性本能和自我本能对于必要性从一开始便各有不同的关系,所以,它们的发展彼此互异,而对于唯实原则也各有不同的态度。最后,我们还深信由观察而知性本能和焦虑之感比自我本能有密切得多的关系,——这个结论似仅在某一要点上尚未完密而已。要拥护这个结论,可再举下面的一个深可注意的事实:饥渴为保存自我的两种最重要的本能,却从未转变而成焦虑,至于不满足的里比多转变成焦虑,则为很常见的现象。

我们所以要将性本能和自我本能严加区别的理由,那是谁也不能否认的;其实,说性本能是个体的一种特殊的活动,已默认二者之间的区别了。成问题的,只是这个区别究竟有什么意义,以及我们是否严肃认真地对待这个区别。这个问题的答案要看下面的两点:(1)性本能在身体的及心理的表示上,不同于自我本能,究竟到了何种限度,我们是否能加以规定;(2)由这些差异而引起的结果究竟如何重要。我们原无意要坚持这两种本能在本质上的差异,而且即使有了差异,了解也是很不容易的。它们都不过被描述
345 为个体的能力的泉源,我们若要讨论它们在基本上究竟同为一种或分属两种,则绝不能仅以这些概念为基础,而必须以生物学的事实为根据。就目前说,我们对于这方面所知甚少;纵使我们所知较多,也无济于精神分析的研究。

荣格以为各种本能都源出于一。因此,凡来自本能的能力都称为“里比多”;这也显然是无济于事的。因为我们采用这个办法,绝不能使精神生活中不再有所谓性的机能,于是便不得不将里

比多分为性的和非性的两种。然而里比多一词却仍宜保存着，以专称性生活的本能力，像我们以前所用的才是。

所以，我想性的本能和自我保存的本能究竟应否加以区别的问题，对于精神分析没有多大重要性，而且精神分析也没有资格讨论这个问题。由生物学的观点看来，显然有许多方面可以证明这个区别的重要。因为有机体的机能只有性这一种才超出个体之外而和物种相联系。这个机能的行使，不像他种活动那样常有利于个体，而且为了得到性的高度的快乐，或不免使生命陷于危险或灭亡。然而个体的生命仍须保留一部分遗传给后代，于是乃有一种不同于其他的新陈代谢的历程，以为达到这种目的之用。个体原自以为非常重要，以为性也像其他机能，只是用来求个体满足的一种手段，但由生物学的观点看来，个体的有机体只是物种绵延的一段，与不朽的种质（germ-plasm）相比，其生命甚短，不过暂时作为种质的寄身之所而已。

但以精神分析解释神经病，便不必作这种深远的讨论。性本能与自我本能的区别已可用以为了解“移情神经病”的关键。这种神经病的起源已能追溯到某一基本的情境，而在这个情境之内，性本能与自我本能互相矛盾，或——以生物学的术语说吧，虽不很准确——自我以本身作为独立的有机体的资格与其本身的另一种资格，即作为物种延续的一分子，是互相反抗的。这个分立或者到 346
了人类才开始存在，因此，总的说来，他之所以较优胜于其他动物，或许就在于他有患神经病的能力。人类的里比多的过分发展及其精神生活的异常复杂（这或许是从里比多发展而来），似乎构成了引致这种矛盾的条件。无论如何，人类已明白地在这些条件之下，

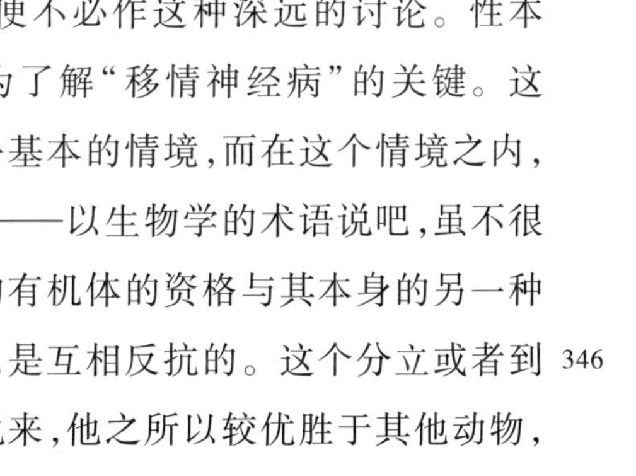

有了远远超出动物的进步，所以他的患神经病的能力，似乎只是人类文化发展的能力的对应面。但是这些仍然只是使我们离开目前课题的推论而已。

我们研究的进行仍旧是根据这么一个假定：性本能的表现和自我本能的表现可以区别开来。在移情的神经病内，这种区别是不难求得的。凡自我对于自身的性欲对象的能力的投资，我们称之为“里比多”，而来自自存本能的他种投资，则可称为“兴趣”；我们若推求里比多的投资、变化及其终极的命运，我们就能初步了解到精神生活中各种力的进行。移情的神经病为这个研究提供了最好的材料。但是，关于自我——及其构造和机能的种种组织——仍然未能了解。我们乃不得不相信他种神经病的分析或可用来帮助对这些问题的理解。

精神分析的概念，早就有人推用于这些其他情感的研究了。1908 年，阿伯拉罕和我讨论之后，便发表了一种主张，以为早发性痴呆（dementia praecox）以**没有在外物上投资的里比多**为主要的特征。［《癔病与早发性痴呆的精神性欲的区别》（The Psycho-Sexual Differences between Hysteria and Dementia Praecox）］。但是那时发生了一个问题：患痴呆症者的里比多既经离开了它的外物，那么又如何结局呢？阿伯拉罕毫不迟疑地认为里比多又回到了自我，又以为**里比多的这种回复乃是早发性痴呆中夸大妄想的起源**。这种夸大妄想正好比恋爱时夸大对方的身价。因此，我们由于研究精神病的情绪和常态恋爱生活方式的关系，才第一次懂得精神病情绪的一个特点。

347 我要告诉你们，阿伯拉罕的这个见解在精神分析中仍保留着，而且成为我们关于精神病理论的基础。我们已逐渐了解到下面这个概念:里比多虽附着于某种对象之上,而且表现一种想在这些对象上求得满足的欲望,但也可丢掉这些对象而以自我本身为代替;这个观点又逐渐发展得更为周密。从前 P. 纳基用自恋(narcissism)一词来形容一种性的倒错,即一个成年的个体用施于爱人身上的拥抱抚摩滥施于自己身体之上。我们现在便借用这个名词以称里比多的这种应用。

我们只要稍加思索,便足见世上如确有这种爱恋自己身体的现象,那么这个现象必不完全是例外的或无意义的。也许这种自恋乃是普遍的原始的现象,有了这个现象,然后才有对客体的爱(object-love)。但自恋的现象却也不必因此而消失。我们必须记得“客体里比多”(object-libido)的进化,在这个进化的初期,儿童的许多性冲动都在自己身体上寻求满足——这就是我们所谓的自淫的满足——性生活之所以退化,而不能学会对于唯实原则的顺从,便可用这种自淫的能力作为解释。因此,自淫现象似乎就是里比多在自恋方向上的性的活动。

总结一句话,我们对于“自我里比多”和“客体里比多”的关系已获得一个相当的观念,而这个观念则可借用动物学方面的比喻加以说明。你们要知道最简单的生物只是一团未分化的原形质。这原形质常随所谓“假足”(pseudopodia)而向外伸张;但也可缩回这些假足再将原形质集为一团。这些假足的伸出,正好像里比多投射在客体之上,而最大量的里比多仍可留存在自我之内;据我们的推想,自我里比多在常态的情况之下,不难转变而成客体里比多,而客体里比多最后又能为自我所收回。

有这些概念的帮助，现在就可以解释整个心理的状态，或者退一步说，也可用里比多说来描述常态生活的情况了，例如恋爱，机
348 体疾病及睡眠等状态。就睡眠的状态来说，我们可假定睡眠状态乃是由于脱离外界而集中精神于完成睡眠的愿望。我们已知道半夜里梦的精神活动也是以保持睡眠为目的，而且全受利己主义的动机的控制。借里比多说的帮助，我们可以更进一步，以为在睡眠的时候，所有一切在外物方面的投资不管是里比多的或利己主义的，都被撤回而又集中于自我。这难道还不能使我们对由于睡眠所导致的体力恢复及一般疲劳的性质有一新的了解吗？睡眠和胎内生活的相似之点既可因此证实，又可在心理方面扩大其意义。里比多分配的原型或原始自恋的现象都可重现于睡眠，那时，里比多和自我的利益同处一堂，在自足的自我中，合为一体而不可划分了。

这里有两种观察要附带说一下。第一，自恋和利己主义的区别何在？由我看来，自恋系以里比多为利己主义的补充。我们讲到利己主义，仅着眼于某人的**兴趣**。至于自恋则有关里比多需要的满足。二者在实际生活上，可为各不相关的动机。一个人也许是绝对利己主义的，但是假使他的自我要在一个客体上谋求里比多的满足，则他的里比多对于客体也有强烈的依恋；那时，他的利己主义便使得他的自我不因为对客体的欲望而有所损伤。一个人可以是利己主义的，同时又是强烈的自恋的（即感到不很需要客体），而这个自恋或表现为直接的性的满足，或表现为所谓“爱情”，从而有别于“肉欲”（sensuality）。就这些情境而言，利己主义是明显而常存的成分，至于自恋则为变动的成分。利己主义的反

面为利他主义，利他主义可不是以里比多投资于客体之上的一个名词；利他主义和里比多不同之处在于它没有在客体上谋求性的满足的欲望。但是假使爱情达到最高的强度，利他主义也可在客体上作里比多的投资。大概地说，性的客体可将自我的自恋吸去一部分，于是自我对于客体的性的估计便常常过分。假使于此之外再加以利他主义，将得自爱人的利己主义引向客体，那么性的客 349
体就成为至高无上之物；而完全吞没自我了。

假使在这些枯燥的科学的玄想之后，引一段诗来说明自恋和热爱的区别。而加以“经济的”对比，对你们也许有所帮助。诗系引自歌德的《东西歌女》(Westöstliche Divan)，为楚丽卡与她的恋人哈坦的对话：

> 楚丽卡：奴隶、战胜者和群众们，都异口同声地承认，自我的存在乃是一个人的真正幸福。假使他不失去自己的真我，便没有拒绝任何人的必要；假使他仍然是他，便可忍受任何物的损失。①
>
> 哈坦：就算你如此吧：我来的可是另一条路，我在楚丽卡的身上，看见了人世幸福的总和。
>
> 假使她有意于我，我愿牺牲一切。假使她舍我而去，我的自我也立即消灭。那时哈坦的一切也都成过去；假使她很快爱上某一幸福的爱人，我只好在想象中，和他合为一体。②

第二，是梦的学说的扩大。梦之起因是不可解释的，除非我们

---

① 此系自恋的表示。——译者注

② 此即热爱客体的表示。——译者注

假定潜意识中被压抑的观念已对自我宣告独立，所以自我为求睡眠起见，虽已撤回自身在客体上的投资，然而这种观念仍不受睡眠欲的支配，而保存其活动力。只有这个假定，才可使我们懂得这种潜意识的材料究竟如何能利用夜间检查作用的消灭或减弱，而塑造白天剩余的经验，从而造成一种为本人所不许的梦的欲望。反过来说，这种剩余的经验和被压抑的潜意识材料本来已有一种联
350 络，由此联络或可产生一种抗力，以反对睡眠的欲望和里比多的撤回。因此，我们现在应该把前讲中所有关于梦的构成的概念再并入这个重要的动力因素。

有些条件——如机体的疾病、痛伤的刺激及器官的发炎——显然可使里比多由客体上撤回。如此撤回的里比多又重新依附于自我而投资于身体上病痛的部分。我们简直可以说，在这种状况之下，里比多由客体上的撤回比起自我兴趣由外界事物上的撤回，更令人惊异。这似乎有助于我们对忧郁症的了解；在此症中，有些在表面上看不出病痛的器官却要求自我的关注。但是关于这一点或者其他可以用客体里比多之返回自我来解释的情境，却不拟再加讨论了；因为我此时已觉得你们必将有两种抗议。第一，你们要问我为什么在讨论睡眠、疾病等时一定要坚持里比多和兴趣，以及性本能和自我本能的区别，其实，要解释这些现象，我们只须假定各人都有一种自由流动的一致的力，投射到客体之上，也可凝集于自我之中，就可以达到这方面的目的，也可以达到那一方面的目的了。第二，你们要问我怎么竟如此大胆，以至于视里比多的离开客体为疾病的起源，假使这种由客体里比多转为自我里比多——或一般的自我能力——的变化，乃是一种每日每夜所常有的常态的

心理历程。

下面就是我的答复:你们的第一个抗议听起来好像有相当的理由。由睡眠、疾病及恋爱等情形的研究,也许不足以看出自我里比多和客体里比多,或里比多和兴趣的区别。然而在这一点上你们却忘记了我们出发时的研究,其实,对于现在所讨论的心理的情境,正是用这些研究为根据的。我们既明白了由移情的神经病而引起的矛盾,于是乃不得不将里比多与兴趣,性本能与自存本能加以区别。自此之后,这个区别便常引起我们的注意了。而且若要解决所谓自恋神经病,如早发性痴呆的谜,或要完满地解释它们和癔病及强迫性神经病的异同,便不得不假定客体里比多有变为自 351
我里比多的可能,或者换句话说,便不得不假定我们必须承认有自我里比多的存在。然后,我们才引用由此而得的不可否认的理论来解释疾病、睡眠及恋爱。这些理论到处应用,看究竟在哪方面可以走得通。而没有直接根据分析的经验的,只有一个结论:那就是,里比多无论附着于客体或自我,总仍然是里比多而不变为自我的兴趣;而自我的兴趣也一定不变为里比多。但是这个话仍只是表示性本能和自我本能的区别;这个区别,我们已加以批判的考察,从启发的角度看来,暂时仍然有用,等到证实了它没有价值之后再说。

你们的第二个抗议也引起了一个合理的问题,然而论点仍不免错误了。客体里比多回复到自我却未必都可致病;里比多每夜在睡眠之前撤回,醒后又复原,也都是千真万确的事实。譬如原形质的微生物收回假足之后,往往即复伸出。但是假使有一种确定的、很有力的历程,强迫着里比多由客体上撤回,那结果便很不相同了。由此而成为自恋的里比多不再能找到返注于客体的途径；里比多在自由运动上受到障碍，那便不能不病了。自恋的里比多若储积到某种限度之上，似乎就变得不可忍受。我们或可推想它之所以投射于客体之上者正是因为这个缘故。而自我也只得放出里比多，免得里比多的过分储积而致病。假使我们的计划要对早发性痴呆作更特殊的研究，那么我或可告诉你们，使里比多脱离客体而不能复返的那一历程实和压抑作用有密切的关系，而应视为压抑作用的又一种。无论如何，假使你们能知道这些历程产生的初步条件，据我们现在所知，几乎和压抑作用互相一致，那么你们对于这些新事实便不难了解了。所谓矛盾也彼此相似，而互相矛盾的力量也是相等的。然而其结果之所以不同于癔病，那只能是
352 因为倾向的不同。这些病人所有里比多发展的弱点是位于发展的另一时期。而引起症候的执着点也有不同的位置，也许是位置于初期自恋的阶段之内；早发性痴呆最后便返回到这一阶段。总之，就自恋的神经病而言，我们乃不得不假定它的里比多在发展上执着的时期，远较早于癔病或强迫性神经病，但是你们已听说自恋神经病实际上较移情神经病更为严重，但由关于后者的研究而得到的概念也足以为前者的解释。二者之间确多互相沟通之点；在基本上，它们是同一组的现象。所以，一个人若不先有关于移情神经病的分析的知识，便难望对于这些病症（应属于精神病学）能作相当的解释。

早发性痴呆的症候不同，它们的发作不由于里比多返自客体而储积在自我之内，像自恋那样。它们还表现有其他现象，可追溯到里比多要复返于客体而力求恢复的结果。事实上，这些才是这

种病的显著特征；它们类似癔病的症候，间或有少数也类似于强迫性神经病的症候；但在各方面说，仍多不同之点。就早发性痴呆而言，它们的里比多返回到客体或客体观念的努力，似乎的确不无所得，但是所得的仅不过是原物的影子——如附丽在原物上的名词或影像。这里为篇幅所限，对于这个问题，不再作进一步讨论，但在我看来，里比多返回到客体的努力这一方面可用来了解意识的观念与潜意识的观念之间的区别。

分析的研究现在已可望再推进一步了。自从有了自我里比多的概念之后，自恋神经病已有了解的可能；我们目前的工作，就是要在这些疾病里求得动力的成因，同时因对于自我的了解，而去扩充我们对于精神生活的知识。我们的目的在于建立一种关于自我的心理学，然而自我心理学不能建立在我们自己的自我知觉所提供的材料之上；也一定要像里比多心理学那样以对自我病狂的分析为根据。我们或许以为自我心理学若能成立，则我们现有的得自移情神经病的研究的关于里比多的知识就会无足轻重了。然而，我们现在在这方面尚未取得很大的进步。自恋的研究不能用研究移情神经病的有效方法来进行，你们不久便可明了理由何在。就自恋的病人而言，我们往往走通了一小段路之后，又会碰壁而不能通过。你们知道，移情神经病内也有这种抵抗的壁垒，但这个壁垒可以一段一段地冲破。至于自恋的抵抗是不能克服的；充其量也只能伸长颈子去窥视墙外有什么经过，聊以满足好奇心而已。因此，我们不得不设法改变研究法，但现在还找不出一种改善的方法。关于这些病人的材料并不缺乏，虽不足以解决我们的疑问，但材料的分量却很可观。现在我们只能用得自移情神经病的研究的

知识去注释他们所说的话。这两种病症的相同之处已足以担保我们有了满意的出发点。至于用这个方法究竟收到何种成效,那就得看将来了。

除此之外,还有其他一些困难阻碍着我们的进步。老实说,只是在移情神经病上作过分析研究的人们,才配去研究自恋神经病以及和自恋有关的精神病。但是精神病学者从来不研究精神分析,而我们精神分析家所见过的精神病的例子又嫌太少。现在必须培养一批精神病学家,使先受精神分析的训练。美国已开始在这个方向上努力了,有几位精神病学者领袖在对学生讲演精神分析的学说,医院及疯人院中的主任医生也都想用精神分析的理论以为观察病人的指导。我们有时也探到了自恋幕后的一些奥秘,因此,现在我们想告诉你们一些关于此病的见解。

354 妄想狂(paranoia)是一种慢性精神错乱,在今天精神病学的分类上,有一很不确定的地位。但是它无疑和早发性痴呆有密切的关系;我已提议过,二者都应同属于**妄想痴呆**(paraphrenia)的名下,妄想狂的形式随幻想内容的不同而异其名称,例如夸大的幻想、被压迫的幻想、被妒忌的幻想,及被爱的幻想(erotomania)等。我们绝不希望精神病学能说明这些现象。试举一个不很好的老例子吧,精神病学也曾凭理智的努力,想用这些症候互相解释:病人深信自己受人迫害,因此推想自己一定是一个要人,于是逐渐产生妄自夸大的幻想。而据我们分析的概念,这种夸大的幻想乃是由于里比多从客体上撤回,而使自我膨大所致,这是第二期的自恋(a secondary narcissism),是早期的幼稚形式的回复。但在被迫害的幻想里,我们从观察中得到了一个了解的线索。第一,我们知道就大多数的事例而言，迫害者和被迫害者是同性的；这原可有好意的解释，但是就某些已受严密研究的例子而言，似乎病人在健康时本对这个同性者极其亲爱，只是到了发病之后，才以他为迫害者。这种病又可因联想而进一步发展，可以把一个被爱的人换成另一人，例如把父亲换成严师或权威者。由这些大家常相一致的观察看来，我们以为一个人因为想要抵御一种强有力的同性恋的冲动，乃采用被迫害妄想狂作护身符。爱既一变而为恨，恨又足以危及既爱又恨的对象的生命，这个转变无异于里比多冲动之变为焦虑，都是压抑作用常有的结果。试举一个最近看见的例子加以说明。一个年轻的医生必须离开他的寓所，因为他在那里曾恫吓一个大学教授的儿子。这人本来也是他的密友，他这时以为这个朋友有超人的魔力和邪恶意图；他以为近年家庭的种种不幸，和自己在公私两方面的困顿，都是他在作祟。而且不仅如此，这个恶友和他的父亲又引起大战，致使俄国人侵扰边疆；他们曾用种种方法来伤害他的生命；他于是深信此恶人不死，则天下的大乱不止。但是在实际上，他仍深深爱他，以致虽有枪杀他的机会，可是手软不能放枪。我和病人作短时间谈话的结果，才知道二人深密的友谊起于在学校中同学的时候；至少有一次他们已经远超出友谊的范围，二人在某一夜内曾有过一次完全的性交。病人就年龄及人品说，那时都应有爱女人的情感，可是他始终没有这个意思。他曾和一个美丽富有的女子订婚，但是她因他太冷酷，宣告解约。多年之后，正当他初次能给一个女人以性的满足的时候，他的病爆发了。当她在感激和热爱中拥抱着他的时候，他忽然感到一种神秘的苦痛，像利刃切颅似的。其后，他诉述那时的感觉，好像尸体解剖时头部切开

时的那种感觉；因为他的朋友是病理解剖学家，所以他渐以为只有这个朋友才会以这个女人来引诱他。于是他对于以前所受自这个朋友的其他迫害，也更能了解其阴谋诡计了。

但是迫害者和被迫害者有时也可为异性的，那么说这种病是抵抗同性爱，岂不是与事实互相矛盾吗？我曾有机会诊察过这种情形的病，表面上虽与此说相矛盾，实际上则互相证明。一个年轻的女子想象自己为一男人所迫害，这个男人曾经两度和她发生过亲密的关系；事实上，她最初颇怀恨一个妇人，这个妇人或可视为这少女的母亲的代替者。直至第二次和他相会之后，她才将受迫害的幻念由那妇人移到那男人；所以在这个病例中，迫害者的性别
356 和被迫害者相同的说法，仍可成立。只是病人向律师及医生诉说时，对于第一次的幻想片言未提，因此在表面上，和我们关于妄想狂的理论便互相抵触了。

选同性为对象比起选异性为对象来，与自恋原来就有更深切的关系；所以，同性恋的热情一受拒斥，便特别容易折回而成自恋。关于爱的冲动的途径的基本计划，在这些演讲里，我还没有机会把我们所知道的全部告诉你们，现在也不能有所补充了。我要告诉你们的只是下面这几句话：对象的选择，或里比多超出自恋期以上的发展，可有两种形式。第一为自恋型（the narcissistic type），以能类似于自我者为对象以代替自我本身；第二为恋长型（the anaclitic type），里比多以能满足自己幼时需要的长者为对象。里比多强烈执着于对象选择的自恋型，也是有显著同性恋倾向者的一种特性。

你们当记得在本编的第一讲中，我曾引述过一个女人的幻想的妒忌。现在我们的演讲快要结束了，你们一定会希望我能用精

神分析说来解释幻念。但是关于此事，我所能告诉你们的不能像你们所期望的那么多。幻念不受逻辑及实际经验的影响，它和强迫观念相同，都可用它们与潜意识材料的关系加以解释；这些材料一方面为幻念或强迫观念所阻遏，一方面却也借幻念或强迫观念表现出来。二者之间的差异实基于此二种情绪的形势的(topographical)及动力的差异。

抑郁症(可分为许多不同的临床类型)和妄想狂相同，我们也可约略窥见这种病的内部构造。我们已知道这些病人所深感苦恼的无情的自我谴责实际上都有关于自己所已失去的或因有某种过失而不再加以珍视的性的对象。因此，我们乃以为患抑郁病者确实都把自己的里比多由客体上撤回了，但因有一种“自恋的以他 357
人自比”(narcissistic identification)过程，把客体移植在自我之中，用自我代替了客体。这个历程，我只能给你们以一种叙述的观念，可不能用形势及动力的名词加以说明。自我于是被视为那已被抛弃的客体；那些要加在客体身上的一切报复的凶暴待遇，都改施于自我了。推而至于抑郁症者的自杀冲动也可因下面的假设而更可了解：那就是，病人对自我的痛恨，与对那一既爱又恨的客体的痛恨同样强烈。在抑郁症中，与在其他自恋的病态中相同，其情绪的生活都显然有布洛伊勒所定名的而为我们所常说的**矛盾情绪**(ambi-valence)；这个名词的意义是指对于同一人而有两种相反的情感(即爱和恨)。可惜我们在这些演讲里对于矛盾情绪一词不能有更详尽的讨论。

除自恋神经病外，还有一种癔病的“以他人自比”的形式，这是我们早已知道的。我很希望能用几句话，就使你们明白这二者的差异；可惜事实上没有可能。抑郁症有周期式或循环性，现在稍讲几句，会使你们感兴趣的。在适宜的条件之下，我们可以在病去而未来之间加以分析的治疗，以阻止其病态的再发。（我已一再尝试成功了。）因此，我们乃知道在抑郁症、躁狂症（mania）及其他病症中，都有一种特殊的解决矛盾的方法在进行着，这种方法在先决条件上和其他神经病是一致的。你们当可想象到精神分析在这方面还是很能有用武之地的。

我还要告诉你们，自恋神经病的分析，有助于略知自我及其由种种官能和元素所构成的组织这方面的一些知识。我们从前在这一方面作过初步探讨。对于所观察的幻念的分析，我们已得到这么一个结论：那就是，自我有一种官能，不断地在监视着、批评着和比较着，因此，乃和自我的另一部分互相对抗着。所以，我们以为病人的诉苦，认为自己的每一举动都有人监视着，每一思想便有人知道而加以考察似的，这时其实已说出了一个没有人能知其为真理的真理。他的错误仅在于他以为这个可恨的势力非他自己所有，存在于他自己的身体之外；其实，他在自己的发展过程中，已创造起来一种自我理想（an ego-ideal），他在本人的自我中觉得有一
358 种官能的界尺，可利用自我理想衡量自己的实际自我和一切活动。我们更推想他之所以要创造这个理想，其目的在于因此求得与幼时的主要自恋联系着的自我满足，这种满足自从年龄长大，已屡受压抑而牺牲了。这种自我批判的官能就是以前的所谓自我的检查作用或“良心”；夜间梦中表现为抵抗不道德欲望的，也就是这同样的官能。这个官能若在被监视的幻念中分解出来，我们便能知道这个官能的起源，乃由于受父母师长及社会环境的影响，通过以

这些模范人物自比的过程而产生的。

这是精神分析应用于自恋神经病所得的一些结果。可惜还嫌太少，有许多还未能使我们有明白的概念，因为这种概念只有当新材料经过多年的研究之后才可望有所成就。这些结果之所以可能，乃由于应用自我里比多或自恋里比多的概念；因有这些概念的帮助，所以我们能够将移情神经病方面的结论推广到自恋神经病。但是你们现在可要问我：自恋神经病及精神病的所有一切失调是否都可用里比多说加以解释，疾病的发展是否都由于精神生活中的里比多因素，而完全不由于自存本能的失常。由我看来，这一问题的解决似乎还不很重要；同时，我们现在还没有答复的能力；尽可静待将来的解决。据我推想，那时必可证明：致病的能力乃是里比多冲动所特有的。所以里比多说无论在实际的神经病方面，或最严重的精神病方面，都可取得胜利。因为我深知里比多的特性就是不服从现实及必要性的支配。但是我又以为自我本能在此也可有连带的关系，里比多既有致病的情感，于是自我本能的机能乃不得不因此而受扰乱。纵使我们承认自我本能在严重的精神病中是主要的受害者，我也看不出我们研究的方向便因此而失效；这都等将来再说吧。 359

现在暂时回来再讲焦虑，以期能说明前所未能了解之点。我们曾说过焦虑和里比多的关系本很明确，但不易和下面一个不可否认的假定互相调和：那就是，针对危险而发生的真实的焦虑乃是自存本能的表示。但是假使焦虑的情感不起源于自我本能，而起源于自我里比多，我们便将如何应付呢？焦虑之感究竟常伤身而有余，程度越深，为害也越显著。它常干涉着那唯一可以保全自我的行动,不管它是逃避的或自卫的行动。所以,假使我们把真实的焦虑的情感成分属于自我里比多,而把它所采取的行动属于自存本能,那么一切理论上的困难都可迎刃而解了。你们将不再主张我们因知道恐惧而逃避了。我们的知道恐惧而逃避,都起源于对危险的知觉而引起的同一冲动。经过危险而幸存的人,以为他们未曾有恐惧之感,他们只是相机行动——譬如举枪瞄准进攻的野兽——这确是他那时最有利的办法。

360 第二十七讲　移情作用

我们的讨论现在已将结束,那么,你们必定有一种期望,但可不要因此而产生一种误会。你们或许以为我讨论了精神分析所有复杂的难题之后,绝不至于在结束时竟没有一句话讲到治疗,因为精神分析的工作究竟以治疗为归宿。其实,这一层我绝不能略而不述;因为与治疗的现象相联系,还要告诉你们一个新事实。假使没有关于这个新事实的知识,则对于前已研究过的疾病,必不能有深刻的了解。

我知道你们绝不希望我告诉你们实施分析治疗的技术;你们只是要知道精神分析的治疗法及其成就的大概。要知道此事,是你们应有的权利,谁也不能否认;可是我不愿告诉你们——最好请你们自己摸索!

请你们想一想吧,从引起疾病的条件直到病人内心起作用的因素,凡属重要的事实,你们都已知道了。究竟在哪一点上可以接受治疗的影响呢?第一,是遗传的倾向——我不常提到遗传,因为这个问题在旁的科学中已很为人所强调，我们也没有新的话可说。但是你们不要因此而以为我们轻视了它；我们从事分析，当然很知道它的势力。我们无论如何不能使遗传有所改变；这是本问题中一个预定的材料，可以限制我们努力的范围。其次，是幼时经验的影响，在分析中，往往是最重要的材料；它们属于过去，当然也使我们无用武之地。再其次是人生所有一切的不幸，即现实幸福的被剥夺，由此而引起生活中一切爱的成分的丧失——例如穷乏、家庭 361
的不睦、婚姻的失败、社会处境的不良、道德的过度压迫等。这方面固然大有进行有效治疗的可能；但也须仿照维也纳传奇中的约瑟王（Kaiser Joseph）施恩降祸的办法才行——以一有权势者的仁慈的专制，才可使人尽顺从，而困难尽行消灭；然而我们是何等样人，也能广施治疗法的恩惠给大家吗？我们在社会上无钱无势，只靠医术谋生，当然不能像他种医生施术于贫苦无告的人们；因为我们的治疗是要花许多时间和劳力的。然而你们也许仍坚持前述许多因素中必有一种有受治疗的可能。假使社会传统的道德起了剥夺病人快乐的作用，那么治疗时可鼓励并劝告他们去打破这些障碍，以牺牲理想为代价去换取满足和健康，这种理想虽为人推崇备至，然而世上弃而不顾的也正不乏人哩。但健康的获得既由于"自由的生活"（free living），肯定要使分析沾上违反一般道德这个污点：因为它使个人受其利，社会则蒙受其害了。

关于分析的这个错误印象究竟是谁给你们的呢？分析的治疗当然有一部分包括对于生活要自由些的劝告——假使没有他种理由，那就是因为病人在里比多的欲望与性的压抑，或肉欲的趋势与禁欲的趋势之间感到有一种矛盾。这种矛盾，不是用帮助一方面来压服他方面所能解决的。就神经病人而言，固然是禁欲主义操胜一时；结果是被压抑的性的冲动在症候中求得发泄。假使我们转使肉欲方面有胜利之可能，那么被忽视的压抑性生活的势力，便不得不到症候中去求补偿。这两种办法都不能制止内心的矛盾；总有一方面不能得到满足。至于矛盾不很激烈，以至于医生的劝告也能收效的例子则为数很少，而且这些例子就用不着分析的治疗了。凡是易于感受医生影响的人们，虽无这个影响也必能自求
362 解决。其实，你们总知道一个绝欲的男人若决意要做非法的性交，或者一个不满足的妻子若要找一个情人求得补偿，那么他们绝不至于要先求得医生或分析家的允许，然后才随心所欲的。

人们讨论这个问题的时候，常易忽略了整个问题的要点——即神经病人致病的矛盾有别于矛盾着的各个冲动的常态争衡，因为常态争衡的两种冲动存在于同一的心理领域之中，至就致病的矛盾而言，则两种势力中的一种进入前意识和意识的平面之上，另一种则被禁闭于潜意识的区域之内。因此，其矛盾必不能有最后的结局；两种势力见面之难，实无异于一在天之南，一在地之北。若要解决，必须使二者相遇于同一场所之内。我以为这便是精神分析的主要工作。

除此之外，你们在想象中若以为分析法也以劝导人生或指示行为为要点，那么你们又未免错误了。其实，我们在力求避免扮演导师的角色；我们只希望病人能够自己解决。为了达到这个目的，我们乃劝告他在受治疗时，暂时不要对于生活作出重要的决断，如关于事业、婚姻的选择或离婚等，待治疗完成之后再说。这也许是你们想象不到的吧。我们只对于年轻或不能自立的人们才不坚持

这种限制。对于他们来说，我们只得兼为医生及教育家；我们深知自己那时的责任重大，遂不得不慎重从事了。

我虽力辩分析的治疗绝不鼓励自由的生活，但是你们却不要因此以为我们提倡传统的道德。二者都不是我们的目的。我们不是改良家，只是观察家；然而既要观察，便离不开批判，因此，我们不可能拥护传统的性道德，或赞许社会对于性的问题的处置。我们不难证明人世间的所谓道德律所要求的牺牲，常常超出它本身 363
的价值；所谓道德的行为既不免于虚伪，也难免于呆板。我们对于病人绝不隐瞒这些批判；务使他们对于性的问题，也像他种问题一样，都能习惯于作不带偏见的考虑；假使他们在治疗完成之后，能在性的放纵和无条件的禁欲之间选取适中的解决，那么无论结果如何，我们都不必受良心的责备了。无论何人，只须完成了训练，认识了真理，便都能增加抵抗不道德危险的力量，尽管他的道德标准在某方面与一般人不同。至于禁欲在引致神经病上的重要性，我们也不要估价过高；只有少数因剥夺作用及里比多储积而致病的病症，才可用不难引致的性交而收治疗之效。

因此，你们就不能假定，要解释精神分析的疗效，一定是由于允许病人实行放纵的性生活了；你们须得寻求他种的解释。我记得我在驳斥你们的这一推想时，曾说过一句话，或许可以使你们走上正路。我们之所以收效，或许是由于用某种意识的东西代替了某种潜意识的东西，把潜意识的思想改造成意识的思想。你们要是这样，那就击中要害了。潜意识既扩大而入意识，于是压抑遂被打消，症候遂被消灭，而致病的矛盾乃变成一种迟早总得解决的常态的矛盾。我们的工作只是使病人能有这种心理的改造，此事能有何种程度的成就，他们也就可以得到何种程度的利益。假使没有压抑或类似于压抑的心理历程等待解除，那么我们的治疗便算完事了。

我们努力的目的可表达为不同的公式——使潜意识成为意识，消除压抑作用，或填补记忆的缺失；它们统统是指同一件事。你们也许不满足于这句话；以为神经病人的恢复可大不相同，他既受了精神分析的治疗，或许要变为一个完全不同的人物，而你只听说，整个的经过只是使潜意识的材料较前稍减，而意识的材料只较前稍增而已。你们也许不懂得这种内心改造的重要。一个受了治
364 疗的神经病人虽然在骨子里依然故我，但也确变成一个不同的人物——那就是说，他已经变成了可以在最优良的环境下所能养成的最优良的人格。这就不是一件无足轻重之事了。假使你们能知道我们的一切成就，能知道我们用最大的努力以引起这种心理中貌似琐屑的改造，那便更可了解各种心理平面的差异的重要了。

我现在暂时离开本题，问你们是否知道所谓“原因治疗”(a causal therapy)的意义。一种治疗术若丢开疾病的表现形式，寻求突破点以根除其病因，就叫做原因治疗。精神分析是否为一种原因治疗呢？要答复这个问题绝不是一件简单的事，然而我们由此却可深信这类问题之不切实际。精神分析的治疗当不以消除症候为直接目的时，则和原因治疗的进行大致相似。至于其他方面则不相同，因为我们追求原因，要远远超过压抑作用直至本能的倾向及其结构中的相当强度，直至这些本能的发展的失常等。现在假使我们可用某种化学的方法来改造心理的机制，或随时增减里比多的分量，或牺牲了某一冲动而增大另一冲动的势力——那就会

成为一种名副其实的原因治疗，而我们的分析也就成为侦察原因时不可或缺的第一步工作了。可是现在尚未有这种影响可以达到里比多的历程，这是你们所知道的；我们的精神治疗术是向另一点上进攻，不在症候之上，而是比较地远在症候的下层，这个处所只在很奇特的情形之下，才可为我们所接近。

那么，我们究竟要做些什么工作才可使病人的潜意识进入意识呢？从前我们以为这事很简单；只须寻出这种潜意识的材料告诉病人便算完事了。但是现在我们已知道这是一个目光短浅的谬误。我们知道他的潜意识，与他知道自己的潜意识二者并不是同一回事。我们将所知道的事告诉了他，他可不能达成同化，以代替自己的潜意识的思想，只是兼容并蓄，事实上很少变动。我们因此不得不仍以形势的观点对待潜意识的材料；而应在他的记忆中最初产生压抑的那一点上去寻求。必须先消除这种压抑，然后以意 365
识思想代替潜意识思想的工作才可立即完成。但是这种压抑又如何加以消除呢？于是我们的工作遂进入了第二阶段；第一是发现压抑，其次是消除这种压抑所赖以维持的抗力。

这个抗力如何才能消除呢？依然是：先找出抗力的所在，然后告诉病人。抗力或者起于我们力求消除的压抑，或者起于更早活动过的压抑；都是为了抵抗不适意的冲动。因此我们目前要做的工作正和以前一样；即加以解释，验明而告诉病人；但此时是做对了的。抵拒或抗力不属于潜意识，而属于自我，自我则必和我们合作，即使它不是意识的，也无妨碍。我们知道“潜意识”一词在这里似有两个含义，一方面是一种现象，一方面是一种系统。这听起来虽然好像模糊难解，但究竟只是前次所说的话的重述。可不是吗？我们以前早已说到这一点了——假使我们能因解释而能辨认出抗力的所在，那么我们原可望这种抗力和抵拒便因此而消灭。但是我们有何种本能的动力供我们支配而使此事有成功的可能呢？第一，乃是病人求恢复健康的欲望，使他愿和我们合作；第二，是他的理智的帮助，这种理智是因我们的解释而增强的。假使我们能给他一点提示，那么病人当然较容易用理智辨认出抗力，而在潜意识中求得与这个抗力相当的观念。假使我告诉你："仰头看天，就会看见一个氢气球"，或者假使我只请你抬头看天，问你能看见什么，那当然是在前一种条件下，较易看见氢气球。学生初次看显微镜，教师必须告诉他要看什么，否则镜下虽然有物可见，而他却看不出什么东西。

现在请讲事实吧！就神经病的种种形式，如癔病、焦虑现象、强迫性神经病等而言，我们的假说都很可靠。我们如用此法求得压抑、抗力及被压抑观念的所在，那么就可克服抵抗，打破压抑，而
366 将潜意识的材料变为意识的材料。我们这样做时，便明白觉得正当每一抗力被战胜的时候，病人的心灵内就有一种激烈的决斗在进行着——两种趋势在同一区域内作常态的心理斗争，一种是要援助抗力的动机，一种是要打消抗力的动机。第一种是原来建立起压抑作用的老动机；第二种则为新近引起的动机，可望用来帮助我们解决矛盾。我们因此乃将前已因压抑作用而暂时和解的斗争重复引起，用来作为对于此事的新贡献，第一，向病人表明旧解决足以致病，而新解决可以恢复健康；第二，告诉他自从那些冲动原先遭拒斥之后，情形已大不相同。因为那时的自我柔弱幼稚，深惧里比多压迫的危险，力图退缩，而现在的自我既较强大，又富有经

验，而且又能获得医生的援助。因此，我们可希望再度引起的矛盾，比压抑作用有更完满的结果；你们如不相信，请证以我们在癔病、焦虑性神经病，及强迫性神经病中的治疗的成功。

但是此外尚有他种疾病，情形虽都相似，但我们的治疗法未能收效。就这些病症而言，其自我和里比多之间产生一种矛盾，从而造成压抑——虽然这个矛盾和移情神经病的冲突有形势上的差异；此外，我们也可在病人的生活中追溯到压抑所发生之点；我们便也用同样的方法，有同样的把握，给他以同样的帮助，告诉他以所要求得之事；而且现在和压抑成立时的时距，也有利于使矛盾有较好的结局。然而我们毕竟未能克服一种抗力，而消除一种压抑。这些病人，如妄想狂者、抑郁症者及患早发性痴呆者大概不受精神分析治疗的影响。这个原因在哪里呢？这不是因为智力的缺乏；要受分析自然要有某种程度的智力，但是譬如就最聪明而能演绎的妄想狂者而言，难道是智力不及他人吗？其他任何推动的力量也并不欠缺；譬如抑郁症者和妄想狂者不同，他们也深知自己的病 367
痛之苦；但并不因此而有较易受影响的可能。我们在此又遇到一种愧未能懂的事实，所以不得不怀疑自己是否真正具有了解他种神经病的治疗能力了。

现在若专门讨论癔病和强迫性神经病，又会立即遇到第二个出人意料之外的事实。病人略受治疗之后，对于我们便有一种特殊的行为。我们原以为已将一切可以影响治疗的动机都曾加以相当的注意，而且充分估计到了我们自己和病人之间的情境，因而得出一个最可靠的结论；但是在我们所已估计的以外，好像有什么没有估计到的东西忽然侵入。这个意外的新现象，本身就异常复杂；

我先举较常见而简单者略述如下。

病人本来只应当注意自己的精神矛盾的解决，可是忽然渐渐对于医生本人产生一种特殊的兴趣。凡与医生有关之事，似乎比他自己的事都更重要，他因此不再集中注意于自己的疾病。他和医生的关系，也一时变得很为和善；他特别顺从医生的意旨，极力表示感激，而且表现出出人意外的美德。分析家因此对于病人也很有好感；深庆能有治疗这样和善人品的幸运。医生若有机会看见病人的亲属，也会听到病人对他的尊重而感到高兴；病人在家赞美分析者不绝于口，以为他有种种美德。亲属们说：“他对于你异常钦佩；异常信任；你说的话，由他看来，竟好像是天启的真理。”此时也许有明眼人插进一句话：“他除你外，不说任何其他的事，老是引你的话，实太有些令人生厌了。”

医生那时当然很谦逊，以为病人所以尊重他，一是因为希望他能恢复他的健康，二是因为治疗的影响，使病人闻所未闻，增加了
368 知识。在这些条件之下，分析也有惊人的进步，病人了解医生的暗示，集中注意于治疗的工作，于是分析时所需要的材料——如他的回忆及联想——都随处可得；他的解释之正确可信，即分析者也感到惊奇，以为这些新的心理学观念本来深为外界健康人所驳斥，而病人竟如此愿意接受，这不能不令人高兴了。分析中既有这种和睦共处的关系，于是病人的情形在实际上也渐有进步。

然而这种好天气是不会持久的，总有黑云掩蔽的一天。因此，分析开始出现困难，病人说自己再说不出更多的东西了。我们无疑地觉得他对于这种工作不再感兴趣了，有时你若叫他说出他随时想到的事，而不必加以批驳，他也听而不闻了。他的行为不受治疗情境的支配;好像他从来没有和医生有过表示合作的契约似的;就从表面看来,也显然可见他现已因其他秘不告人的事情而分散注意力了。这便是治疗不易进行的情境。原因是又产生了一种强有力的抗力。这事的经过如何呢?

这种事情假使有了解的可能,那么这个扰乱的原因即在于病人所移施于医生的一种强烈的友爱感情,而这种感情又不是医生的行为和治疗的关系所可以解释的。这种感情所表示的方式和所要达到的目标,当然随两人之间的情形而有所不同。假使一个是少女,另一个是年轻的男子,则给人的印象当为常态的;一个女子既单独和一个男人常相见面,又谈及心腹之事,而这个男人又占有指导者的地位,那么她对他爱慕,似亦出于自然——但一个神经病女子的爱的能力必不免略有变态,这一事实可暂置不论。两人之间的情境若越和这个假定的例子不同,则其倾慕之情也越不可理

解。假使一个年轻的女人遇人不淑,而医生则尚未有所爱,那么她
若对他有热烈的情感,愿离婚而委身于他,或此事如不可能,则和 369
他私相恋爱,这仍然是可令人理解的。这种事情,在精神分析以外,也属常见。但在此种情境之下,女子和妇人们常作出这种惊人的自供,可见她们对于治疗的问题持有一特殊的态度:她们已知道,除爱情之外,别无可以治疗她们的方法,而且在治疗的开始,她们就已期望从这种关系,最终可以获得实际生活中所缺乏的安慰。只是因为有这种希望,她们才忍受分析的麻烦而不惜披露自己的思想。我们可以补充一句:“所以才如此容易了解那些常难接受的事。”然而这种自供状确实使我们感到骇异,我们所有一切的估计都化为乌有了。我们能在整个问题中竟忽略了这一最重要的元

素吗?

事实确是如此;我们的经验越多,这一新元素也越不易否认,这个元素改变了整个的问题,也羞煞了我们科学的估计。就头几次而言,我们或以为分析的治疗那时不过是遇到一个意外的障碍。但是这种对于医生的垂爱,就是在最不适宜或竟最可笑的情境之内——如老年的女人和白头的医生之间,事实上根本没有所谓引诱可言——也不可免,那我们便不得再视此事为意外,而必须承认它和疾病的性质确有密切的关系了。

这个我们不得不承认的新事实名叫**移情作用**(transference)。意思就是说病人移情于医生,因为受治疗时的情境不能用来解释这种情感的起源。我们更怀疑这个情感起源于另一方面;即已先形成于病人心内,然后乘治疗的机会而移施于医生。移情的表示可为一种热情的求爱,也可取较为缓和的方式;假使一个是少妇,一个是老翁,则她虽不想成为他的妻子或情妇,却也想做他的爱
370 女,里比多的欲望稍加改变而成一种理想的柏拉图式的友谊愿望。有些妇人知道如何升华自己的移情作用,使其有不得不存在的理由;有些则仅能表现为粗陋的、原始的而几不可能的形式。但在基本上总是相同的,其起源之相同,为有目者所共见。

若要问这个新事实的范围,便得再加上一点说明。譬如男性的病人究竟有如何的经过呢?这里,我们至少可望没有性别及性的吸引的麻烦。但其根本情形则与妇人一样;他同样地倾慕医生,也同样地夸大他的品质,也同样地顺从他的意旨,也同样地嫉妒着一切与他有关的人们。移情的升华较多见于男人和男人之间,直接的性爱则为数较少,正好像病人所表现的同性爱倾向都可表现

而成他种方式。又分析家更常见男性的病人有另一种表现方式，这种方式初看起来似与刚才所说过的适得其反——那就是反抗的或**消极的**移情作用。

移情作用在治疗的开始即发生于病人心内，暂时是最强大的动力。这种动力的结果，若可引起病人的合作，而有利于治疗的进行，当然没有人看见它或注意它。反之，一旦变为抗力，那便不得不引人注目了；那时改变病人对于治疗的态度的，有两种不同而相反的心理：(1)爱的引力已太强大，已露出性欲的意味，所以不得不引起内心对自身的反抗；(2)友爱之感一变而为敌视之感。敌视情感的发生，大概地说，常较后于友爱情感，且以友爱情感作为掩饰；假使二者起于同时，那便可作为情绪矛盾的好例，这种情绪矛盾支配着人与人之间所有最亲密的关系。所以敌视的感情和友爱的感情同表示一种依恋之感，正好像反抗和服从虽然相反，其实 371
都有赖于他人的存在。病人对于分析家的敌视，当然也可称为移情，因为治疗的情境不是引起这种情感的原因；所以用这个观点来看消极的移情作用，也符合上面所说的积极的移情作用的观点。

移情作用究竟起源在哪里？它给我们造成何种困难？我们如何才能克服这些困难？又因此而可得何种便利？这些问题只是对于分析法作专门的说明时，才可加以论列；这里仅能约略一提。病人因受移情作用的影响而有所要求于我们，我们当然要顺从这些要求；不然，若怒加拒斥，便未免太愚蠢了。要克服他的移情作用，不如告诉他，说他的情感并不起源于目前的情境，也与医生本人无关，只不过是重复呈现了他已往的某种经过而已。因此，我们乃请他将**重演**(repetition)化作**回忆**(recollection)。那时，则常似为治疗的大障碍的移情作用,不论是友爱的或敌视的,都可变成治疗的最便利的工具,而用来揭露心灵的隐事。然而这种意外的现象总不免使你们惊异,因此,我还得略说几句以消除你们因此而生的不愉快印象。我们要记得我们所分析的病人的病情究竟还不能算是已告终结,也像生物体那样在继续发展着。治疗的开始还不足以制止这个发展,但当病人一受治疗之后,整个病的进程似立即集中于一个方向——即集中于对医生的关系。因此,移情作用正好比一株树的木材层和树皮层之间的新生层,由此乃有新组织的形成和树干半径的扩大。移情作用一旦发展到这个程度,那么对于病人回忆的工作便退居次要的地位。那时我们便可说已不再是诊治旧症,而是在诊治代之而起的新创立而改造过的神经病了。对于这旧症的新版,分析者可追溯到它的起始,如何发展和变化的,他
372 特别熟悉这个经过,因为他本人就是它的中心目标。病人的一切症候都丢掉了原来的意义,以适应新起的意义;这个新意义即包含在症候对移情作用的关系之内;不然,也只有那些可作为这种适应的症候才留存而不消灭。我们假使能治愈这个新得的神经病,就等于治愈了原有的病,换句话说,就是完成了治疗的工作。病人若能与医生有常态的关系,摆脱了被压抑的本能倾向的影响,则在离开了医生之后,也仍能保持其健康。

移情作用对于癔病、焦虑性癔病及强迫性神经病等的治疗,既如此的绝对重要,因此这些神经病都可同属于"移情的神经病"。无论何人,若能由分析的经验对移情的事实获得一个真确的印象,便绝不会再怀疑那些在症候中求发泄的被压抑的冲动的性质了;这些冲动带有里比多的意味,再找不出更强有力的证据了。我们

可以说，只是在研究了移情的现象之后，我们才更深信症候的意义乃是里比多的代替的满足。

可是我们现在觉得应该要更正从前对于治疗作用的动的概念，以求得与这一新发现的互相一致。当我们利用分析而发现用抗力解决常态的冲突时，他需要一种强大的推动力，帮助他达到我们所期望的解决，从而恢复健康。否则他也许会再蹈覆辙，而使已入意识的观念又降落到压抑之下。这个斗争的结果不取决于他的理解力——因为他的理解力既不强，也不自由，不足以有此成就——而仅取决于他与医生的关系。假使他的移情作用是积极的，他便认为医生有权威，深信他的研究和观点。假使没有这种移情，或移情是消极的，那么医生及其论点便很难引起病人的倾听了。信仰起源于爱，最初不需要任何理由。假使理由是被爱者提出的，那么只是到了后来，才加以批判的审查。没有爱作后盾的理由，则不足以使病人或一般人受其影响。所以一个人即就理智的方面而言，也只有当里比多投资于客体时，才有受人影响的可能；所以我们有理由相信，对于有自恋倾向的人们，虽有最优良的分析术，也恐不易有用武之地。

投射自己的里比多于他人身上的能力当然为一般常态人所共有；神经病人的移情作用的倾向不过是这一通性的变本加厉而已。以如此重要而普遍的通性，竟没有人加以注意和利用，岂不是非常奇怪吗？其实已经有人注意和利用了。伯恩海姆以他的敏锐思想，确曾以人类的受暗示性为其催眠说的根据。其实，他的所谓“暗示感受性”也就是移情作用的倾向，只是因为他太缩小了这种倾向的范围，以致没有把消极的移情包括在内。然而伯恩海姆从未说过暗示是什么,是如何起源的;在他看来,这是一个不证自明的事实,没有解释的可能。他不知道暗示感受性有赖于性或里比多的活动。我们不得不承认我们在方法中所以要放弃催眠术,只是想在移情作用中发现暗示的性质。

但是现在我可要暂停一下,让你们有考虑的余地。我知道你们这时思想上已有一种激烈的抗议,如不允许你们有发表的机会,就不免剥夺你们的注意力了。我想你们一定会认为:"你终于也承认自己像催眠术者那样利用暗示的帮助了。我们一直就是这样想的。然而你却为什么迂回曲折地去追求过去的经验,发明潜意识的材料,解释种种化装,消磨了无限时间、劳力和金钱,结果还不过是用暗示为有效的助力呢?你为什么也像那些忠实的催眠术者,以暗示来治疗症候呢?假使你仍以为用这种迂回曲折方法的援助,可使隐藏在直接暗示之后的许多重要的心理学事实显露出

374 来,那又有谁来证明这些事实的可信呢?它们不也是暗示或无意暗示的产物吗?你难道不能使病人接受你的想法而有利于你的意见吗?"

你们的抗议非常有味,不得不予以答复。但是今天不能;因为时间已迟。等下一次再说。你们要知道,我决计遵命作答。今天则必须将我所开始说的话作一结束。我曾允许你们,说将借助于移情作用,来解释我们对自恋神经病为什么不能收治疗之效的原因。

我对于这个解释仅用几句话就够了;你们就会知道这个谜是如何地易于猜透,各个事实又是如何地贯穿一气。经验证明:自恋的神经病人没有移情的能力,就是有,也是具体而微。他们离开医

生，不是由于敌视，而是由于不感兴趣。所以，他们不受医生的影响；医生说的话他只是冷淡对待，没有印象，因此，对他人可以收效的治疗，如起于压抑的致病冲突的重复引起以及对抗力的克服，对他们却都不生效力。他们总是固步自封，常自动地作恢复健康的企图，而引起病态的结果；我们只是爱莫能助。

根据有关这些病人的临床观察，我们曾说过，他们一定是放弃了里比多在客体上的投资，而将客体的里比多转化成了自我里比多。因此，这些神经病便有别于第一组（如癔病、焦虑症及强迫性神经病）。他们受治疗时的行为也适足证明了这个揣测。他们因为没有移情作用，所以不能受我们治疗的影响。

第二十八讲　分析疗法

今天要讨论些什么，那是你们知道的。当我承认精神分析疗法的效力主要有赖于移情或暗示的时候，你们曾质问我，为什么不利用直接的暗示，从而又引起下面的这个怀疑：那就是，我们既承认暗示占如此重要的地位，那还能担保心理学发现的客观性吗？我曾允许你们对此事作一完满的答复。

直接的暗示乃是直接授以抗拒症候的暗示，是你的权威与病的动机之间的一种斗争。在这种斗争中，你不问这些动机，只要病人压抑它们在症候中的表示。大概地说，你是否置病人于催眠之下，那是毫无区别的。伯恩海姆以他的敏锐眼光，一再以为暗示乃是催眠的实质，而催眠本身则是暗示的结果，是一种受暗示的情境；他喜用醒时的暗示，这种暗示和催眠的暗示可达到同样的结果。

我现在究竟先讲经验的结果,还是先作理论的探讨呢?

请允许我们先讲经验。1889 年我前往南锡拜访伯恩海姆,成为他的一个学生;将他的关于暗示的书译成德文。好多年来,我都用暗示的治疗,先用“禁止的暗示”(prohibitory suggestions),后来则与布洛伊尔的探问病人生活的方法结合使用;因此,我就可以根据各方面的经验来推论暗示或催眠疗法的结论了。据古人对于医学的见解,一个理想的疗法,必须收效迅速,结果可靠,而又不为病人所厌恶;伯恩海姆的方法符合其中的两种要求。此法收效较分
376 析法迅速,且不使病人有不快之感。但由医生看来,终嫌单调;因为它对于无论何人总是用同样的方式,以阻遏各种不同症候的出现,但不能了解症候的意义和重要。这种工作是机械的而不是科学的;有江湖术士的意味,但是为病人计,到也不必计较。就理想疗法的第三个条件而言,催眠法可绝对失败了;因为它的结果并不可靠。有些病可用此法,有些病则否;有些病用此法大有成效,有些病用此法则收效甚微,至其原因,则不可知。更可憾的是治疗的结果不能持久;过了些时候之后,你若再和病人谈及,又会旧症复发,或易以他症。那时或可再施行催眠。然而背后有经验者会警告病人,劝他不要因屡受催眠而失去自己的独立性,反而嗜此成癖,好像服用麻醉药似的。反过来说,催眠法施行之后,有时也能符合医生的期望;用最少的劳力能收完全治疗之效;但收效的条件仍未能理解。有一次,我用短时间催眠的治疗,完全医好一病,病人是一个妇女,她忽然无缘无故地对我忿恨,结果病又复发;后来,我与她和解了,医好了她的病,可是她又对我恨之入骨。还有一

次,我有过下面的一个经验:病人也是一个妇女,她的病非常顽固,我曾再三解除了她的神经病的症候,当我正在施诊的时候,她忽然伸臂环抱我的颈项。无论你喜欢与否,既发生了这种事件,我们便不能不研究关于暗示性权威的性质和起源了。

关于经验方面已略如上述;可见丢掉直接的暗示,未必不能代以他种方法。现在联系这些事实稍加诠释。暗示法的治疗要求医生的努力要多些,而要求病人的努力则少些。这种方法和大多数医生一致承认的对神经病的看法不相违反。医生对神经过敏者说:"你没有什么病,只是患神经过敏;所以我在五分钟内说几句话,就可使你的一切病痛完全消除。"然而一个最低限度的努力,不用什么适当方法的帮助,就能治好一个重症,这与我们关于一般能力的信仰未免太不相容了。假使各种病的情境可以互相比较,那么由经验看来,这种暗示法绝对不能治好神经病。但我也知道这个论点并非无懈可击;世上忽然成功这一类事情也是有的。

根据精神分析的经验,催眠的暗示和精神分析的暗示有略如下述的区别:催眠术的疗法想要将心中隐事加以粉饰,而分析法则在暴露隐事而加以消除。前者在求姑息,后者在求彻底。前者用暗示来抵抗症候,它只增加压抑作用的势力,并不改变症候形成的一切历程。后者则在引起症候的矛盾中,求病源之所在;引用暗示,以改变这些矛盾的后果。催眠疗法让病人处于无所活动和无所改变的状态,因此,一遇到发病的新诱因,他便无法抵抗了。分析疗法则要病人也像医生那样努力,以消灭内心的抗拒。抗力若被克服,病人的心理生活就会有持久的改变,有较高级的发展,而且有抵御旧症复发的能力了。克服抗力就是分析法的主要成就;

病人必须有此本领,医生则用一种有教育意味的暗示,作为病人的帮助。所以我们可以说,精神分析疗法乃是一种再教育。

我希望现在总已使你们知道分析法之用暗示与催眠法之用暗示的不同了;前者以暗示辅助治疗,后者则专靠暗示。因为我们已将暗示的影响追溯到移情作用,所以你们更可知催眠治疗的结果何以如此地不可靠,而分析治疗的结果又何以较为持久了。催眠术的成功与否,全看病人的移情作用的条件而定,但是这个条件是不能受我们影响的。一个受催眠的病人的移情作用也许是消极的,最普通的是两极性的,或许也采取特殊的态度以防止他的移情
378 作用;我们对于这些都无把握。至于精神分析则直接着眼于移情作用,使它能自由发展而为治疗的援助。因此,我们尽量利用暗示力,而加以控制;病人于是不再能随心所欲地支配自己的暗示感受性,假使他有受暗示影响的可能,我们便对他的暗示感受性加以利导。

现在你们或许会认为:分析背后的推动力无论是移情还是暗示,但是我们对于病人的影响使我们的发现在客观上的正确性是可以令人怀疑的。治疗之利可成为研究之害。这是反对精神分析时提得最多的话;这些话尽管没有理由,但我们也不能以为无理由而置之不理。假使它果有理由,那么精神分析将不过是暗示治疗术的特别变式而有效的一种;而其所有关于病人过去生活的经验、心理的动力,及潜意识等的结论,都不必重视了。反对我们的人的确是这样想的;他们以为我们是先由自己设想出所谓性的经验,然后将这些经验的意义(假使不是这些经验的本身),“注入病人的心灵之内。”这些罪状,用经验的证据来反驳,要比用理论的帮助

会更加令人满意。任何施行过精神分析的人,都深知我们不能用此法暗示病人。我们原不难使病人成为某一学说的信徒,使他相信医生的错误信仰,他的行为也和其他人一样,像个弟子似的。然而我们用这个方法只能影响他的理智,而不能影响他的病症。只是当我们告诉他,说他在自己内心寻求之事,的确相当于他自己心内所实际存在之事的时候,他才能解决矛盾而克服抗力。医生推想的错误,在分析进行时将会逐渐消灭;而较正确的意见乃取而代之。我们的目的是要用一种很慎重的技术,来防止由暗示而起的暂时的成功;但是即使有此成功,也无大碍,因为我们并不以第一个疗效为满足。我们以为,假使疾病的疑难未得到解释,记忆的缺 379
失未能补填起来,压抑的原因未被挖掘出来,则分析的研究就不算完成。假使时机没有成熟之前,先有了结果,我们就要把这些结果看作分析工作的障碍,而不看成分析工作的进步,我们一定要继续揭露这些结果所由产生的移情作用,而将已得的疗效予以否认。这个基本的最后的特点,就足以使分析疗法不同于纯粹的暗示疗法,而使分析所得的疗效异于暗示所得的疗效。在其他任何的暗示疗法内,移情作用都被细心地保存无恙;至于在分析法内,移情作用本身就是治疗的对象,常不断就其种种形式而加以剖析的研究。分析的结果,则移情作用本身必因此而消灭;假使那时伴有成功而又持久,则这种成功一定不是基于暗示,而是由于病人内心已发生的变化,因为病人的内心抗力已借暗示之助而被克服了。

防止治疗时的暗示所产生的片面的影响就是不断地反对抗力的斗争,而这些抗力则把它们自己化装为反面的(敌对的)移情。还有一个论证,我们也须加以注意:那就是,分析有许多结果,虽可

被疑为起于暗示，实则可用旁的可靠材料证明其不是这样。譬如痴呆症者和妄想狂者，绝没有可受暗示影响的嫌疑。然而这些病人所诉说的侵入意识内的幻念及象征的转化等，都和我们研究移情神经病人的潜意识的结果互相一致，可见我们的解释虽常为人所怀疑，但确有客观的证据。我想你们如在这些方面信赖分析，必不至于有多大的错误。

我们现在要用里比多说来完成对于治疗作用的叙述了。神经病人既没有享乐的能力，也没有成事的能力——前者是因为他的里比多本来就不附着于实物，后者则因为他所可支配的能力既用来维持里比多于压抑作用之下，便没有余力，来表现自己了。假使他的里比多和他的自我不再有矛盾，他的自我又能控制里比多，他

380 就不再有病了。所以治疗的工作便在解放里比多，使摆脱其先前的迷恋物（这些迷恋物是自我所接触不到的），而重复服务于自我。那么，一个神经病人的里比多究竟在哪里呢？很容易找到：它依附于症候之上，而症候则给它以代替的满足，使能满足现状下的一切要求。因此，我们必须控制病人的症候而加以解除——这正是病人所求于我们的工作。但要消灭症候，必须先追溯到症候的出发点，诊察它们以前发生的矛盾，然后借过去没有用过的推动力的帮助，把矛盾引导到一个新的解决。要对压抑作用作此种考察，必须利用引起压抑作用的记忆线索，才可收到部分的效果。特别重要的是在病人与医生的关系或移情作用中，使那些早年的矛盾重复发作，病人尽力做出与以前相同的行为，于是我们乃能使他征发自己心灵中所有可用的力，去求得另一解决。因此，移情作用乃是一切竞争力量的互相会合的决斗场。

凡属里比多及与里比多相反抗的力量都无不集中于一点:即与医生的关系;因此,症候必须被剥夺去它们的里比多;于是病人似乎就用这种人工获得的移情作用或移情的错乱,来代替原来的疾病;而他的里比多也似乎以医生这个“幻想的”对象,来代替各种其他的非实在的对象。因此由这个对象而起的新斗争,便借分析家暗示的帮助,而升到表面或较高级的心理平面之上,结果化成一种常态的精神矛盾。因为此时既避免了新的压抑作用,自我与里比多的反抗便从此结束;病人心内便恢复了统一。里比多既摆脱了暂时的对象、即医生的时候,就不能回复到以前的对象之上,因而现在便为自我所用了。治疗时,我们在这个斗争中所遇到的反抗力,一方面是由于自我对于里比多倾向的厌恶,从而表示而为压抑的倾向;他方面则由于里比多的坚持性,不愿离开它以前所依恋的对象。

因此,治疗的工作乃可分为两个方面:第一,迫使里比多离开
症候,而集中于移情作用;第二,极力进攻移情作用而恢复里比多 381
的自由。我们要使这个新矛盾有一成功的结局,必须排除压抑作用,里比多才不再逃入潜意识而脱离了自我。而此事之所以可能,又是由于病人的自我因分析家暗示的帮助而已有了改变。解释的工作既将潜意识的材料引入意识,于是自我乃因潜意识的消逝而逐渐扩大其范围;又因教育而与里比多取得和解,于是自我也愿给里比多以某种限度的满足;自我既能使少量里比多为升华之用,于是对于里比多要求的畏惧也渐渐减弱了。治疗的经过越接近这一理想的叙述,则精神分析治疗的效果也越增大。如果有障碍,那就是:(1)里比多缺乏灵活性,不愿离开客体;(2)病人自恋的严格

性,不允许有某种程度的客体移情(object transference)的发展。治愈过程的动力学或可更清楚地略如下述:就是,我们既以移情作用吸引了一部分里比多到我们身上,乃得征集已脱离了自我控制的里比多的全部力量了。

这里我们要知道,因分析而引起的里比多的分配,并不能使我们直接推想到从前患病时的里比多倾向的性质。假定一个病人因为把对待父亲的情感移到医生身上,而病又治好了,我们可不能以为他之所以患病乃是由于他对父亲有一种潜意识的里比多的依恋。父亲移情(the father transference)只作为一个决斗场,我们在此制服病人的里比多而已;至其来源则别有所在。决斗场不必即为敌人的最重要壁垒之一;而敌人保卫首都,也不必即作战于城门之前。只是移情作用再被解体之后,我们才可在想象中推知疾病背后的里比多的倾向。

现在可再用里比多说来讲梦。一个神经病人的梦,与他的过失及自由联想一样,都可以使我们求得症候的意义而发现里比多的倾向。从欲望满足在这些倾向中所采取的形式可以看出,遭受
382 压抑的是何种欲望冲动,而里比多在离开了自我以后,又依附于何种客体。所以梦的解释,在精神分析的治疗中占有重要的地位,而就多数的实例而言,它又是长期分析的最重要的工具。我们已知道睡眠条件本身已可使压抑作用略为松弛。压抑的沉重压力既略减弱,于是被压抑的欲望在梦内,要比在白天症候中有更明白的表示。所以梦的研究是研究被压抑的潜意识的最便利的方法,而被压抑的潜意识即为脱离了自我的里比多的寄托之处。

但是神经病人的梦,实质上与正常人的梦并无不同;二者之间

简直无法区别。我们要说对神经病人的梦的解释，不能用来说明正常人的梦，那就未免不合逻辑了。因此，我们不得不断定神经病与健康的区别只是就白天说的；就梦的生活而言，这种区别就不能成立。因此，我们又不得不将关于神经病人的梦和症候之间所得的那些结论移用于健康人。我们必须承认健康的人在精神生活中也有那些形成梦或症候的因素；我们必须更以为健康人也可以构成压抑，而且要花费一定能力来维持压抑的力量，而且他们的潜意识的心灵也储藏着富有能力的被压抑的冲动，而且其中的里比多也有一部分不受自我的支配。所以一个健康的人，在实质上，也可算是一个神经病人，但他似能加以发展的症候则只有梦而已。其实，假使你们对于他醒时的生活加以批判的研究，也可发现与此一结论互相抵触的事实；因为这个似乎健康的生命也有许多琐碎而不重要的症候。

因此，神经质的健康和神经质的病态（即神经病）的差异可缩小到一个实际的区别，而且可由实际的结果加以决定——譬如这个人究竟能享乐而活动到如何程度。这个差异或许可以追溯到自由支配的能力与困于压抑的能力之间的一个比例；这就是说，它是 383
一种量的差异，而不是质的差异。不言而喻，这个观点给我们下面的信念提供了一个理论的根据：这就是神经病虽然建立在体质的倾向之上，实质上也是有受治疗可能的。

因此，我们乃可由神经病人和健康人的梦的一致，而推知健康的属性。但就梦的本身而言，我们还可作出下面一个推论——那就是，(1)梦不能与神经病的症候脱离关系；(2)我们不相信梦的重要性可压缩为“将思想译为古代的表现形式”这样一个公式（参阅第二编）而无遗；（3）我们不得不以梦来暴露里比多的倾向，以及当时实际活动着的欲望的对象。

我们的演讲现在已快要结束了。你们也许会失望，以为我以精神分析疗法为题，结果只谈理论，而不提治疗时的情形和疗效。但是我也有理由：所以没有提到治疗的情形，是因为我从来没有想要你们受实际的训练以施行分析法的意图；而所以没有提及治疗的效果，则因为有着几个动机。在演讲的开始时，我曾再三声明，我们在适当的情境下所收获的疗效，不会亚于其他方面的医学治疗术上最光辉的成绩；我也许还可以说这些成绩是他种方法不能得到的。我在此以外如果还要夸大，那就不免有人怀疑我自登广告，借以抵消反对者的贬斥。医学界的朋友们，即在公共集会之中，也对精神分析常常施加恐吓，宣称如果将分析的失败和有害的结果公布于世，便可使受害的公众明白此种疗法的毫无价值。姑且抛开这种办法的恶意不谈，就讲失败材料的收集也未必是一种
384 有效的证据，好用来对分析的结果作正确的估计。你们知道，分析疗法还很年轻；还需要许多年的经验才可改善它的技术。由于教授这种疗法有种种困难，所以初学的人要比其他专家更得设法发展自己的能力，他的早年所得的结果绝不能用来衡量分析疗法的充分成就。

在精神分析的开始，有许多治疗的企图都不免于失败，这是因为那时分析家对于不适宜采用分析疗法的种种病症也要加以治疗，至于我们现在则便因见有某种特征而将这些病除外了。特征也只可由探索而得。我们最初并未知道妄想狂和早发性痴呆到了充分

发展的时候,分析法就不能奏效;我们当然可用此法治疗各种错乱的现象。但是早年的失败也不是由于医生的过失,或选择病症的不慎,而是由于外界情形的不利所致。我只讲过病人内心所不能避免而可以克服的抗力。在病人的环境中所有反对精神分析的外界的抗力,虽少学术上的兴趣,但在实际上却很重要。精神分析的治疗正与外科的手术相同,须施行于最适宜的情形之内,才可有成功的希望。你们知道外科医生在施行手术之前,必先有种种布置——例如适宜的房间、充分的光线、熟练的助手、病人亲友的回避等。试问外科的手术若都施行于病人全家面前,家人都围绕而观,见割便叫,那还能有多少次可以收效吗?就精神分析而言,亲友们的干涉实为一种积极的危险,我们正不知道如何应付。病人内心的抗力,我们认为非引起不可,应当严加防备;然而这些外界的抗力,我们又如何能防御呢?那些亲友们既非任何种的解释所可说服,我们又不能劝他们站开不管;更不能引为心腹,告以实话,因为这样做,便不免失去病人对我们的信仰,那时病人将要求——
这当然是正当的——我们,以为我们既信托他的亲友,就不必以他 385
为治疗的对象了。凡是知道家庭分裂内幕的人,作为一个分析家,必不惊怪病人的亲人常不愿病人恢复健康,而宁愿他的病情不要好转。假使神经病起于家庭的冲突,那么家中健康的人就会视自己的利益比病人健康的恢复更为重要。做丈夫的既以为妻子受治疗时,必将暴露自己的罪恶,无怪他对于这种治疗毫无好感;丈夫的抗力加在病妻的抗力之上,则我们努力的失败和中断自无内疚可言,因为我们那时要做的,事实上是一件不可能成功的工作。

我不想多举例,现在只举一个病例,在这个病例内,为了职业

道德，我也不得不逆来顺受。多年前，我对一个少女做分析的治疗；她久因有所畏惧，既不敢走出家门口，也不敢独居家内。经过很久的迟疑之后，她才承认她曾偶然看见母亲和一富人表示情感，其后便深以此事为忧。她很不老练地——或很巧妙地——将分析时的讨论向她的母亲作出暗示，而暗示的方法是：(1)改变自己对于母亲的行为；(2)自称除了母亲之外，没有人能解除她独居时的恐惧；(3)当母亲要出去时，便坚决不开门。她的母亲本患过神经过敏症，到水疗院参观之后，已痊愈多年了——或者，说清楚些，她在院内和一男人认识，其后过从甚密，顿觉快慰。她因女儿的热烈暗示而引起猜疑，后来忽然**理解**到女儿的恐惧的本意了。意思在于将母亲软禁起来，而剥夺她和情人往来的自由。于是她的母亲便下决心结束这一对自己有害的治疗。她把女儿送入一接收神经病人的房子内，许多年来，一直指她是一个“精神分析的不幸牺牲品”；我也因此为人所诋毁。我所以不声辩，是因为被职业道德所
386 束缚，不能宣布这个秘密。几年后，我有一个同事去访问这个患空间恐怖症的女子，告诉我说她的母亲和那富人的深交已成公开的秘密，她的丈夫和父亲谅也默许而不禁。然而对她的女儿的治疗却已为此“秘密”而牺牲了。

在大战的前几年，各国的病人纷纷前来求诊，使我不管别人对我故乡的毁誉。我于是定一规则，凡属在生活的重要关系上，未达法定年龄不能独立的人，就不代为诊治。精神分析家原不必都能作此规定。你们因为我关于病人的亲戚发出警告，也许以为我为了分析起见，要使病人离开家族，也许以为只有离家别友的人们才可受治疗。但是这话也未必对；病人——至少不是疲惫不堪的

人——在治疗时,如果仍须反抗平常生活所加于他的要求,则远较有利于治疗。至于病人的亲戚也须应当注意自己的行为以免损害这种有利的条件,更不应当对于医生在职业上的努力妄加诋毁。然而我们又如何才能使这些非我们的影响所可及的人们有此态度呢?你们自然也以为病人直接环境的社会气氛和修养程度对于治疗的希望有很大的影响。

尽管我们的失败可释以这些外界干涉的因素,但也已经为精神分析治疗法的疗效力减色不少了!拥护分析的人们曾劝我们将分析法的成绩作一统计以抵消我们的失败。我却不能同意。其理由是:因为相比的单元若相差太远,而受治的病症又多不相同,则统计也将无价值可言。而且可供统计研究的时间又太短暂,不足以证明疗效是否持久;就多数病例而言,简直无做记录的可能。因为病人对于他们的病及治疗严守秘密,而且健康恢复后也不愿轻 387
易告人。反对精神分析的,最重大的理由是,人类在治疗的问题上最无理性,难望受合理论证的影响。新式治疗有时引起热烈的崇拜,例如科克初次刊布结核菌的研究成果;有时也引起根本的怀疑,例如杰纳的种痘术,实际上是天降的福音,然仍为人所反对。反对精神分析的偏见,莫过于下面的例子。我们治愈一个很难奏效的病之后,便有人说:"这算不了什么,经过这么久的时间,病人自己也会好起来的。"假使病人已经过四次抑郁和躁狂的交迭,在抑郁症之后的一个时期内到我这里求治,过了三个星期,躁狂症又发作了,于是他的亲族及其所请来的名医,都以为此一躁狂症必定只是分析治疗的结果。反对偏见,实在无法可施,你们不见大战中,无论何种集团国都有偏见,厌恨其他集团国吗?此时最聪明的

办法是暂时忍耐着，等这些偏见逐渐随时间而消灭于无形。也许有一天，这些人会用不同于前的眼光来评断同一事件；至于他们从前为什么有不同的想法，仍然是一个不可知的秘密。

也许反对精神分析疗法的偏见现在已开始缓和了。分析学说的不断传播，许多国家中采用分析治疗的医生的日益增加都可引以为证。当我年轻的时候，催眠暗示的治疗法正引起医学界的怒视，其激烈的程度和现在“头脑清醒”的人对精神分析的驳斥完全相同。催眠术作为治疗的工具，确实未能尽如我们的期望；我们精神分析家或可自称为它合法的继承人，不应当忘记它对我们的鼓励和理论的启发。人们所报告的精神分析的有害结果，基本上限于病人矛盾转剧后的暂时病象，而矛盾的转剧或由于分析的太呆板，或由于分析的忽告停止。你们已知道我们处理病人的方法，我
388 们的努力是否使他们永受其害，你们必能作出自己的判断。分析的误用可有数种：特别在荒唐的医生手里，移情作用是一种危险的工具。但是医术治疗总难免有人误用的；刀不能割，外科医生还要用它吗？

我的讲演现在可以结束了。我要说自己这些讲演缺点太多而深感惭愧，那绝不仅是礼节上的客套。尤其抱歉的，是我偶然提及一个问题，往往答应在他处再行详讲，可是后来又没有实践前约的机会。我所讲的问题，现在尚未终结，而是正在发展，所以我的简要叙述，也欠完全。有许多地方，我预备要作结论了，但又未归纳。然而我的目的不想使你们成为精神分析的专家；我只愿使你们有所了解，而引起你们的兴趣罢了。

人名对照表

Abel,C.　阿贝尔
Abel,R.　阿贝尔
Abraham,K.　阿伯拉罕
Adler,A.　阿德勒
Alexander,the Great　亚历山大大帝
Andreas,Lou　卢・阿德里安
Aristandros　阿里斯坦德罗斯
Aristotelēs　亚里士多德
Arrian　阿利安
Artemidoros　阿尔特米多鲁斯

Back,George　乔治・巴克
Baines,M.　贝恩斯
Baken,D.　巴亢
Barbara Low　巴巴拉・洛
Bernheim,H.　伯恩海姆
Binet　比纳
Binz　宾茨
Bleuler　布洛伊勒
Bloch,I.　布洛赫
Boecklin　伯克林
Bölsche,W.　波尔希
Breuer,J.　布洛伊尔
Breughel,P.　布劳伊格赫尔
Brill　布里尔
Brücke,E.　布吕克
Brücke,V.　布吕克

Cattell,J. M.　卡特尔
Charcot,J. M.　沙可
Chase,H. W.　蔡斯
Copernicus　哥白尼

Darwin,C.　查理・达尔文
Diderot,D.　狄德罗
Diodorus　迪奥多罗斯
Du Bois-Reymond,E.　杜布瓦-莱蒙
Du Prel　杜普里尔

Euripides　欧里庇得斯

Fechner,G. T.　费希纳
Federn,P.　费德恩
Ferenczi,S. F.　费伦齐
Ffister　费斯特尔
Flaubert,G.　福楼拜
Fliess,W.　弗利斯

Portia 珀霞

Rank,O. 兰克
Rawlinson 罗林森
Reik,Th. 赖克
Riviere,Mrs. 里维埃夫人
Roux 鲁(氏)

Sachs,H. 萨克斯
Scherner,K. A. 施尔纳
Schiller,J. C. F. v. 席勒
Schubert 舒伯特
Schwind 施温德
Schultz,D. 舒尔茨
Shakespeare 莎士比亚
Shaw,G. B. 肖伯纳
Simens,W. 西门子
Silberer,H. 西尔别里尔
Sophokles 索福克勒斯
Sperber,H. 斯珀伯
St. Anthony 圣安东尼
Stekel,W. 斯特凯尔

Talbot,Fox 福克斯·塔尔波特
Titchener,E. B. 铁钦纳
Trenck 特伦克

Uhland 乌兰德

Vold,Mourly 伏耳德

Wallace,A. R. 华莱士
Wallenstein 华伦斯坦
Wundt,W. 冯特

Zola,Émile 左拉

(东尔编)

图书在版编目(CIP)数据

精神分析引论/(奥)弗洛伊德著;高觉敷译.—北京:商务印书馆,2017
(汉译世界学术名著丛书:120年纪念版:珍藏本)
ISBN 978-7-100-14860-3

Ⅰ.①精… Ⅱ.①弗… ②高… Ⅲ.①精神分析—概论 Ⅳ.①B84-065

中国版本图书馆CIP数据核字(2017)第158726号

汉译世界学术名著丛书
(120年纪念版·珍藏本)
精神分析引论
〔奥〕弗洛伊德 著
高觉敷 译

商 务 印 书 馆 出 版
(北京王府井大街36号 邮政编码100710)
商 务 印 书 馆 发 行
北 京 冠 中 印 刷 厂 印 刷
ISBN 978-7-100-14860-3

2017年12月第1版　　开本710×1000 1/16
2017年12月北京第1次印刷　　印张25¼
定价:125.00元